区域文化与
文学研究集刊

Studies of Regional Culture and Literature

凌孟华　贾玮　杨华丽◎主编

第15辑

中国当代文学研究会区域文学委员会
重庆师范大学区域文化与文学研究中心
重庆师范大学文学院
主办

中国社会科学出版社

图书在版编目（CIP）数据

区域文化与文学研究集刊. 第15辑 / 凌孟华，贾玮，杨华丽主编. -- 北京：中国社会科学出版社，2024.12. -- ISBN 978-7-5227-4618-0

Ⅰ．G122-53；I206-53

中国国家版本馆CIP数据核字第202444A096号

出 版 人	赵剑英
责任编辑	慈明亮
责任校对	韩海超
责任印制	戴　宽

出　　版		中国社会科学出版社
社　　址		北京鼓楼西大街甲158号
邮　　编		100720
网　　址		http://www.csspw.cn
发 行 部		010-84083685
门 市 部		010-84029450
经　　销		新华书店及其他书店
印　　刷		北京明恒达印务有限公司
装　　订		廊坊市广阳区广增装订厂
版　　次		2024年12月第1版
印　　次		2024年12月第1次印刷
开　　本		710×1000　1/16
印　　张		21
插　　页		2
字　　数		320千字
定　　价		119.00元

凡购买中国社会科学出版社图书，如有质量问题请与本社营销中心联系调换
电话：010-84083683
版权所有　侵权必究

本刊学术委员会名单

学术顾问
  杨　义　中国社会科学院文学研究所
  吕　进　西南大学中国新诗研究所
  曹顺庆　四川大学文学与新闻学院
  周　勇　重庆市地方史研究会

学术委员会主任
  杨匡汉　中国社会科学院文学研究所

学术委员会成员（以姓氏拼音为序）
  程光炜　中国人民大学文学院
  靳明全　重庆师范大学文学院
  李　怡　四川大学文学与新闻学院
  刘　勇　北京师范大学文学院
  谭桂林　南京师范大学文学院
  田建民　河北大学文学院
  王本朝　西南大学文学院
  吴进安　（台湾）云林科技大学汉学资料整理研究所
  吴　俊　南京大学文学院
  杨匡汉　中国社会科学院文学研究所
  袁盛勇　陕西师范大学文学院
  张福贵　吉林大学文学院
  张全之　上海交通大学人文学院
  张显成　西南大学文献研究所
  张新科　陕西师范大学文学院
  张中良　上海交通大学人文学院
  赵学勇　陕西师范大学文学院
  周晓风　重庆师范大学文学院
  周裕锴　四川大学文学与新闻学院
  朱栋霖　苏州大学文学院
  朱寿桐　澳门大学中文系
  朱晓进　南京师范大学文学院

本刊编委会人员名单

主　编
　　凌孟华　贾　玮　杨华丽

本辑执行主编
　　贾　玮

编委会成员（以姓氏拼音为序）
　　李文平　李祖德　凌孟华　王昌忠
　　熊飞宇　杨华丽　杨　姿　周晓风

编　务
　　范国富　付冬生

目 录

空间理论

主持人语 …………………………………………………… 姜宇辉(3)
无家可归的空间
　　——玩具、灵魂与电子游戏《战争机器》的金属美学……… 姜宇辉(5)
返回附近与家园的空间诗学
　　——对动画电影《心灵奇旅》的解读…………… 宋聪聪　张子吟(27)

区域文学的理论建构

主持人语 …………………………………………………… 严金东(41)
突破区隔：文学对于时间的区域化处理
　　——兼论文学的区域化潜能 ……………………… 贾　玮　高　虹(43)
论钱穆从"地方性"到"共通性"的文学发展观 ……………… 严金东(57)
互动交际中的认识权威表达
　　——以断言类话语标记"我说"为例…………… 程文文　郭佳慧(67)
集体叙述：非人类叙事的区域化特征
　　——兼及非人类叙事中的集体主体性建构 ………… 李元乔(101)

区域与地方的对话

主持人语 …………………………………………………… 张光芒(121)

忧患意识的凸显与"城乡中国"的心灵镜像
　　——近期江苏长篇小说创作综论 ………… 张光芒　王冬梅（123）
捍卫正常生活的空间书写
　　——王安忆《上种红菱下种藕》的小镇叙事 …… 田沂霖　金　浪（136）
明清川东地区民俗信仰新探：以寺庙为中心 ………… 华海燕（152）
记忆的区域化：童年乐园的回溯性书写
　　——《从百草园到三味书屋》的空间记录分析 ………… 杜二敏（169）

区域与共同体文艺

主持人语 ……………………………………………… 刘　琴（185）
"人民文艺"思想的生成与确立
　　——从"四十年代"到国初的话语考察 ………… 李祖德（187）
重塑"附近"：社会美育与感觉共同体建构 ……………… 刘　琴（208）
中国性与世界性，地方性与全球性
　　——简述朱立元对马克思主义美学的
　　　创新探索 ………………………………… 乔　越　刘阳军（222）

区域与抗战文学研究

主持人语 ……………………………………………… 王开国（247）
无边的现实主义：胡风抗战文论的结节 ………………… 王开国（249）
重庆抗战童谣的严肃性与游戏性 ………………… 杨宗红　李登峰（260）

书评·综述

从"旧材料"管窥"新问题"
　　——评龚明德新著《文事叙旧》 ………… 李洪博　袁洪权（281）
中国古典文论海外传播的社会翻译学实证研究
　　——以《中国古典文论在西方的英译与传播研究》
　　　为例 ……………………………………………… 戴文静（289）

中国现代经典作家研究:学科反思、方法革新与多维重释
　　………………………………………… 陆凤仙　杨华丽(294)

稿　约

《区域文化与文学研究集刊》诚约稿件 ……………………………(321)

后　记 …………………………………………………… 贾　玮(325)

空间理论

主持人语

主持人：姜宇辉

主持人语：

区域文学与文化研究是空间转向的产物，因此探究空间进而从空间理解区域也就成为某种必须完成的步骤。游戏、电影等所代表的虚拟空间，不但在当下生活中获得日益重要的地位，而且已经深刻改变了空间的观念，因此值得进行特别审视。

姜宇辉的《无家可归的空间——玩具、灵魂与电子游戏〈战争机器〉的金属美学》是从游戏的宅居特征出发，由此思考家及其空间想象，进而从游戏的全面战争化思考无家可归的内涵。相比于姜宇辉教授文章的重金属意味，宋聪聪、张子吟的《返回附近与家园的空间诗学——对动画电影〈心灵奇旅〉的解读》则充满了脉脉温情，借助项飙"返回附近"的观点对《心灵奇旅》的四重空间进行解读，展示出在宏大叙事退场之后，如何在日常之中探寻宏大理想的路径。

无家可归的空间
——玩具、灵魂与电子游戏《战争机器》的金属美学

姜宇辉*

内容提要：无家可归，或许是这个世界正在经历的一种剧烈阵痛。对这个现象的深入分析与反思，不妨从弗洛伊德关于诡异和无家的启示性文本入手，并由此聚焦无家的空间和诡异的灵魂这两个重要向度，而二者最终皆聚焦自我的体验和技术的变革。带着这些基本的灵感，我们得以对电子游戏这个当代生活中的典型宅居体验进行洞察与剖析。即便电子游戏的全面战争化已是一个不争的事实，但似乎依然有可能在游戏—军事的怪诞复合体的内部去敞开诡异的游戏感之逻辑。人与非人之间的差异性张力，金属玩具的独特物性，化被动为主动的愤怒情感，正是其中的三个要点。

关键词：空间；弗洛伊德；《战争机器》

宅家玩游戏，如今已经是相当司空见惯、稀松平常的生活方式。但如此"日常"而"熟悉"的现象，在哲学的批判性审视和反思之下，却逐渐显露出诸多"诡异（Uncanny）"之处。无论是宅的生存，还是家的空间，都顿然间显得疑窦重重。一方面，虽然我们宅在家里，但家却似乎并不是一个多么独特的空间，只是另一个、又一个刷手机的场所而已。

---

* ［作者简介］姜宇辉（1976— ），男，华东师范大学政治与国际关系学院教授，主要从事西方哲学研究。

跟商场、咖啡馆、地铁车厢等场所相比，家从根本上说没有什么特异性（singularity）。另一方面，既然家作为空间和场所不再特别，宅似乎也就日渐丧失了其本真性。宅，原本是为了回归私密空间，陪伴亲人，宁静独处，它既是心灵的堡垒，又是安全的港湾。然而，一旦这个中心、本源和基础的地位逐步动摇与丧失，家也就越来越蜕变为背景和陪衬。我们回家，却并不在家。① 回家，只是为了进入另一个虚拟的空间，与海量的数据交织，与万千的用户连接。

由此不禁令人想起著名建筑学家安东尼·维德勒（Anthony Vidler）在将近三十年前所发出的慨叹：现代性的世界，正愈发沦落为一个"无家可归的（unhomely）"甚至"无法居住的（unlivable）"空间。② 他进一步指出了反思、深思这个空间的两个重要线索。一是要从心理空间和物理空间这双重视角来入手，也就是说，将家的场所与宅的体验结合在一起③。二则是有必要回归"无家"这个概念的真正源头，即弗洛伊德在《诡异》（"The 'Uncanny'"）这篇经典论文中的深邃思辨。本文就试图跟随这两个基本灵感，进行三重推进。首先，将从战争游戏入手，深思电子游戏的真正诡异之处。其次，将回归弗洛伊德的文本，一并借鉴诸多后续的引申和发展，着力梳理出无家的空间与诡异的体验这两个要点。最后，将重点结合《战争机器》这部代表作，揭示金属美学何以成为透析电子游戏（下文也往往将其简称为"游戏"）的"恐怖谷（uncanny valley）"悖论的重要线索。当世界全面游戏化，游戏全面战争化，让我们再度深思"何以为家""宅兹何处"这些根本的生存论难题。

---

① "他是无家可归的此在，是源始的、不在家的被抛在世的存在。"［德］马丁·海德格尔：《存在与时间》（修订译本），陈嘉映、王庆节译，生活·读书·新知三联书店 2014 年版，第 317 页。

② Anthony Vidler, *The Architectural Uncanny*, Cambridge, Massachusetts: The MIT Press, 1992, "Preface", p. x.

③ Anthony Vidler, *The Architectural Uncanny*, Cambridge, Massachusetts: The MIT Press, 1992, "Preface", p. xi.

一　战争游戏的三重面向：本源、机制（mechanics）与体验

为何要从战争游戏入手？至少基于三个理由。

首先，从概念辨析上来看，战争游戏不能简单等同于军事游戏。关于战争游戏（ludic war），佩恩（Matthew Thomas Payne）曾有过一个经典的定义："独自或与他人一起游玩军事主题视频游戏的愉悦体验。"① 显然，对于这个定义，除了"体验"这个后文将着力阐发的要点之外，其他部分我们皆难以苟同。真正的战争游戏，绝非仅涉及"军事主题"，而更是涉及游戏的起源乃至本质。在这个意义上，不妨借用"archē"这个古希腊哲学的经典概念，将战争界定为游戏的"本—源"。要恰切理解这一点，要从赫伊津哈在《游戏的人》这部奠基之作中对游戏和战争的著名辨析入手。诚如这部巨作的标题所示，他的基本用意正是要为游戏"正名"，进而以游戏为主线和根本来重释西方文化的要义，对于战争也同样如此。从常识和传统的立场来看，一般会将战争视作远比游戏更为严肃、重大、关键的事件。但在赫伊津哈看来，历史的实情或许正相反：游戏才是一切战争的真正本源，只不过伴随着历史的发展，这个本源随后逐渐被遗忘、弃置甚至刻意遮蔽了。② 这个振聋发聩的论断固然有理有据，但一旦进入当今电子游戏的世界，看似就有必要对其进行根本性的质疑乃至修正。不仅当今的战争未能如赫伊津哈所愿的那般重归游戏精神这个本源，而且反观当今的游戏，反倒是越来越全面深入彻底地"战争化"。这个明显的趋势也不禁让人对游戏的本源进行别样的思考，或许战争从来、一直、至今都是游戏的最终旨归所在。

对这个旨归的深入洞察就涉及第二个理由。从战争的角度重新梳理从古至今的游戏发展史，这绝非本文的篇幅所能驾驭。在这里，不妨仅

---

① ［美］马修·托马斯·佩恩：《游戏战争：9·11后的军事视频游戏》，满莉译，民主与建设出版社2020年版，第13页。实际上，根据下文的阐释思路，这个概念更为恰切的译法应该是"战争性的游戏"或"战争化的游戏"。

② ［荷兰］赫伊津哈：《游戏的人》，何道宽译，花城出版社2007年版，第97页。

聚焦电子游戏的不算漫长但又足够丰富的发展历程。在《手柄王国》（*Joystick Nation*）这部杰作之中，赫尔茨（J. C. Herz）用生花的妙笔饱含深情地记述了电子游戏横空出世的历史。早在1962年的《太空战争》（*Spacewar*）这部发端之作中，战争已然成为鲜明的甚至唯一的主题。对战、厮杀、武器、输赢甚至生死都已经深深铭刻进初生的电子游戏的机体和肌理之中。游戏的原创者史蒂夫·拉塞尔（Steve Russell）在回忆其创作初衷时，亦明确将太空这个科技与军备竞赛的主题与电子游戏的起源直接关联。① 当时，固然也已经有很多其他风格和主题的游戏作品问世，比如飞行模拟游戏［《月球登陆者》（*Lunar Lander*）］及建造经营［《王国》（*Kingdom*）］等，但显然影响力都远不及《太空战争》。进而，如果从源头向后延伸的话，不难发现，在赫尔茨所详尽梳理列举的1962—1996年的电子游戏简史之中，几乎每一个关键转折点、每一部变革性的大作都或明或暗地渗透着战争的各种要素和成分。正因如此，他在对电子游戏进行基本分类之时毫不迟疑地将"动作类游戏（Action）"视作首要和根本。这当然是基于电子游戏作为互动性（interactive）媒介这个本质特征，但也在很大程度上呼应着从《太空战争》开始的那种对于战争的执迷。固然，一个现象的历史起点或许并不能完全限定其日后的发展历程，亦往往无法真正界定其本质特征，但至少就电子游戏这个具体而独特的媒介形态而言，战争这个起点确可以说贯穿它迄今为止的生命历程的每一个阶段、每一个面向。虽然诚如赫尔茨所言，游戏中的动作远不止战斗（fighting）、射击（shooting），而是更广泛地涉及跳跃、奔跑、攀爬、行走等丰富而复杂的形态②，但就那些代表性的动作游戏而言，几乎所有的"动作"最终都要直接或间接地围绕战争和战斗展开。毕竟，主角历经千难万险，爬过高山，趟过大河，越过深谷，最后不还是为了

---

① J. C. Herz, *Joystick Nation*, Boston and New York: Little, Brown and Company, 1997, p. 6.

② J. C. Herz, *Joystick Nation*, Boston and New York: Little, Brown and Company, 1997, p. 25.

那一场终极的 Boss 战？由此赫尔茨亦概括，动作、战斗几乎可以被视为通往游戏中的所有角色、故事乃至环境建构的最为常见而关键的"跳板（springboard）"①。

然而，游戏与战争难解难分的纠葛亦并非仅限于起源和机制，而更是可以且理应从更大的社会、文化和政治的背景上来考察。由此就触及了亟待阐释的第三个基本理由。与前两个理由相比，这个理由显得直接甚至直白得多，因为它展现了电子游戏的另一个人们往往不愿深挖甚至不想直面的"出身"，那正是与美国的军事工业乃至全球的军事格局的相互勾连。在张力和李相影策划和引进的"娱乐时代的美军形象塑造系列译丛"之中，游戏与军事彼此勾连所形成的"复合体（complex）"就成为一个鲜明的主题。这个说法，其实早在《手柄王国》的文本之中已经有深入论及（第十六章），但就复合体这个概念本身而言，它至少包含两个关键内涵，一是差异性的要素，二是要素间的开放性关联。以此反观游戏与军事，倒是颇为恰切。一方面，看似游戏属于歌舞升平、醉生梦死的娱乐产业，而军事则相反，总是关乎国家社稷、民族命运，但经由战争游戏这个平台和媒介，这两股看似南辕北辙的力量反而能够如此紧密地被连接在一起，真的有几分福柯在《不正常的人》之中所谓的"怪诞（le grotesque）"机器的意味。在西方学界第一部研讨这个怪诞复合体的文集《手柄战士》（*Joystick Soldiers*）之中，两位主编开篇就列举了这部庞大机器得以顺畅运转的三个重要机制，大致可概括为技术、招募机制和资金来源。② 这些细节不必赘述。另一方面，我们这里之所以援引福柯，也正是为了想从怪诞这个要点入手进行别样深思："我用'怪诞'来称呼这样的事实，某种话语或某个个人由于身份而获取权力的效果，而它们内在的品质却本应剥夺这个效果。"③ 简言之，这正是一种表里不一、

---

① J. C. Herz, *Joystick Nation*, Boston and New York: Little, Brown and Company, 1997, p. 26.

② Nina B. Huntemann and Matthew Thomas Payne, eds., *Joystick Soldiers: The Politics of Play in Military Video Games*, New York: Routledge, 2010, "Introduction", pp. 7–8.

③ ［法］米歇尔·福柯：《不正常的人》，钱翰译，上海人民出版社 2003 年版，第 11 页。

名实不副的效果。怪诞的权力机器,表面上看起来威武庄严,但内里隐藏着"平庸、一无是处、白痴、肤浅、可笑"①。而游戏—军事的复合体则正相反,表面上看起来只是肤浅的娱乐,无害的玩具,但内里却潜藏着蔓布全球、强力掌控且危险丛生的权力装置。内外、表里之间的关系虽然不同,但怪诞的程度可不分彼此。

也正是因此,佩恩在《游戏战争》一书开篇就旗帜鲜明地指出,面对这个庞大、复杂而怪诞的复合体,单纯的描绘、缕述或总结都已经不够,还应该对其进行入木三分的"批判性分析"②。那又如何将此种批判落于实处,而并非仅停留于口号或臆测呢?佩恩的思路极具启示,那正是回归、聚焦"体验"。在他对于战争游戏的基本界定之中,这个维度已然凸显。随后他进一步解释道:"我希望焦点可以从军事娱乐的场景性转换到军事娱乐的游戏性上……战争游戏的体验是玩家和文本、用户和产业的共同体验。"③ 这里包含着对体验的双重界定。一方面,体验并不仅仅是私人的、主观的、个体的感受,而更是展现出人与人相通的普遍的特征、模式和规律。另一方面,这只往往运作于、隐藏于暗处的"看不见的手",最终还是掌控在权力—技术—资本的复合体之中。若仅将体验视作私人之事,那就会错失它的重要性;唯有从共同体验这个面向出发,才能真正揭示其怪诞的本性。玩游戏是为了获得愉悦和快乐,但在这个看似日常而休闲、轻易而轻松的娱乐背后,却隐藏着操控大众的"霸权(hegemonic)"机制④,这正是怪诞之所在。

这样的思路当然并不新鲜,也非原创。从法兰克福学派对文化工业的批判,到近来诸多人文学者对所谓"大数据资本主义"的声讨⑤,这个主旋律一次次奏响着自己的强音。佩恩自然也意识到了这一点,而他更

---

① [法]米歇尔·福柯:《不正常的人》,钱翰译,上海人民出版社2003年版,第12页。
② [法]米歇尔·福柯:《游戏战争》,钱翰译,上海人民出版社2003年版,第4页。
③ [法]米歇尔·福柯:《游戏战争》,钱翰译,上海人民出版社2003年版,第15页。
④ [法]米歇尔·福柯:《游戏战争》,钱翰译,上海人民出版社2003年版,第20页。
⑤ 参见姜宇辉《AI,大数据与强度机器信息权力的时代如何重思主体性》,《华东师范大学学报》(哲学社会科学版)2024年第2期。

为原创之处恰恰在于将空洞抽象的口号落实到游戏设计和体验的具体案例之中。书中围绕"反游戏（countergame）"①这个核心概念所细致分析的诸多游戏作品，都颇能够彰显其中的各种怪诞之裂痕。这些怪诞，有的令人醍醐灌顶，有的令人哑然失笑，更有的令人捶胸顿足，但唯独错失了一个本该聚焦的核心，那正是体验本身。佩恩的分析大多还是仅涉及体验的周边，比如各种文化、社会和政治的背景与条件等，但鲜有真正触及体验这个内在的核心。《使命召唤》中的玩家在拿起武器痛快杀戮的时候，在他们的灵魂深处所激荡的到底是一种怎样的感受和体验呢？如果他们所体验到的往往只是被操控、被制造的虚幻快感的话，那么，这背后的具体机制又是怎样的呢？进一步说，这个机制真的只能是单向度的操控吗？一旦揭穿其怪诞的本性，是否有可能进一步实现反游戏的颠覆甚至反快感的积极体验呢？对这些本该回答的问题，佩恩却几乎无所涉及。全书中，或许唯有最后一章论及硬核玩家的"自我进化"之时，才稍微触及一点体验的皮毛，但这显然是远远不够的。

实际上，对游戏体验［或用更准确的术语"游戏感（game feel）"］的关注，早已是游戏设计和研究中的显学。史蒂夫·斯温克（Steve Swink）的《游戏感：游戏操控感和体验设计指南》一书正是其中的翘楚。然而，细观全书的内容，无论是游戏感的三大要素（实时操控、模拟空间、润色），还是五种典型体验，都无任何怪诞的氛围和反游戏的抵抗，而反倒是处处洋溢着陶醉在心流之中的畅快连贯的体验："一个运动中的角色可以创造出流动的、有机的曲线，随着它的运动，玩家能够感受到这种操控带来的愉悦感。"②似乎对于斯温克这样的游戏设计师而言，精致的设计、顺畅的机制所营造的愉悦体验，既是游戏的旨归，又是其真实性的见证。玩家越是畅快，就越是说明这个游戏设计得成功，也同样说明玩家在游玩之中体验到了真正的自我，甚至会达致自我体验的登

---

① ［法］米歇尔·福柯:《游戏战争》，钱翰译，上海人民出版社2003年版，第26页。
② ［美］史蒂夫·斯温克:《游戏感：游戏操控感和体验设计指南》，腾讯游戏译，电子工业出版社2020年版，第15页。

峰造极的境界。正如沉浸在音乐游戏之中的演奏者，沉浸在体育游戏之中的运动员那般，沉浸在电子游戏之中的玩家看似忘我，但实则正在走向面向真我的不二之法门："每一次的心流体验都有助于自我的成长。"①

那么，是否有可能在上述两种看似截然相悖的思路之间寻求一种"中道"呢？是否可能带着斯温克对于游戏感的细致分析转而去更为深刻而极致地展现佩恩所谓的反游戏的怪诞逻辑呢？我们的回答是肯定的，而支撑这个回答最为关键的论证正来自"诡异"这个几乎贯穿整个20世纪后半叶西方学界的奥妙概念。诡异不仅能为福柯点到为止的怪诞之逻辑补充丰富的理论细节，而且更是能够通过诡异（uncanny）与无家（unhomely）、空间与体验之间的细致辩证，来深入游戏感的深处。

二 从无家的空间到诡异的灵魂：怪诞逻辑的逆转

在文集《手柄战士》之中的另一篇颇具启示性的论文最后，作者斯科特·卢卡斯（Scott A. Lukas）抛出了堪称釜底抽薪式的追问：游戏为何一直要打打杀杀？除了战争和战斗之外，难道游戏就不能有别样的可能了吗？而他的回答也很微妙：不，战争就是电子游戏的本性，它始自战争，或许也终将归于战争。但战争本可以有不同的形态，我们既可以像《使命召唤》那般真枪实弹地去厮杀，但也未尝不可以探索别样的"战斗"可能②，比如《行会》之中用语言进行的角力，《霍格沃茨之遗》中用魔法进行的比拼，甚至是像《杀手》系列这样的潜行暗杀游戏中用耐力展开的竞赛，等等。如果战争真是电子游戏无可挣脱的宿命，那至少让我们可以开动脑筋，用天马行空、匪夷所思的方式去战斗吧。

而我们在这里的回答则更进一步：哪怕就是在那些荷枪实弹的战争游戏之中，仍有可能撕裂开其中所隐藏的"别样战斗"的可能性。此种

---

① ［美］米哈里·切克森米哈赖：《心流：自我进化心理学》，朱蓉蓉译，世界图书出版公司2022年版，第284页。

② Nina B. Huntemann and Matthew Thomas Payne, eds., *Joystick Soldiers: The Politics of Play in Military Video Games*, New York: Routledge, 2010, "Introduction", p.89.

可能性，或许已然逆转了"霸权式快感"的怪诞逻辑，进而开辟了通往诡异空间和无家灵魂的种种别样的道路。既然迄今为止几乎所有关于诡异之思辨皆源自、围绕着弗洛伊德的那篇经典文本，那似乎除了回归这个源头之外亦别无选择了。

关于这篇文本，洛伊尔（Nicholas Royle）曾评论道，它本身就充满了诡异的特征，不仅晦涩曲折，更由此不断引出各种诠释与发挥。① 但即便如此，关于"诡异"这个概念的基本界定，学界还是能够达成大致的共识，那就是"这样一种不适感，源自熟悉之物骤然变得陌异"②。实际上，弗洛伊德自己的文章亦开篇就结合词源学的考察清楚表达了这个含义：诡异之物包含着一个根本性的悖论，它看似如此熟悉，但又包含着难以理解的深藏奥秘。③ 熟悉而又陌生，就是诡异的基本特征。仅就此而言，似乎弗洛伊德的诡异确与福柯所谓的怪诞颇为相似。但此种相似或许只是表面现象，通过下文的阐述，我们希望揭示二者之间的深刻差异。

从这个原初的文本迷宫引申出来的后续解释之中，亦大体可以概括为三个主要方向。第一个方向当然是对于理解弗洛伊德自己乃至整个精神分析运动的重大意义。在这篇文本之中，如压抑说，阉割恐惧，乃至无意识理论，死亡冲动，等等，很多弗洛伊德后来的重要创发皆已初现雏形。第二个方向则更偏向哲学。比如，弗洛伊德就明确提及了谢林的相关论述对他的直接深刻的影响。再比如，弗洛伊德虽未明言，但很多学者曾深入阐释的另外一个关联，正是"诡异"之中所蕴含的"无家"这个内涵与海德格尔的一系列近似表述的密切纠葛。第三个方向与前两个方向都有交织，但显然影响更为广泛深远，那正是在文艺理论方向的不断衍生与拓展。洛伊尔已经点出"陌生化"这个重要的源头④，而随

---

① Nicholas Royle, *The Uncanny*, New York: Routledge, 2003, pp. 7-8.
② Anneleen Masschelein, *The Unconcept*, Albany: State University of New York Press, 2011, p. 1.
③ Sigmund Freud, *Writings on Art and Literature*, Stanford University Press, 1997, pp. 195, 199.
④ Nicholas Royle, *The Uncanny*, New York: Routledge, 2003, p. 5.

后，尤其经由德里达的解构式批评的推波助澜，诡异几乎成为20世纪后半期最炙手可热的文化关键词之一。

对这些方向的研究，早已有汗牛充栋的论著，在此无须再赘言。值得注意的是，无论是上述哪一个方向，最后都会聚焦弗洛伊德原初论述中的一个核心要点，那正是自我及其体验。在《诡异》之中，弗洛伊德明确指出，理解诡异现象之关键并非在于对象那一边，而更在于自我所深切、痛切体验到的重复、分裂与陌生化。① "我到底是谁"、"我还是我吗"、"我怎么会变成这个样子"或（借用克里斯蒂娃后来的名作之标题）"我成了自己的陌生人"，这些悖谬的体验才是真正诡异之处。很多精神分析专家都将这个要点视作核心，洛伊尔自己亦开篇就明确点出了这个主旨。诡异的不只在于物，而更在于自我的体验②，这几乎可以被视作所有诡异理论的根本要义所在。然而，如何理解、展开这个要义，近来引申出两个颇为新颖的方向，也正与本文的主旨相关，那正是无家的空间和诡异的灵魂。这两个方向之所以会逐渐吸引、汇聚研究者的关注，或许也完全在情理之中，因为《诡异》这篇文本中涉及的最重要的案例正是E. T. A. 霍夫曼的《沙人》，而在这篇阴森抑郁的小说之中，对于空间的童年恐惧与对于机器的灵魂考问恰恰正是两个不可忽视的要点。

先从无家说起，毕竟这个方向如今愈发变得主流。实际上，Unheimlichkeit这个德语词固然本身就直接包含"无家"这个基本含义，但诚如前文所述，对其中哲学深意的阐发还是理应参考海德格尔的相关论述。至少在以《存在与时间》为代表的前期思想发展中，"不在家"、"无家"（die Heimatlosigkeit）始终被视作此在之生存的根本向度。③ 被抛、沉沦、繁忙等都是此种无家和无根状态的鲜明写照。而在《现象学之基本问题》中的一个段落，海德格尔更是大幅援引了里尔克的《马尔特手记》中的

---

① Sigmund Freud, *Writings on Art and Literature*, Stanford University Press, 1997, p. 210.
② Catalina Bronstein and Christian Seulin, eds., *On Freud's "The Uncanny"*, Abingdon and New York: Routledge, 2020, p. 10.
③ David Farrell Krell, "*Das Unheimliche*: Architectural Sections of Heidegger and Freud", in *Research in Phenomenology*, Vol. 22, Iss. 1, 1992, p. 44.

段落，展现出日常空间的诡异氛围："人们会说，我曾在它前面呆了许久；但我愿发誓，我一认识这面墙后，便狂奔而去了，因为认识它，这真是太可怕了。"① 看似熟悉实则陌生，感觉陌生但又似曾相识，这正是诡异体验的"可怕"之处。随后，又有众多学者从空间的角度对诡异之现象和体验进行了各种阐发。除了本文开篇即援引的维德勒的那部建筑学名作之外，近来引人关注的推进主要集中于电影学的领域，德维恩·艾弗里（Dwayne Avery）的《无家的电影》（*Unhomely Cinema*）当属代表。全书以两部电影作品开篇，生动展现了当下世界之"无家"趋势的双重面向②。在《第九区》（*District 9*）之中，背井离乡、漂泊无依的外星人苦苦挣扎，寻寻觅觅，只是为了捍卫那一个可以被叫作家的地方。而《夏日时光》（*Summer Hours*）中的情节却正相反，那些纨绔子弟根本无视家的存在，坦然、欣然拥抱着那个不断冲溃着家之边界的全球化秩序。无家，要么是抗争，要么是顺从，要么是自立，要么是自弃，但无论怎样，它都变成了当下世界的一个遍在的焦虑、弥漫的彷徨。当然，关于家的困惑、质疑、追问和求索绝不止这两部杰作，更是蔓延至大屏幕上的各种方式的影像呈现。但无论怎样，家不再是安全的堡垒，而是日益变得危若累卵，家不再是明晰的现象，而逐渐变得困难重重，这已堪称当今电影的一个核心关注点。

那么，世界变得愈发无家可归，空间变得日渐诡异陌生，这背后的罪魁祸首又是谁呢？加速向前、近乎失控的技术显然难逃其责。而这亦是《沙人》这篇经典文本之中并不隐晦的深意所在。毕竟，如果说整部小说前一半的篇幅都在倾力描绘那个无家可归、无法居住的诡异空间的话，那么后一半的内容则全然围绕纳塔内尔与机器人偶奥林匹娅的灵魂纠葛而展开。"请告诉我，你这个腼腆害羞的小子怎么可能会爱上那座蜡

---

① 转引自［德］海德格尔《现象学之基本问题》（修订译本），丁耘译，商务印书馆2018年版，第249页。
② Dwayne Avery, *Unhomely Cinema*, London and New York：Anthem Press, 2014, p. 3.

像，那个木偶娃娃？"① 这不仅是齐格蒙德对年轻人的质问，更是涉及人机关系这个普遍、根本的难题。

或许正是基于弗洛伊德的那个"重心在人不在物"的指示，后世的诠释者也都将注意力倾注于体验这个向度，而几乎全然错失了人机关系这个技术的话题。或许唯有洛伊尔敏锐捕捉到了这个本不该被忽视的要点，进而指出，各种诡异的空间及其引发的诡异的体验，既源自自动化、程序化这个主导世界的技术趋势，同时亦由此涉及关于去魅和灵魂的诸多宗教难题。② 奥林匹娅是一部自动的机器，但她好像又充满人的灵魂。而一旦纳塔内尔试图与其进行灵魂的沟通之时，却又遭遇到可怕的体验危机，甚至最终会招来杀身之祸。机器是工具，也是凶器。机器是伴侣，也是怪物。机器是冷冰冰的物体，但又像是温情脉脉的生命。这些令人类左右无缘、困惑难解的现象，或许才是如今的日常生活的最为诡异之处。纳塔内尔之所以"内心撕裂"③，除了如弗洛伊德那般从无意识的压抑机制那里去探寻根源之外，还理应放眼于自动化的技术及其所带来的世界的去魅这些更为广泛而根本的社会背景。

对这个背景，洛伊尔虽然点到即止，语焉不详，但早在1995年出版的《女性体温计》(*The Female Thermometer*) 这部惊世骇俗的著作之中，特里·卡斯尔（Terry Castle）就已经基于扎实的历史梳理展现了诡异现象之谱系学历程。除却细节，全书的洞见至少有三。第一，诡异并非仅为空间的氛围或内心的体验，而更是有着一个相对清晰的历史源头，那正是自18世纪起日渐兴盛的自动化技术，而其中尤数机器人偶最为引发关注和焦虑。④ 第二，若从历史的角度来看，就有可能甚至有必要对弗洛伊德的原初论述进行深化与拓展。诡异，并不仅仅是一种无意识的运作法则，而更是人类文明的运动规律。技术越是令这个世界去魅，就反倒

---

① ［德］E. T. A. 霍夫曼：《沙人》，黄子娟译，中信出版集团2020年版，第49页。
② Nicholas Royle, *The Uncanny*, New York: Routledge, 2003, pp. 23-24.
③ ［德］E. T. A. 霍夫曼：《沙人》，黄子娟译，中信出版集团2020年版，第61页。
④ Terry Castle, *The Female Thermometer*, New York and Oxford: Oxford University Press, 1995, p. 11.

越是激活了各种激荡灵魂的鬼魅而诡异的力量。① 这看似无非是弗洛伊德版本的"启蒙辩证法",却因为"灵魂(psychē)"这个古老而奥妙的概念的引入导向了对人机关系的别样重审。这也就涉及第三个要点。卡斯尔在这里所论及的灵魂,既非古希腊意义上的遍在宇宙之中的实体,亦非中世纪神学意义上的神秘的超越运动,而更是实实在在地与技术现象相关。技术的本性是什么呢? 或许并不只是遵循着严格精确的规则去制造出一部部冷冰冰的机器。实际上,若从诡异这个要点来看,技术与魔法(magic)、理性与疯狂或许本来就难解难分地交织在一起。② 如女性体温计这样看似荒唐的发明,一方面当然鲜明涉及尖锐的政治议题,但另一方面其实也引导我们重新反思技术的本性。天气瓶(weatherglass)这个《沙人》之中的诡异器具,恰为生动写照。瓶中那种与外界天气环境密切互动的液体,或许也正象征着人体以技术为纽带进而与环境密切交感的生存状态和体验。③ 什么是技术?最终是人与人、人与万物相连的基本媒介。何为灵魂? 无非是人向着差异性的他者和非人(nonhuman)敞开的极致体验。借用约翰逊(Paul Christopher Johnson)在2021年出版的近作中的精辟断语,在当今的后人类乃至非人类的时代,确有必要对"自动(automatic)"这个饱受诟病的技术现象进行一点辩护甚至正名。真正的自动或许并不只是人对技术的顺从和臣服,而更是要去构想另外一种人类生存的"类宗教(religion-like)"式的逻辑,也即不再将人视作自明的中心、自在的基础、自足的本质,而是要如宗教仪式或神秘体验那般,将人本身托付给那些人无法掌控的隐晦不明而变幻莫测的他者与

---

① Terry Castle, *The Female Thermometer*, p. 15. 当然,诚如卡斯尔所指出的,弗洛伊德自己也已经在《一个幻觉的未来》及《文明及其不满》等著作中深刻触及了这个主题,只不过,他尚未明确从技术发展史的角度对其进行展开论述。

② 就此看来,与其说卡斯尔的诠释近似《启蒙辩证法》,还不如说她更秉承着福柯的《古典时代疯狂史》的基本神髓。

③ Terry Castle, *The Female Thermometer*, New York and Oxford: Oxford University Press, 1995, p. 40.

非人的异在（alterity）。① 技术是自动的，但自动的技术所实现的或许并不只是一个去魅的世界，而更是由此激发出人与非人之间的至为强烈而广泛的灵魂共振。这或许也正是怪诞与诡异之间的最根本差异：怪诞看似表里不一，但由此对人施加着至深至广、难以挣脱的操控；诡异看似明暗交织，但经由技术的魔法释放出人身上的那种最为自由的变形、最具变化之意志。

三 《战争机器》：金属美学作为电子游戏的"恐怖谷"② 效应

那就让我们带着上述诸多灵感和线索回归电子游戏，尤其是日渐全面深入的战争化的电子游戏。或许并不只是出于机缘巧合，在近来的电子游戏界，有一个重要主题与弗洛伊德的原初灵感直接相关，那正是"恐怖谷"。这个概念的发端甚早［森政弘（Masahiro Mori），1970年］，但进入21世纪之后，却继续不断激发出各种引申、质疑与拓展。其中的缘由或许并不难理解。当人机关系日渐焦灼和紧张之际，诡异这个概念再度成为引导人们思考的一个重要引线，这亦是极为自然的事情。

实际上，森政弘对于"恐怖谷"这个醒目说法的初始论述，首先涉及一个核心主题，即到底如何在人与机器之间建立起健康而积极的亲密关系（affinity）？③ 很多人会想当然地认为，只要让机器人巨细无遗地去模仿人就可以了。机器越是像人，也就当然越会在人身上引发共鸣乃至共情。但人本来就是身与心、灵与肉的合体，那么，机器到底应该模仿哪一个方面呢？显然，模仿身体和外表最为直接、相对容易。但仅沿着

---

① Paul Christopher Johnson, *Automatic Religion*, Chicago and London: The University of Chicago Press, 2021, p. 3.

② 在本文的语境之中，"uncanny valley"或许更应译作"诡异谷"，但为了便于读者理解，减少含混，暂时还是遵循"恐怖谷"这个已经通行的译法。实际上，恐怖充其量只能描绘出表面的效应，从根本上说，人与物、人与机器之间的"异"所引发的"不确定（uncertainty）"（*Writings on Art and Literature*, p. 195）、莫测难解的"诡"之体验才是弗洛伊德所谓的根本逻辑。

③ Angela Tinwell, *The Uncanny Valley in Games & Animation*, Boca Raton: CRC Press, 2015, p. 9.

这个方向进行执迷不悟的推进，或许结果往往适得其反。这正是"恐怖谷"这个其实并非罕见的现象的根源。就像是《沙人》中的奥林匹娅，外表上看几近完美，但内在灵魂的缺失让她几乎变成了一具僵死空洞的躯壳。行尸走肉般的机器人，哪怕看上去与人类如何酷似，也往往只会让人感到毛骨悚然而已。由此，森政弘最后得出了一个大胆的结论，即人机之间的真正相似，应该突破拟人的外表这个"恐怖谷"误区，进而迈向更为开放、更具差异性的"非人化设计（nonhuman design）"①。结合前文最后的论述，不妨将这个洞见概括引申为：人机之间的亲密远不只外表的相似，更在于灵魂的共情；但灵魂之所以共情，并非在于人的机器化或机器的人化，而更在于人与机器皆能保持各自的独特性，由此形成差异性的张力。这才是"自动化宗教"的本义。②

但若这样来理解，或许"恐怖谷"就不是一个需要被避免的负面现象，反倒是一个引导人机关系之未来走向的积极动力。如果人与机器（进而人与非人）之间本应遵循着差异而开放的诡异逻辑的话，那么我们就应该沿着这个看似危险但又蕴藏生机的方向坚定而持续地推进。"山谷（Valley）"的形象本来也包含毁灭和重生的双重意象，它既可以是失足落入的无尽深渊，也可以是惊险越过的断裂性的分水岭和转折点。

这肯定与否定、连续与断裂、死亡与新生的难解难分的两面，也注定要伴随着、渗透进未来的游戏设计的每一个环节。这也是我们在全文最后选择《战争机器》（*Gears of War*）这部经典作品稍加阐释的根本缘由。初看起来，它几乎是战争游戏的极致代表，堪称每一个"毛孔"都渗透着军事—游戏—权力—资本之复合体的怪诞逻辑。这里面有气势恢宏的战争场面、刺激爽快的战斗系统、催人泪下的兄弟情义，当然也少不了各种明里暗里不断推销的商品、反复宣传的口号。那么，又怎样在如此严丝合缝的复合体之中揭穿其怪诞的真相，进而向诡异的逻辑进行

---

① 转引自 Angela Tinwell, *The Uncanny Valley*, p. 9。
② 后来出版的森政弘的文集被冠以《机器中的佛陀》（*The Buddha in the Robot*）之名，亦正有相近之意。

逆转呢？游戏感不失为一个要点。

《战争机器》中的游戏感显然令人过目不忘，且值得游戏设计师深入反思，不断借鉴。斯温克在《游戏感：游戏操控感和体验设计指南》中就专辟一节，从动画、视觉、声音、镜头、触觉五个方面极为细致地列举分析了其中的诸多典型细节。但若借用 Youtube 上的知名游戏播主"The Act Man"的精辟概括，那无非就是两个字，即"重（weight）"和"大（big）"①。重几乎是贯穿系列中每一部作品的最基本感受。初看起来，人物造型之重已经显而易见，这个标志性的特征亦每每为大家津津乐道。如果说 Delta 小队的战士们那孔武魁伟的身材已经显得偏离常规，那么他们身披的甲胄的巨大尺寸就更显得夸张无比。如此出格的造型，肯定是设计师们的刻意为之。他们原本的想法或许很难猜测，亦不必细究，但仅就游戏感这个维度来看，此种手法无疑让所有的人物都既无比酷似亮闪闪、响当当的金属，又像极了造型逼真、极易上手的机器玩偶。将玩偶作为原型，这在游戏设计中当然屡见不鲜，但《战争机器》几乎把这个手法运用到登峰造极的地步。游戏的第三人称视角更增强了这种效果。当你操控马库斯或别的主角展开激烈厮杀的时候，很少会有 FPS 游戏之中的那种身临其境的代入感，反倒是更接近童年时那种操弄手中玩具彼此对战的既视感。看似笨重的金属战士，却每每总能做出闪转腾挪的轻灵动作，这无疑也增强了那种"现成在手"的玩具感。

而其他方面的游戏感也极为贴切地呼应着这个金属玩具的夸张形象。比如，战士奔跑时候的沉重坚实的步履，金属装甲不断发出的很有质感的摩擦声和撞击声，甚至人物落地时激起的粉尘、镜头的摇晃、射击的回馈②，当然还有那个最令人欲罢不能的电锯杀戮的爽快场面等，果然一切都既"重"又"大"。而伴随着游戏的续作不断，不仅第一部中埋下伏

---

① "Why Was Gears of War SO AWESOME?!"，https：//www.youtube.com/watch？v＝crH_C5gi2XM&t＝83s.

② ［美］史蒂夫·斯温克：《游戏感：游戏操控感和体验设计指南》，腾讯游戏译，电子工业出版社 2020 年版，第 163—164 页。

笔的故事情节开始慢慢生出枝蔓，而且视效技术的突飞猛进也让此种标志性的金属感从人物拓展至整个的环境和世界的构造。在褒贬不一的第五部之中，闪着金属光泽的已经不再只是荷枪实弹的大兵，而更是遍及周边世界的各种物件和风景。确实，或许正如 EGM 的知名评论员 Michael Goroff 所言，《战争机器 5》之中的所谓开放世界只是噱头，而缺乏实质性的内容。① 当我们驾着风帆雪橇（Skiff）畅快行驶在银白的雪原或血色的沙漠之中时，其实并没有多少互动的内容，也没有多少开放的路线，更没有多少分支的故事。但是，游戏中的世界构造可并非仅体现于动作或任务，相反，逼真鲜活、令人陶醉而沉浸的数字环境同样是一个要点。正因如此，Gameinformer 给这部游戏打出了 8.5 分的不错成绩，并尤其盛赞了它在光影和氛围营造方面的巨大提升。② Videogamer 的评论员 Colm Ahern 甚至由衷发出了感慨，当他进入旅馆那关的场景之中，周围那闪烁着金属光泽的物件混杂着弥漫的烟雾，简直让人不由自主地停下手中的武器，只是静静地体验，驻足玩味和欣赏。③ 现在，整个世界都泛着金属的光泽，回响着金属的声音，触发着金属的质感，甚至透射着金属般的空洞。如今，整个世界都化作战争机器，成为金属玩具们在其中彼此追逐、无尽厮杀的宏大舞台。

但也正是在这里，隐隐出现了一丝诡异的裂痕，那正是另一种截然不同的游戏感。它绝非仅局限于视听或操作，而更是深入人机之间的灵魂共情。诚如很多玩家和评论家注意到的，"Gears 5"这个标题去掉了后面的"of War"。关于这个颇为明显的改变，发行商的回答略显敷衍，指出这无非是为了提升产品的辨识度，毕竟，在玩家群体里面，"Gears"这个简称也已经流传许久了。但很多敏锐的评论家一语中的，指出这个转变实际上标志着游戏重心开始从"战争"转向"人"，从打打杀杀转向

---

① Make Gears, not War（https：//egmnow.com/gears-5-review/）.
② The Final Level：Farewell from Game Informer（https：//www.gameinformer.com/review/gears-5/gears-5-review-holding-the-line）.
③ Gears 5 review（https：//www.videogamer.com/reviews/gears-5-review/）.

内心的情感。复杂纠葛、跌宕起伏的情感戏，无疑是《战争机器5》的一个瞩目特质①，身世之谜，手足之情，兄弟阋墙，乃至自我怀疑，等等，更给这部以爽快杀戮为标签的热血游戏增添了不少情感体验的深度。那么，究竟如何理解此种深度呢？它给游戏感带来了何种深刻的变化呢？众多论者几乎都将其归于叙事的技巧，但这无疑太过偏向文学性和电影性。从游戏性的角度看，它的那种弥漫整个世界的金属美学或许才是破解此种独特的游戏感的真正密钥。毕竟，无论游戏讲了一个怎样感人的故事，使用了怎样逼真的视觉特效，它最终还是要落实于"玩"这个具体而微的细节。每一次触动鼠标，每一次操控人物，每一次与环境的互动，都是游戏感被激活和实现的真正时刻。

而《战争机器》系列所营造的那种操控金属玩具的独特手感，其中或许恰恰隐含着令人深思的诡异面向。首先，玩具本身就是诡异的。虽然弗洛伊德曾质疑恩斯特·延奇（Ernst Jentsch）的说法，认为栩栩如生的玩具并没有多少诡异之处，真正诡异的只是孩子的内心体验②，但实际上，"变活的玩具"不仅向来是令孩子迷惑不已的现象，更引发了众多学者的思考。在《当玩具变活》（When Toys Come Alive）这部另类经典之中，库兹涅茨（Lois Rostow Kuznets）开篇就概括了玩具的诸多诡异之处，至少涉及孩子的主体性意识、阴森晦暗的家庭氛围、孩子与玩具的主奴关系、孩子面对玩具的那种"上帝视角"这四重根本维度。③ 然而，这些看似诡异的特征最终多少还围绕着孩子这个中心，并未如上文所揭示的诡异逻辑那般去展现人与非人之间的差异性关系。对比之下，在另一部深刻反思"人与物"之关系的名作之中，芭芭拉·约翰逊（Barbara Johnson）亦以玩具开场，并尤其突出强调了玩具自身的那种与人相关、相对

---

① With new additions, Gears 5 makes its cover-shooter core more adaptive to different playstyles (https：//www. gamespot. com/reviews/gears－5－review/1900－6417287/).

② Sigmund Freud, *Writings on Art and Literature*, Stanford University Press, 1997, pp. 208－209.

③ Lois Rostow Kuznets, *When Toys Come Alive*, New Haven and London：Yale University Press, 1994, p. 2.

甚至相异的不可还原和简化的物性。① "玩具就是我们"（Toys R Us）这个序言之标题，并非仅意在强调人与玩具的相似，亦非由此试图将玩具拉近人这个中心，而是意在以反讽的方式去揭示、呈现二者之间的差异性的张力。

那么，在《战争机器》（尤其是第五部）之中，真正能够营造此种诡异张力的物质性形态为何呢？无疑正是金属。金属看似是一个如此平常和平凡的物质形态，在哲学史上几乎未激发过任何深入的思考②（与光、水、气等基本要素相比），但自20世纪后期以来，随着"物转向""物导向"逐渐成为欧陆思潮的一个主流，金属也一夜间变成了哲学家的宠儿。比如，在新近出版的《非物：生活世界的变革》的最后，韩炳哲就结合自己冶金专业的背景及德勒兹（和加塔利）在《千高原》中的著名论述，突出强调了金属所独具的那种"物质的魔力"③。此种魔力至少有两个面向。一是生生不息的变化，不断塑形，展现出强大而不可穷竭的创造性潜能。二是金属与别的可塑性物质亦有着鲜明的差别。水在不断变化，气也会持续流动，甚至木材、塑料等都能展现出丰富的变形力，但似乎唯有金属能在变化之中持守那种"当下在场的重力"，形成一种"内在强化的当下"④。金属的生命是内敛的，是含蓄的，是持重的，它并不仅着力于外形的变化或弥漫的力量，而更能在"此时此地"形成一个坚固的物质性中心，吸引、凝聚周围的各种人，物，事。韩炳哲所偶遇的那台古旧的、闪着金属光泽的点唱机正是如此，而玩家们手中所操控的独具金属质感的玩具大兵亦是如此。数字物也可以有独特和独立的物性之深

---

① Barbara Johnson, *Persons and Things*, Cambridge, Massachusetts: Harvard University Press, 2010, pp. 8 – 9.
② 或许笛卡尔是一个明显的例外，但他对于金属的描绘与思考固然深入细致，却大体上还是归属于自然科学研究的范畴，未及进一步展现出其相关的哲理：参见 Fabrizo Baldassarri, *René Descartes's Natural Philosophy and Particular Bodies*, Cham: Springer, 2023, 第4.4 节。
③ ［德］韩炳哲：《非物：生活世界的变革》，谢晓川译，东方出版中心2023年版，第154页。
④ ［德］韩炳哲：《非物：生活世界的变革》，谢晓川译，东方出版中心2023年版，第150页。

度,在这个要点上我们与韩炳哲的立场截然相悖。在《军事—娱乐复合体》中,莱诺(Tim Lenoir)和卡德韦尔(Luke Caldwell)曾以《钢铁侠》为例,比较了新旧两代军事机器之间的区别:老机器是"笨重、肮脏的",而新机器则正相反,"更加清洁、更加灵活、更加机动也更加智能化"①。我们发现,《战争机器》中的金属美学恰恰是老与新、重与轻、滞浊与轻灵这种双重面向的完美合璧。这也正是它的诡异逻辑的极致体现。借用新物质主义的代表人物简·本内特(Jane Bennett)的深刻阐述,恰可以说金属既展现出充满生机和强度的变形之力,但同时又隐含着那种非人的、否定性的"绝对不(absolute no)"②。在这个意义上,参照约翰逊的那种说法,或许金属完全可以恰如其分地被视为自动化机器时代的类宗教力量淋漓尽致的抒写。

结语:金属的玩具,愤怒的灵魂

那么,既沉重又灵活,既迎合人类又坚持抗拒的金属,到底能够给人类玩家带来怎样独特而深刻的游戏感呢?如果那不再仅是斯温克所详述的连贯流畅的心流,那么在其中究竟有何种感受和体验能够契合从弗洛伊德到森政弘的诡异逻辑呢?

在《土地与意志的遐想——论力的想象》之中,巴什拉对金属的物质性美学进行了堪称有史以来最为全面的沉思。首先,他开篇亦如韩炳哲和本内特那般总结概括了金属所独有的那种兼具"硬与软"的辩证法,但随即就将这双重的物质力量与人的美学体验密切联结:"所有抵抗的东西都带有帮助与阻碍的双重标记。它们是需要驯服的存在。它们将我们控制的存在,将我们力量作用的存在,交给我们。"③金属恰是如此,它

---

① [美]提姆·莱诺、卢克·卡德韦尔:《军事—娱乐复合体》,陈学军译,民主与建设出版社2021年版,第194页。
② Jane Bennett, *Vibrant Matter*, Durham and London: Duke University Press, 2010, pp. 54 – 55.
③ [法]巴什拉:《土地与意志的遐想——论力的想象》,冬一译,商务印书馆2020年版,第18页。

看似顺从地接受人力的塑造，但又始终从物质力量的深处展现出一种拒斥、抗拒、对人说"不"的自立。但当金属对人说"不"的时候，人类也同时向金属说"不"。人类在金属的抵抗力面前，并非仅感受到自己的无力和挫折，而更是由此激发出自身更强的力量，那既是生命的强度，更是精神的高度。此种精神力尤其体现在"愤怒"这种基本而古老的人类情感之中，"抵抗和愤怒客观地联合起来"，正是物质的"力量之梦的浓缩"①。

愤怒，堪称是贯穿西方哲学史的最为基本的情感之一。从荷马史诗开始，它就一直引发哲学家的深刻省思。亚里士多德在《尼各马可伦理学》中就明确指出，"怒气在某种程度上似乎是听从逻各斯的，不过没有听对，就像急性子的仆人没有听完就匆匆地跑出门，结果把事情做错了"②。这就明示了愤怒所蕴含的那种导向思考的潜能。而在《修辞学》中，他又将愤怒界定为"一种针对某人或他的亲友所施加的为他们所不应遭受的显著的轻慢所激起的显著的报复心理所引起的有苦恼相伴随的欲望"③。这又是对愤怒之中的那种被动、遭受等"显著的"否定性维度的凸显。正因如此，在全面梳理愤怒概念的名作《猛烈的激情》(*The Vehement Passions*) 之中，菲利普·费舍尔（Philip Fisher）就明确将愤怒之本性概括为从被动到主动、从否定到肯定的转化④。愤怒总是源自被动遭受的创伤，但由此激发的猛烈情感反过来又可能成为主体得以塑造和掌控自身的力量。

《战争机器》所苦心孤诣、匠心独运地营造的金属美学或许也恰是以此种愤怒之激情为一个重要的旨归。从这个游戏感的角度出发，亦可以

---

① ［法］巴什拉：《土地与意志的遐想——论力的想象》，冬一译，商务印书馆2020年版，第54—55页。

② ［古希腊］亚里士多德：《尼各马可伦理学》，廖申白译注，商务印书馆2017年版，第224—225页。

③ 《罗念生全集》第一卷，上海人民出版社2016年版，第203页。

④ Philip Fisher, *The Vehement Passions*, Princeton and Oxford: Princeton University Press, 2002, pp. 13–15.

对学界和社会对于战争游戏中的暴力难题的长期口诛笔伐进行有力回应。玩战争游戏真的会助长孩子的暴力天性和攻击性本能吗？在没有进一步的科学研究证据之前，谁也无法给出明确的判断。但电子游戏所激发的暴力（正如它所唤醒的情感）本也包含着深浅不一的层次。它可以是爽快肤浅的打打杀杀，但也可以在游戏感乃至生存感的意义上指向肯定的心流和否定的愤怒这些不同的深层面向。在心流之中，自我不断肯定自身，在愤怒之际，自我每每深陷否定与裂变。《战争机器》的金属美学或许亦正是这两面的合体，并由此旨在以否定性为起点导向主体性的重思和重建。在名作《战争游戏：电子游戏与武装冲突的未来》中，科里·米德（Corey Mead）曾极具启示性地将游戏的一大功效概括为"虚拟现实暴露疗法"：令"病人们进入一个浸入式的交互环境，在这里他们可以重现创伤记忆"[①]。我们更可以引申说，所有电子游戏在某种意义上都具有此种疗治创伤的功效。在一个数字的时代，网络的社会，似乎没有哪种媒介更能够激发孩子们身上的那种化被动为主动的情感体验的力量。那就让我们跟随孩子再次、一次次走进电子游戏的诡异迷宫。

---

① ［美］科里·米德：《战争游戏：电子游戏与武装冲突的未来》，刘四龙译，民主与建设出版社 2020 年版，第 150 页。

返回附近与家园的空间诗学
——对动画电影《心灵奇旅》的解读*

宋聪聪　张子吟**

内容提要：动画电影《心灵奇旅》的叙事与价值建构在很大程度上依赖于对空间元素的运用。影片设置了四重空间，分别是"生之彼岸"、"生之来处"、"忘我之境"与"现实世界"，这四个空间是影片叙事的线索。"生之来处"是具有宏大叙事特征的理念世界，它精英化的培养模式扼杀了平凡个体生命独特的火花。只有在现实世界具体的"附近"和家园之中，人才能产生生活的热情，体验到生存的意义。影片所强调的这种对个体生命体验的珍视并不意味着反对宏大的理想，而是主张将宏大的理想融入切实的生活中，实现诗意的栖居。

关键词：《心灵奇旅》；空间；附近；家园；诗意栖居

《心灵奇旅》是由彼特·道格特和凯普·鲍尔斯联合执导，由迪士尼影片公司与皮克斯动画工作室合作打造的动画片。影片于 2020 年圣诞节登陆中国院线，并在北美同步上线流媒体平台。影片在国内排片量不高

---

* ［基金项目］国家社会科学基金重大招标项目"中国新媒介文艺研究"（项目编号：18ZDA282）。
** ［作者简介］宋聪聪（1988—　），女，山东青岛人，博士，杭州师范大学人文学院、文艺批评研究院副教授，主要从事西方文论与新媒介文艺研究；张子吟（1999—　），女，浙江宁波人，杭州师范大学本科生。

的情况下获得了高口碑和创造了 3.74 亿元（截至 2021 年 2 月 28 日）的高票房纪录，豆瓣评分 8.7 分；Bilibili 平台评分 9.9 分。更值得一提的是，该片还荣获第 93 届奥斯卡最佳动画长片、第 78 届金球奖最佳动画长片、第 74 届英国电影学院奖最佳动画片等奖项。在后疫情时代，《心灵奇旅》对于"活着"这一主题的探讨收获了大量共鸣，起到了慰藉人心的作用，而电影的叙事与价值建构在很大程度上依赖于对空间元素的运用。本文试图从"空间"概念出发，结合项飙提出的"附近"概念和现象学的"诗意栖居"理论与家宅分析，对《心灵奇旅》的叙事手法与价值内涵进行解析。

一 《心灵奇旅》的四重空间

《心灵奇旅》设定了四个空间——"生之彼岸"、"生之来处"、"忘我之境"与"现实世界"，整个故事围绕着这四个空间而展开，电影的主题与价值意蕴也基于这四个空间而确立，正如张一玫所言，"多维空间的设定与叙述是本文故事得以有效影像表达的重要媒介；在一定程度上，空间叙事发挥着积极的创意想象与启人深思的作用"[①]。片中四重空间的设定不仅使叙事得以有序展开，而且人类心理空间、情感空间和思维运动的体现，更回答了"人从何处来、往哪里去、生存意义在何处"的重大问题。

"生之彼岸"是乔伊掉入窨井之后最先到达的地方，即生命的终结之处。影片对这个空间刻画不多，主要是通过另外三个空间进行叙事和阐发意义。"人从何处来"是困扰所有人的问题，不同宗教与哲学都给出了自己的解答，有的试图为人类找到一个创造者，有的以轮回做出解释，海德格尔则直接给出一个现象学的描述：人是被抛入世界的，人向来已经在世界之中，我们不知生之来处，只知自己已然在世。但《心灵奇旅》给出了自己的设定：现实世界不是生命的源头，在现实世界之外还有一

---

① 张一玫：《〈心灵奇旅〉：动画片空间叙事的审美创新与哲理探寻》，《电影评介》2021 年第 4 期。

个更源初的空间——"生之来处",又称为"心灵学院"。这是人类来到现实世界之前的第一个居住空间,灵魂以缥缈轻盈的形态游走在这个空间之中。这个空间里有两种灵魂,一种灵魂是即将进入现实世界的小灵魂,他们在这里的各种设施中形成自己独特的性格,之后又在导师的引导下寻找自己的"火花",以获得前往现实世界的资格。另一种灵魂则是导师,统一被称为"杰瑞",也就是引导小灵魂去寻找火花的灵魂。导师与小灵魂一一配对,影片的主角乔伊和灵魂22就因为这样的配对而结识。乔伊是热爱爵士乐、渴望登台表演的钢琴老师,却在即将实现梦想之际不幸掉入窨井,生命垂危,渴望回到现实世界的他奋力逃离"生之彼岸"并阴差阳错进入"生之来处"被误认为是导师,而灵魂22则是已经久久游荡在"生之来处"的老学员,他看不到人生有什么意义,找不到自己的"火花",也不愿成为人。于是,一个渴望回到人间的灵魂和一个不屑于降生为人的灵魂在此相遇,引出了影片所要探讨的第一个问题:人生到底值不值得过?

在"生之来处",这个问题未能得到灵魂22肯定的回答,他们尝试了人类的各种活动,却都无法激起灵魂22的兴趣,他生命的火花没有被点燃。究其原因是"生之来处"是一个纯粹的精神世界,这里没有物质,一切可见之物也不过是精神和能量的幻化,灵魂22没有身体,因而也就没有味觉、触觉、嗅觉等各种知觉,他闻不到甜品的芬芳,也感受不到挨打的疼痛,"火花"只是靠理智去感知的,而他的理智已经让他对人生的种种知识都了如指掌,因而只感觉到人生乏味。这在告诉我们,人生的意义不是单靠理智可以把握的,理智甚至会告诉我们:人生并不值得过。

为了帮助乔伊重返人间,灵魂22带他来到了"忘我之境"。"忘我之境"是精神与物质的交界处,这里也有两种灵魂:一种灵魂是专注于某事而处于安宁的神游境界的人,如全身心投入演奏的音乐家、激情表演的演员、比赛中酣战的球员、正在认真做着某项细致工作的人,他们处于安宁和谐的状态中,平静自足;另一种灵魂则因执迷于某事而进入癫狂的状态，迷失了自我，他们在这里幻化出黑暗厚重的猛兽外壳，充满攻击性，而自我却被挤压到外壳内部，自己都意识不到，如那个嘴里只会念叨着"交易，交易"的对冲基金经理。二者的不同在于，前者的"忘我"状态体会到的是专注与自由，而后者的"忘我"带来的是迷失与疲惫，前者是投身所爱，后者看上去也是激情投入，却在回过神来发现"我一天天的都在干什么呀"（对冲基金经理的台词），发现自己激情投入的其实并不是自己真正想要的。"忘我之境"通过空间的显化形式投射出人类生存的两种极端状态：一是精神与物质的和谐，二是精神与物质的冲突，而这里首要的物质就是人类的身体。在前一种情况，精神尊重身体，物我两忘；在后一种情况，精神则压迫身体，身心俱疲。如果说"生之来处"引发的是"人生值不值得过"的问题，那么"忘我之境"引发的就是"人生该如何过"的问题。现代人不仅如同古往今来的所有人一样受到嫉妒、愤恨等执念的束缚，还受到手机、互联网等现代技术产生的碎片化信息的干扰，精神常常处于迷失的状态，而解决之道恰恰是静下来，专注于自己，从而重新获得与身体的连接，回归身心和谐的状态，一如几位神秘主义者解救对冲基金经理的方式。

  影片真正对"人生值不值得过"和"人生该如何过"的问题做出回答是在现实世界的空间，前一个问题在灵魂22身上找到答案，后一个问题在乔伊身上找到答案，两条线索、两个答案又交织在一起，形成一曲生命的二重奏。多年游荡于"生之来处"，也时常拜访"忘我之境"的灵魂22感觉生命毫无乐趣，却在借助乔伊的肉身品尝到第一口披萨时就感受到了愉悦。在这个空间中，灵魂22真切地感受着生命的美好，从品尝美食、感受微风、捧起一片树叶到走在阳光下、与他人交往，每一个细微的瞬间都让他感到惊喜和满足。最终，在生活的点滴中，灵魂22找到了那一直缺失的"火花"。现实世界与"生之来处"最大的区别就在于，人是有身体、有各种感知能力的。那些在头脑中了无趣味的事情一旦经由身体去体验，就突然有了说不出道不明的乐趣。正如海德格尔所言："最切近的交往方式并非一味地进行觉知的认识，而是操作着的、使用着的操劳——操劳有它自己的'认识'。"① 我们对世界的理解首先不是通过理性认识获得的，而是通过生存于世、与世界万物打交道获得的，正是在这种最原初的打交道中，在我们自然而然的生存中，我们已经对世界有所领会，已经体会到生存的某种意蕴、某种价值，感到想要活着。在这个意义上，《心灵奇旅》以一种更加浪漫温情的方式讲述了和余华的《活着》类似的内涵：活着的意义就在于活着。那么，人生该如何过呢？这个问题，我们在下一部分继续回答。

二 追逐火花与返回附近

在影片中，乔伊对于"人生该如何过"这个问题经历了一个自我觉醒的过程。在他掉入窨井之前，甚至直到他重新回到他的身体以前，他的人生都只有一件事，那就是实现他的爵士梦想。他一直期待能跟著名的爵士乐手同台演奏的那一天，将那一天视为他的新生之日，在他的想象中，在那之后，他的人生将变得完全不一样。在即将登台时他看着镜子里的自己说道："准备好了吗？乔伊·高纳，你的人生就要开始了。"这正是他这一心理的准确写照。他满脑子里想的都是这件事情，甚至他喜欢的女孩在他头脑中也只占一点点空间；他走进理发店只跟理发师谈论这一件事，不关心理发师的生活，也不分享自己的生活；他收到学校的长期聘任书时毫无喜色，却在得到与多茜娅同台演出的机会后兴奋得忘乎所以，以至于掉入窨井；他千方百计想要回到地球赶上那场演出，并在灵魂22拒绝配合之后与之激烈争执。他的所作所为全都围绕着这一件事——他的梦想，他所认为的火花。

在乔伊看来，"火花"一定是某种崇高的梦想、某个人生目标，他庸常的人生只是为了实现这个目标而存在。而且不只乔伊这样认为。反观"心灵学院"的培养模式，这个空间中的导师都是传统定义中的成功人士或者英雄：甘地、特蕾莎修女、哥白尼、拳王阿里、荣格等，甚至乔伊

---

① ［德］海德格尔：《存在与时间》（修订译本），陈嘉映、王庆节译，生活·读书·新知三联书店2006年版，第79页。

所冒充的导师也是一位著名的心理学家，仿佛只有人类中的杰出人士才能启发新生命的火花，而普通人则不具备这样的能力。这种精英主义的价值观背后是被利奥塔尔称为"宏大叙事"的传统。"决策者力图采用一种输入输出模式，按照一种包含元素可通约性和整体确定性的逻辑来管理这些社会性云团。他们为了权力的增长而献出了我们的生活。不论在社会争议问题上，还是在科学真理问题上，权力的合法化都是优化系统性能，即优化效率。在我们的全部游戏中实施这一标准将带来某种或软或硬的恐怖：你们应该成为可操作的，成为可通约的，否则就消失吧。"[①] 在这样的传统下，人生都是为了寻找某种宏大使命，只有这种宏大使命才能让生命有热情。"生之来处"所有导师和工作人员都只有一个名字——杰瑞，这种可通约性更加暗示了无论这些杰出人士的个性和特质有多么不同，他们都代表着一个整齐划一的目标，即追求卓越，优化效率，保持系统的高效运转。讽刺的是，使所有伟大的导师都束手无策的灵魂22，最终却在一个一事无成的普通人的帮助下阴差阳错地找到了自己生命的火花。这意味着普通人同样可以充任生命的导师，或者不如说，生命本身就是最好的导师，而每个人的生命是平等的。

但这个系统中也有清醒者。利奥塔尔指出，在后现代背景下，"'认同'伟大的名字和当代历史的英雄变得更为困难。……生活目标由每人自己决定。每人都返回自我，每人都知道这个'自我'是微不足道的"[②]。在乔伊坚持认为是他自己对爵士乐的热爱填满了灵魂22空缺的一格时，有一位杰瑞说道："灵魂不需要找目标，你怎么会这样想。……火花才不是什么人生目标呢，你们导师都这样，喜欢谈热情、谈追求、谈人生意义，太无聊了。"系统中出现的叛逆者正是系统的自我校正与创新。影片中还有一个细节，一位杰瑞介绍"生之来处"已改名为"心灵

---

① [法]让·费朗索瓦·利奥塔尔：《后现代状态：关于知识的报告》，车槿山译，南京大学出版社2011年版，第6页。
② [法]让·费朗索瓦·利奥塔尔：《后现代状态：关于知识的报告》，车槿山译，南京大学出版社2011年版，第60页。

学院",并说这是"品牌重塑",这可能也暗示着,"生之来处"在管理理念上正经历着一些创新。而最后杰瑞们放乔伊回到了人间,并且运用小伎俩骗过了严格精准维护系统的黛瑞,这似乎也意味着系统在允许熵的出现,以促进自我的更新与健康发展。值得注意的是,黛瑞是所有工作人员中唯一不叫"杰瑞"的,她的工作是专门计算灵魂的数量。也许,她名字的特别正是因为她并非像众多"杰瑞"那样是系统机器的一个零件,而是象征着系统的精密计算本身。计算试图掌控一切,却在后现代语境下注定失败。

  叛逆"杰瑞"关于"火花"的说法让乔伊第一次产生了困惑,但他还是坚持说服自己,他的火花就是音乐。他真正的困惑出现在演出之后。演出很成功,他却好像还在期待着什么。他告诉多茜娅:"我为了这一天,努力了一辈子,现在终于实现了,可是感觉没什么不一样。"他所期待半生的新生并没有出现。多茜娅给他讲了一条鱼的故事,有一条鱼对年老的鱼说:"我很想找到一个叫大海的东西。"年老的鱼对它说:"大海?你就在海里呢。"年轻的鱼却说:"这个?这只是水。我想找到的,是大海。"乔伊一直以为,人生的目的是追逐远方的火花,却忽然发现,生命的意义就在附近。"附近"是最早由项飙提出的一个概念,严飞等学者也对其进行了阐发和研究。简单来说,"附近"即"每个人身边日常生活的场所,又是社会群体产生互动和交集的情感空间,蕴含着人们各种交往、交流的网络纽带,并在意义层面形成人和人之间的联结"[①]。项飙指出,年轻人一方面非常关注自我,另一方面又往往通过社交媒体关心远方,而远方"这些宏大叙事是通过各种抽象的说法来形成的,但是人们对自己周边的生活究竟是怎么样的,认知反而是很模糊的"[②]。在封闭的自我和宏大的远方之间,年轻人缺少对附近的切实观察与参与,因而也就难以认识真实的世界。乔伊正是如此,追逐爵士乐的梦想只涉及他

[①] 严飞:《以"附近"为方法:重识我们的世界》,《探索与争鸣》2022年第4期。
[②] 项飙、康岚:《"重建附近":年轻人如何从现实中获得力量?——人类学家项飙访谈》(上),《当代青年研究》2023年第5期。

与爵士乐的两极,而附近种种——食物的美味、阳光的明媚、身边的理发师和地铁里的乐手乃至母亲——都被他视而不见。远方的宏大意义是虚设的,一旦发现这一点,他就陷入了意义的虚空。

回到家的乔伊回忆起了灵魂22在他身体内时他们共同度过的时光。什克洛夫斯基在《作为手法的艺术》中指出:"那种被称为艺术的东西的存在,正是为了唤回人们对生活的感受,使人感受到事物,使石头更成其为石头。艺术的目的是使你对事物的感觉如同你所见的视像那样,而不是如同你所认知的那样。"① 对于乔伊来说,灵魂22在他身体内的行动就是这样一种"艺术"。乔伊平淡日常的生活对于灵魂22来说却都是人生第一次:第一次学习走路、第一次吃披萨、第一次吃棒棒糖、第一次理发、第一次沐浴在阳光下、第一次触摸一片树叶……他以全部的好奇和新鲜感去感受这些事物,做出了和乔伊惯常所做的不同的选择,也使得乔伊可以以旁观的视角如同欣赏艺术作品那样重新审视自己的生活,抛弃自己以往的认知,重新感受这些视像。于是,在乔伊的感知中,一片树叶、一卷线、一块没吃完的面包都有了生活的丰富意义。借着这份触动,乔伊进而回忆起了他人生中那些平凡而珍贵的瞬间——与父母的相处、骑自行车、上课、看烟花、吃一块美味的蛋糕……于是,他的人生再不是一片虚空,而是足以让他幸福落泪。此时的电影画面由乔伊本人转为乔伊弹奏钢琴,再转为他母亲的裁缝铺、多茜娅的演奏厅,然后是夜晚的整个城市、整块大陆再到地球、宇宙……摄像头的视域不断放大,经由附近,乔伊的自我与整个世界、与浩瀚的宇宙相连接,获得了切实的意义。他也终于明白,帮助灵魂22找到火花的不是他的音乐梦想,而是灵魂22自己对于生命之美好的感知。灵魂22的火花不是远处的宏大目标,而就在于他与附近的联结,在于这种联结使他产生想要活着的欲求。

---

① [俄]什克洛夫斯基:《作为手法的艺术》,[爱沙尼亚]扎娜·明茨、伊·切尔诺夫主编《俄国形式主义文论选》,王薇生译,郑州大学出版社2005年版,第216页。

三 重建家园的诗意栖居

那么，返回附近是否意味着，我们不再需要宏大的理想了呢？《心灵奇旅》一方面对特蕾莎修女、拳王阿里等人略有调侃，另一方面又强调生活的点滴中就有生命的火花，这是否在宣扬一种放弃崇高理想的价值观呢？对于第一个问题，项飙结合中国的实际，用极为通俗的话语做出了解释："问题可能不仅仅是'大'和'小'的区别，更重要的是'大'和'小'的关系。我们讲的'大'，是可以落实到'小'的'大'，还是要把'小'完全忽略的空洞的'大'？老一代人为什么会有宏大的理想，我们要从非常具体的个人经历的角度去分析那些宏大想法对个人意味着什么。对于老一代人，宏大叙事意味着个体可以直接参与改革开放，这个'大'是有道理的。刚刚改革开放的时候，机会非常多，比如当时农民工离乡进城，农民可以感受到自己直接参与一个洪流当中，这是比较真实的。当时整个社会又有很强的一个方向感，大家都觉得要往一个方向去，社会分化不明显，大家都是改革开放的受益者。

"社会学界的一个重要说法是，20世纪80年代的改革是普惠式的，虽然大家的受益程度可能不一样，但所有人基本上都受益。那个'大'好像是'小'的自然汇集。但到20世纪90年代以后，特别是2000年以后，整个经济和社会发展的模式不一样了，不再是普惠式的，而是分化式的，贫富差距变大，不同的人对社会生活的感知不一样，然后是共识的破裂。这时候，个体在自己的生活意义上，没有一个直接的对宏大叙事的参与感；但同时，个体也没有建构出自己的'附近'来，对自己身边的事情也没有参与感。那么在这样的情况下，他没有对'大'的具体参与，而一些小的公共参与也放弃了，最后剩下的就是用一些非常口号式的、象征性的说法，来宣称一种归属感，对一个想象中的'大'的东西的归属，比如文明。这也是我最早提出'附近'的背景原因之一，我觉得重新对'附近'感兴趣，可以把那个空洞的、大而化之的趋势稍微缓解一下。"①

这里的"大"指的是宏大叙事的大梦想,而"小"指的是个人生活的小目标。从项飙的解释中可以看出,"附近"这个概念的提出,绝不是要放弃宏大的理想,而是要把宏大的理想落实到个人的具体生活,而非任之流于空洞的口号和言说。与此同时,"附近"的提出也是在新的大环境下对宏大理想所做出的一种补充。既然社会现实已经使普通人对宏大叙事缺少参与感、对宏大叙事的感知变得抽象,那么"附近"作为一种中和的实践至少可以让人保持对社会的实际参与,保持自我与世界的连接,获得这份连接带来的力量。正如项飙所言:"'附近'作为'为生活的人类学'的一个例子,受到存在主义和实用主义哲学的影响,它背后很重要的一点想法是,人没有办法对生活和世界做一个整体性的批判,不能等对生活有了全面判断之后再去生活,关键是在当下给定的条件下,不要让自己的思考能力和行动能力丧失掉。这其实是很难的,所以要找一个现实的、很小的突破口或者说抓手来做。"② 这种存在主义和实用主义哲学的观念与《心灵奇旅》的价值观是一致的。数百位优秀导师的引导、在漫长的时间里对人类世界做出的整体性判断并没有赋予灵魂 22 去生活的动力和勇气,反而是阴差阳错被给定的生活经验让他获得了对生活的兴趣和行动的能力。

与项飙提出"附近"概念的动机类似,《心灵奇旅》也并不是鼓励人放弃远大的理想,它所反对的是整齐划一地将宏大的人生目标赋予每个人以及为了一个空洞的理想而忽视附近的生活。前者是"心灵学院"的培养模式,它导致灵魂 22 这样普通而另类的小灵魂找不到生命的火花,从而丧失生存的热情和勇气;而后者是乔伊觉醒之前的生活方式,这导致他体会不到生活的乐趣,丧失了很多珍贵的体验。《心灵奇旅》并不否

---

① 项飙、康岚:《"重建附近":年轻人如何从现实中获得力量?——人类学家项飙访谈》(上),《当代青年研究》2023 年第 5 期。
② 项飙、康岚:《"重建附近":年轻人如何从现实中获得力量?——人类学家项飙访谈》(上),《当代青年研究》2023 年第 5 期。

定宏大理想的价值和它对人类文明的贡献，它强调的是，哪怕没有梦想或者还没有实现梦想，你依然可以在当下的每一个具体的空间中生活，体验生命的美妙和存在的意义。这与海德格尔"诗意栖居"的理论是不谋而合的。栖居（wohnen）即居住，而人总是居住于大地之上、天空之下，居住于具体的空间之中，这个空间可以是一座小木屋、一座桥，也可以是一只酒壶或者一首诗开启的象征性的空间。在海德格尔看来，这些设置空间的物是一个位置，这个位置是一种聚集，将"四重整体"——天空、大地、诸神以及终有一死的人——都聚集在它所设定的空间中，正是在这样的空间中，终有一死者，即人这种能够承受死亡的生物得以诗意地栖居。"终有一死者把四重整体保护在其本质之中，由此而得以栖居。"① 在这种栖居中，人成其本质，如同诗人般归属于存有，因而"栖居本质上是诗意的"②。海德格尔所描述的"诗意栖居"可以说是人类最宏大的理想，同时又是每个人最具体的生存，这样的栖居是"在家的"，既身处现实的"附近"，又抵达精神的家园。

而在这些能够设置空间的物中，最典型的无疑是家宅。另一位现象学家巴什拉专门写作《空间的诗学》一书，对家宅空间进行了现象学解析。巴什拉认为，家宅不是一个单纯的空间，而是具有很强的精神意味。"家宅把永远不变的童年抱'在怀中'"③，"我们体验着安定感，幸福的安定感。我们通过重新体验受保护的回忆来获得自我安慰"④。在影片中，乔伊正是回到家中之后才实现了觉醒。他把在外面世界得到的话语和零碎小物带回家中，家给了他一个安定又安全的空间，让他在回忆中发现了灵魂22在他体内如同艺术和诗一般的陌生化经验以及在童年和成长过程中的温馨时刻。乔伊与母亲的关系也是一种精神意义上的家宅内部的

---

① ［德］马丁·海德格尔：《演讲与论文集》，孙周兴译，生活·读书·新知三联书店2005年版，第158页。
② ［德］马丁·海德格尔：《演讲与论文集》，孙周兴译，生活·读书·新知三联书店2005年版，第213页。
③ ［法］加斯东·巴什拉：《空间的诗学》，张逸婧译，上海译文出版社2013年版，第7页。
④ ［法］加斯东·巴什拉：《空间的诗学》，张逸婧译，上海译文出版社2013年版，第8页。

关系。母亲一直不支持乔伊登台演出的梦想，当乔伊裤子破了，不得不向母亲寻求帮助时，他终于借灵魂 22 之口向母亲说出了自己的心声，也了解了母亲的想法，并获得了母亲的支持。母亲的支持如同家宅的庇护给了乔伊安定的幸福感。一方面，家宅守护着记忆与温情，使得记忆与温情被空间化，变得坚不可摧；另一方面，家宅又"庇佑着梦想，家宅保护着梦想者，家宅让我们能够在安详中做梦"①。当乔伊在家中弹钢琴的那个时刻，他的童年与成长、家园与梦想都在此聚集，交相辉映，他生命的火花终于找到了现实的安顿之处，如同家中的炉火般熊熊燃烧，而与此同时，返回家宅之中对精神家园的重建也意味着在天地之间、宇宙之中的诗意栖居，这正是那个视域不断变得广阔的蒙太奇镜头所蕴含的另一重深意。

总而言之，《心灵奇旅》通过四个空间的设定以及主人公在四个空间之间的穿行讲述了一个曲折动人的故事、一段自我觉醒之旅，对空间的刻画使象征意味得以具象展示、生动表现。而通过"生之来处"之抽象理念与现实世界之具体人情物象的对照，影片更是为我们提供了一个对于项飙所提出的"附近"理论的艺术化呈现。作为人类最切近的空间，"附近"和家宅一起将个体的自我与公共的世界相连接，将崇高的人类理想具体化为个人生命的火花，使我们获得生存的勇气和力量，从而实现家园重建与诗意栖居。

---

① [法] 加斯东·巴什拉：《空间的诗学》，张逸婧译，上海译文出版社 2013 年版，第 5 页。

区域文学的理论建构

主持人语

主持人：严金东

主持人语：

理论建构，对于区域文学与文化研究的发展而言有着安身立命的根本作用，因此需要不断深入。本组文章就以此为焦点，以期为区域文学文化研究进行理论奠基，使之获得某种更为清晰的发展线索。

贾玮、高虹的《突破区隔：文学对于时间的区域化处理——兼论文学的区域化潜能》是从现代意义上的文学及其内涵出发，对于文学是时间的艺术这一流行观念进行反思，从而展示出文学的出场对于时间空间化的处理，已然为区域的生成开启了可能。严金东的《论钱穆从"地方性"到"共通性"的文学发展观》一文则对于钱穆的中国文学发展观念进行了深入梳理，从"地方性"到"共通性"的发展，不但涉及对地方性的突破，而且事关地方的重建，因此已然探入了地方与区域的关联。

程文文、郭佳慧的《互动交际中的认识权威表达——以断言类话语标记"我说"为例》与李元乔的《集体叙述：非人类叙事的区域化特征——兼及非人类叙事中的集体主体性建构》有着深度互动，两者不仅同样针对人类叙述展开，而且都瞄准了反思叙述的自我性。具体而言，前者从语言功能出发，指出"我"与"说"的脱离，作为从主谓短语发展为话语标记的语法化结果，使得"我说"凸显了过于自我化的冲动；而后者则表明作为非人类主体的特性及其显示，集体叙述在非人类叙事之中的大量存在，为批判人类中心主义式的自我想象提供了可能。

突破区隔：文学对于时间的区域化处理[*]
——兼论文学的区域化潜能

贾 玮 高 虹[**]

内容提要：文学被视为时间的艺术。这一略显含混的说法可以追溯至亚里士多德对于"诗"与历史的区分，但是两者的区分及竞争关系是由哲学主导的结果。事实上，文学的出场不但改造了这种区分，而且对于哲学的主导权进行了挑战。借助叙述学等研究的思路不难发现，文学对于过去的晕染化处理，触及了时间的原发性涌动，进而以其独特时间空间化的方式为区域开启了可能。

关键词：文学；《诗学》；时间

长期以来，文学是时间的艺术成为某种共识。最具代表性的言论来自戈特霍尔德·埃夫莱姆·莱辛（Gotthold Ephraim Lessing），因为在其影响巨大的著作《拉奥孔》（1766）之中明确将"诗"视为"时间的艺术"，黑格尔与其心有戚戚焉，以至于将诗定义为相对于造型艺术与音乐的"第三种艺术"，并且使得二者"在一个更高的阶段上，在精神内在领

---

[*] [基金项目] 2020年国家社科基金重大项目"中国近代以来艺术中的审美话语理论研究"（项目编号：20ZD28）和2022年国家社科基金重大项目"现象学美学与中国当代美学的理论体系建构问题研究"（项目编号：22&ZD048）。

[**] [作者简介] 贾玮（1979— ），男，重庆师范大学文学院教授，主要从事文学理论与美学原理研究；高虹（2001— ），女，重庆师范大学文学院文艺学研究生，主要从事文学理论与美学原理研究。

域本身里，结合于它本身所形成的统一整体"①，因此相对于绘画等只能展示静止状态的造型艺术，"诗"能够表达时间上的先后与接续，从而深刻启发了后来者从时间理解并把握文学。

很多当代的研究事实上发展了黑格尔的分类，从而进一步细化了文学与时间的关系，例如将文学分为叙事文学与抒情文学，并且普遍认为时间在叙事文学中有着更为明显的流动，而在抒情文学之中趋向静止。以至于可以说，这种研究依然继承古老的诗学传统，将文学与时间进行了密切关联。甚至已经有学者从心理学层面确认了文学的发生就是源于人类掌控时间、战胜死亡的冲动。因此也就不难理解罗兰·巴特会借用山鲁佐德的宿命，提出的那个著名的隐喻化结论："不叙述就死亡。"文学，似乎始终在与时间进行博弈。时间也就不再只是文学用来书写的某个对象题材，而在某种角度上成为文学需要与之缠斗的"终身之敌"，并且最终指向文学之所以是文学的原委。因此严格来说，所谓文学是一种时间艺术等说法，必然伴随着"文学是一种处理时间的艺术"的事实。在这种内涵的交织中，文学确认自身之于时间的特殊贡献，进而获得正视自身的可能。

一 哲学对于时间的主导性阐释

作为对于时间的阐释与说明，类似观念可以追溯至亚里士多德，甚至更为直白地说，正是亚里士多德诗学率先表明何以可能将时间与文学的关系进行如此理解，尽管他所讨论的是"诗"。

亚里士多德是通过与历史的比较来分析诗的时间特质。"诗人的职责不在于描述已经发生的事情，而在于描述可能发生的事，即根据可然或必然的原则可能发生的事情"，因此"诗是一种比历史更富哲学性、更严肃的艺术；因为诗倾向于表现带有普遍性的事，而历史却倾向于记载具体的事"②，历史在此被假设为缺乏普遍性的片段式记载。"已经发生"

---

① ［德］黑格尔：《美学》（第三卷下册），朱光潜译，商务印书馆1981年版，第4页。
② ［古希腊］亚里士多德：《诗学》，陈中梅译，商务印书馆2005年版，第81页。

指向的过去维度和"可能发生"所指向的未来维度,也就表明所谓的诗和历史同样相关于时间的流逝,却是两种不同的处理时间的方式。换言之,所谓"可然或必然之原则",就是对时间进行处理的具体导向乃至方法。

亚里士多德通过"可然或必然的原则"提高诗的哲学意味,也就等于证明了诗中有着可供抽象的素质。所谓的普遍性,确实可以使得"诗"在共时层面乃至历时层面都避免历史的纠缠。亚里士多德对于诗的看重,因此是将其纳入以哲学为最高基准的垂直结构之中,从而将诗与历史的阐释权一并归于哲学。这种比较显然是以哲学为最高准则,所谓诗的高贵性源于接近哲学的荣光。伊曼纽埃尔·康德则为亚里士多德的思考确立了终极性根据,因为他将"可能与不可能性""存在性与不存在性""必然性与偶然性"列为人的知性的先验范畴。因此历史及其所记载的"具体的事",不仅因为与普遍性直接对立而归属于偶然性,并且还被划归为与可能性相对立的"不可能性"。由此,诗就与历史完成彻底切割,分属于两个不同的范畴。

由此,哲学、诗、历史三者就依次排定了顺序,诗与历史依据距离哲学的远近亲疏依次站位。长期以来,"诗"满足于这种高不成低不就的中间位置,甚至经常借此沾沾自喜。但是,随后的历史研究并不甘心于这种排名,而是不断争取哲学的认可以及更高的排名。当然,哲学似乎也更愿意看到历史与诗齐头并进的场景,因而有意提高历史的地位。

例如所谓的历史哲学,就以"历史规律"之名在相当程度上摧毁了诗与历史的等级落差。在后现代主义兴起之前,所谓的历史规律,作为现代历史写作的金科玉律,不但主导着历史写作乃至历史研究,而且借助形而上学传统对于具体现实的超越获得自身的合法性叙述原则,并自诩可以凭借所谓的超越视角获得对于历史的清醒认识。例如黑格尔就明确以"理性的发展历程"将历史界定为精神随着时间自我发展的过程,

"历史将被理解为在目的论上受到指引的东西"①,即以理念及自我意识得以充分实现作为自身的目标。此后马克思对于历史发展的唯物辩证解读,去除了黑格尔的唯心主义成分,并且通过阶级社会的更替演变,重新梳理了有关历史进程的唯物主义规律。至此,历史,严格说来当然包括有关于历史的记述,很难再说是个别具体之事。

历史规律不但颠覆了亚里士多德有关于历史的定义与想象,而且在一定程度上质疑了亚里士多德所说的诗及其与历史的区分。显而易见,所谓的历史规律似乎更加符合"必然的原则",或者说更加证明了必然原则的存在。当历史获得了所谓的必然性,也即规律之后,已经不再是亚里士多德意义上的"描述已经发生的事"。"已经发生"所代表的"过去"被纳入规律之中,进而被等同于"原因",或者说被所谓的原因所替代,而当"过去"被赋予了因果关联之后,历史及其"过去—现在—未来"的书写模式,就成为因果逻辑的显现。"历史",也就形成了对于亚里士多德意义上的诗的入侵,尤其是历史叙述则在"历史哲学"的昭示之下,成为规律的承担者,因而在地位上不仅追平了诗,甚至有了超越的可能,因为历史完全可以成为规律最为彻底的展示。

但是,无论这种规律源自某种意识形态抑或几种意识形态的混合,终究由于宏大叙事的惯性而恰恰缺乏在历史境遇中理解"具体主体性与具体行动"② 的能力。利奥塔所说的后现代式的微观叙事对于宏大叙事的反叛性质疑,就是在于揭示这种对历史叙述愈加严格的规律化控制及其缺陷。进一步而言,历史,或者说历史书写的先天不足,正是受制于形而上学—逻辑学进行主导乃至确立的规律。所以,历史凭借历史规律与诗进行的比拼,并没有真正逾越亚里士多德的诗学视域。历史与诗乃至文学的长期缠斗,因此都是受制于哲学的表现。所以"文学与历史谁更

---

① [加拿大]查尔斯·泰勒:《黑格尔》,张国清、朱进东译,译林出版社2012年版,第538页。

② Miller James, *History and Human Existence: From Marx to Merleau-Ponty*, Berkeley: University of California Press, 1979, p. 218.

真实""艺术真实及其价值""文学是否能够反映现实或者表现情感"等，都是以哲学及其所说的规律性作为隐在前提才能成立的主题。因此，无论其中的缠斗拼抢多么激烈残酷，最终的获益者都是哲学，因为两者的竞争关系源自哲学制定的规则及其框定的范围，因此自然也就维护了哲学的主导地位。

哲学，作为真正的操盘手，借助历史规律完成了对于时间阐释的最终占领，历史也就成为哲学对于时间进行阐释最为直接的表现与证明。正是通过对于历史、诗的系统性整合，哲学，尤其是形而上学，使得两者更加趋近自身，从而将处理时间的主导权完全据为己有。

在文学，或者更为精准地说，现代意义上的文学粉墨登场的 19 世纪，同样正是历史哲学蓬勃发展的时代，加之牛顿力学，尤其是三大定律的确立及其对于"能量守恒与转化"的确认，以及进化论的出场等，更是相互协作共同勠力实现了规律对于时间阐释的完全垄断。因此，纷繁多样的历史叙述，可以根据对于时间的不同理解最终呈现为两种类型。一种历史性是嘲弄讽刺性，以至于充满曲解与误导，因为后起的时代总是按照自己的意图与好恶强行阐释此前的时代，所以具体表现为将历史塑造为不同时代的相互竞争；另一种历史性则是"把我们与不属于我们的东西维系在一起的兴趣"[①]。后者虽然粗鲁，却能表明"现在"对于历史的兴趣，才是历史得以顽强延续的关键所在，即使是一种断裂式的延续，因此晋升为前者得以可能的基础。质言之，倘若没有"延续的历史性"，"断裂的历史性"则"是不可能的"[②]。因为，作为历史观的具体产物，所谓的"历史"只是附属于其上，所以得以充分显现的与其说是历史，不如说是真切的历史观。"一切历史都是当代史""没有历史，只有关于历史的阐释"等看似疯狂偏执却又着实真切的言论，正是因此得以

---

① [法]莫里斯·梅洛-庞蒂：《眼与心·世界的散文》，杨大春译，商务印书馆 2019 年版，第 189 页。
② [法]莫里斯·梅洛-庞蒂：《眼与心·世界的散文》，杨大春译，商务印书馆 2019 年版，第 189 页。

可能。进一步而言，在形而上学的目光规训之中，历史、诗乃至文学，不过是哲学的变体，也都在超越真实的生存经验，对于时间进行不同的抽象。依据表现方式不同，可以将诸多不同的抽象方式与思路区分为"垂直超越"与"水平超越"。前者源自柏拉图的理式世界，即相信高于人世的某个形象或者世界，例如上帝，因此可以称为"上帝的垂直超越"；后者看似具体而微，回落于历史之中，因而是"历史的水平超越"。① 前者的超越之所以是垂直性的，就是因为理式、上帝等形象在共时层面高于人世与人；后者虽然回归于人类历史之中，但是预期了历史的发展线路，最典型的就是设计一种完美化的社会。两者看似不同，实则殊途同归地确认远离现实的某种想象，因而也都是对于人世的抽象。

二 文学对于原发时间的显现

现代哲学对两种超越进行了某种调节，从而在相当程度上扭转了对于时间的抽象化理解，打开更加具体化时间的可能。例如严格意义上的"历史哲学"已经开始使人与上帝、未来与现在之间的关系变得正常化，进而成为可以被理解的对象，上帝甚至都不再因为难以言明的神秘未知而高高在上不容触碰，而演变成为所谓的"颠倒的人的形象"。在此基础上，黑格尔甚至排除了上帝等超验对象，并用未来取而代之。由此而言，所谓的思想历程的现代化，就是使未来代替了上帝，成为一种世俗化的超验偶像。所以不难理解，所谓的乌托邦及其对于未来极度美化，实质依然是一种对于上帝之完美的崇拜。

马克思基于历史唯物主义的反思，促成了历史规律更为彻底地脱离形而上学的抽象，进一步而言，由于"马克思主义没有给我们一个乌托邦，一个在时间之前的确定未来，甚至于任何历史哲学"②，因此代表一

---

① ［法］莫里斯·梅洛-庞蒂：《眼与心·世界的散文》，杨大春译，商务印书馆2019年版，第202—203页。

② Maurice Merleau-Ponty, *Humanism and Terror*, trans. John O'Neill. Boston: Beacon Press, 1969, p.98.

种对于历史,新的不同于所谓"历史哲学"式的解读角度。克罗齐等人以类似于"一切历史都是当代史"等观念对于历史哲学进行批判,就使得对于历史的阐释有了全新的突破。柏格森的绵延理论(Duration)更揭示了时间的流变涌动及其突破阶段化的切割的必然,从而深度质疑了历史的抽象化规律。

海德格尔在某种意义上继承了马克思的遗志,以"此在在世"切实展开了"人的感性活动",也就是通过落实了"人是肉体的、有自然力的、有生命的、现实的、感性的、对象性的存在物"[①]。由此,海德格尔就以在世性开启了对于时间—历史的重新思考,尤其是其先行结构等理论足以表明,对于历史的阐释往往根源自对过去的一种并不妥当的兴趣、理解与思考。质言之,各种历史观念对于历史的理解过于看重"过去",以至于很多人习惯性地将历史径直地等同于"过去"。所谓历史叙述似乎只是更加确信能够对于过去可以进行直接而确定的把握,也即直接叙述而已。

由此而言,从亚里士多德对于历史的界定,到马克思等人对于历史哲学的批判最终表明,历史的关键就在于如何从现在出发去关注过去。在《诗学》之中,亚里士多德其实已经借助对于诗与历史的区分,表明了对于过去进行不同把握的可能。明确指出诗"根据可然或必然的原则"描述"可能发生的事情",正是某种突破性的方向,因为"或"在此至少保证了可然与必然的平等地位。但是,历史规律则表明"必然的原则"相较于"可然的原则"显然具有更高的地位及绝对的主导权,因为所谓"历史的目的"等说辞预期了历史的"可然"一定服从于必然,即所谓的"可能发生"及其所指向的"未来"可以根据规律进行推断。于此,可然不但与必然原则有了等级差异,而且因为被安排进了必然原则之中而服从于后者。海登·怀特对于历史叙述意识形态的揭示,其实已然确认了历史或者说历史叙述只是巧妙地将可然归并于必然。

---

① [德]马克思:《1844年经济学哲学手稿》,人民出版社2014年版,第103页。

面对历史规律的重压,所谓的"诗"因此只剩下两种可能:要么继续坚守必然原则,以至于不得不混同于历史,或者说成为历史的某个并不合格的替代;要么放弃必然性,拥抱其对立面——"偶然性"。"以诗证史"作为代表已经表明前一种思路只能迫使诗放弃自身的尊严,因此难以成行。以文学理论为代表的研究思路,对于"虚构性""想象性""抒情性"等特质的强调,其实更接近后者,也即承认文学与偶然性的共生性关联,进而借助康德美学,彻底远离必然性。从这一角度而言,严格意义上的文学的出场及相关认识,就可以说是"诗"确认了历史的入侵之后不得不经历的某种改变。所以,虚构就在有关文学的讨论中占据日益重要的地位,韦勒克、沃伦所著的《文学理论》就明确指出"文学具有虚构性"等特质。"把虚构封闭在一个适当的空间之中"①,就作为文学的身份证明保证了"远离事实"的效应,进而指向可能发生,彻底落实所谓"可然的原则"。由于虚构想象长期被视为与现实的对立面,文学与偶然性的互动,就使后者成为在时间流逝中消散于无形的可能性。

只是由于文学性的描写叙述往往被视为无关现实,因而也就无须对之负责,所以其所产生的可能性时间观念,沦落于无法匹敌历史重量的轻浮之中。但是,当斯达尔夫人在1800年首次提出文学之时就已经明确指出,所谓文学有着南方文学抑或北方文学的区别(百余年之后,中国学者刘师培同样对于中国文学进行了南北之区分),换言之,文学与地域、文化传统等有着共生性,所以在"考察宗教、风俗和法律"等对文学的影响的同时,确实有必要"考察后者对前者的影响"。所谓文学就和丰沛真切的社会生活有了根本性的沟通,因此就在一种更为深刻的意义上,成为亚里士多德所说"记录发生过的事",也即蜕变为"一种新的历史书写",进而对于历史书写进行改写或者说重写,因此反噬自身通过自律论获得的自治企图,以至于突破与其他领域进行区隔的界限。

---

① [法]雅克·朗西埃:《词语的肉身:书写的政治》,朱康等译,西北大学出版社2017年版,第162页。

进一步而言，以小说为代表的严格意义上的文学对于"过去"的独特处理，呈现了时间的原发状态，从而促成了对于既有历史观的反思。热拉尔·热奈特等人的叙述学研究表明，当叙述展开之时，过去与现在发生了奇怪的位移。叙述使得所叙述的一切也即过去得以在现在之中显现，即使西方语言之中普遍存在过去时这种语法规则及其所决定的表达方式或者说特征，依然无法改变所叙述的一切占据现在、成为现在。换言之，述本时间与底本故事时间绝对的不可能同步性，决定了叙述只能不断追叙过去，而代价则是掏空现在使其被过去填充。"过去"作为借助"现在"得以显现的时刻，必然处于现在的光晕之中，因此也就失去了其独立地位：过去不可能摆脱对于现在的依赖，以至于没有现在也就没有过去。

每一次叙述，正是借助过去的出场，促动现在与过去发生了断裂，生成了区分过去与现在的可能。每一断裂都在促成现在发生之时，使某种在过往中蜷曲暗伏隐而不见的可能性得以实现，从而也就赋予过去以意义。与此同时，断裂又开启了其他可能性，由此所谓现在即刻成为过去，换言之，没有断裂，就没有现在。所以，现在也是一种关联于过去的预设，因为所谓的现在一旦被意识所捕获，已然成为过去。由此，未来就在现在成为过去的瞬间之中，作为一种预设与趋向得以生成。作为现在摆脱过去，不断生成自身的矢量，未来，相关于现在在不断来临之中所激发的冲击力，因此两者虽然亲密无间，但是并不可能完全重合。所以犹如影像边缘的光晕，未来并非直线性地联系于现在。

从某种角度而言，叙述虚化了过去、现在、未来，使其不再是处于同一条线的不同节点，因此绝非独立存在的实体，而是不断晕染进而相互促成的涌动。借用布伦塔诺、胡塞尔等人的时间理论可以推断，叙述正是一种将时间进行空间化的方式。所谓的空间化，就在于先验自我使时间的流动得以摆脱线性的安置，进而通过过去、现在、未来的相互促动延展显现出时间的丰富性与多维度。作为一种时间时机化的方式，文学叙述则进一步表明所谓的先验自我，在原发的时间涌动之中无处容身，因为时间的真实涌动没有任何停驻支点,所以现在对于过去的"继承延续"是一种充满背叛、破坏甚至否定的曲折过程,以至于"断裂本身并不是解放甚于顺从"①。时间乃至历史的延续经由持续的断裂得以实现。所谓的延续性,因此不是指现代自然科学所想象的客观自然的流逝,而是从现在回溯过去展示的两者相互交织的景象,现在看似沿着过去的时间流动达致"现在",但现在更是对于过去的断裂,因为现在只是过去的诸多可能性之一。

三 文学作为新的时间阐释者

文学叙述对于过去与现在的位移化处理,使得过去在不断借助现在显身的过程之中,破除自身的僵化与禁锢。由此,过去呈现开放的多维度势态。现在对于过去的叙述,作为一种追溯,就在不断的让位之中趋于后退。所谓未来,虽然在此过程中获得势能与动力,但是只能四散开去而无法归于单一支点。

由此,历史事件作为时间的具体化呈现,也即偶然性,昭示出"一种或许永远不会实现的纯粹可能性"②,也即真正的"偶然性"。因为所谓真实发生的具体历史事件是在与其他可能性的相互氤氲之中彼此促成,质言之,缺乏与其他可能性的互动共生,时间流动将无法得以时机化,因此也就不可能有历史事件。

文学叙述就使得偶然性超越了与必然性的对立,甚至颠倒了两者的关系。依据康德的划分,所谓偶然性与必然性处于对立之中。现代科学的巨大优势及其对规律至上的推崇,促成两者的进一步对立乃至必然性对于偶然性的压迫。所谓的偶然性以其随机任意成为"规律—必然"的意外,因此在概率论所代表的工具理性占据主导地位的现实情况下,远不及必然性的至高地位及其重要性。

---

① [法]莫里斯·梅洛-庞蒂:《眼与心·世界的散文》,杨大春译,商务印书馆2019年版,第221页。
② [法]甘丹·梅亚苏:《有限性之后》,吴燕译,河南大学出版社2018年版,第123页。

文学对于偶然性的升华，不仅使其与必然性发生了彻底的分离，而且将必然性置于其中，或者说将所谓的必然性还原为一种可能性。格林布拉特（Stephen Greenblatt）等人所发现的历史叙述对于修辞的极端依赖，已然表明历史叙述服从于诸多模式及其所要求的技巧，因而体现出愈来愈接近文学的特点，由此也就确认基于种种可能性而来的必然性，其实早已置身于偶然性之中。质言之，文学悄然完成了对于历史叙述的收编。

文学叙述，表明所谓过去永远不可能被直接把握，因为文学叙述对于自身的暴露，例如对于虚构的自我体认，已经放弃了对于确凿性的简单化理解。当然，文学并没有就此投怀送抱于相对主义乃至虚无主义，而是通过暴露自身的时间维度，表明叙述过去背负着最大的伦理责任就是未来向度，也即对于叙述自身的审问与追责。海德格尔有言："历史性则是此在本身的时间性的存在方式。"[①] 因此，有关于历史—过去的叙述，作为人掌控时间的方式与结果，就是人对于自身的期许与责任，即未来。

斯达尔夫人等人对于文学的考察，因此不是简单地将哲学基准变更为具有社会学意味的研究而已，类似于此的做法在很大程度上已经使得文学成为历史与诗及其区分的突破者乃至改造者。换言之，严格意义上的文学于19世纪的出场，恰巧应对了"历史入侵"所致的诗之危机。所谓文学，虽然往往被混同于诗，但绝非亚里士多德意义上的诗经过现代化之后的产物，而是在失去了亚里士多德诗学及其背后哲学主导秩序庇护之后的反击。

因此，文学的决心不止于取代哲学成为有关历史与诗之关系的新阐释者，而且在很大程度上已经开始尝试对哲学进行掌控，以至于成为阐释的阐释。这一过程的具体实践正是以现象学为代表的哲学运动与诗人时代的诗人及其诗作的同方向努力。

文学，尤其是小说就通过对于胡塞尔所说的"生活世界"、海德格尔

[①] [德] 海德格尔：《存在与时间》，陈嘉映、王庆节译，生活·读书·新知三联书店2006年版，第23页。

所说的"此在在世"的复杂多变等的书写，摇身一变成为"存在的铭写"，以至于小说的"责任乃至命运"，借用米兰·昆德拉的思考，转变为"以小说特有的方式，以小说特有的逻辑，发现了存在的不同方面"①。从表面上来看，这不过是巴迪欧所说的"哲学与诗的缝合"，但是事实上，文学早已借此越俎代庖，所以也就无法满足于滞留在亚里士多德的预设之中安身立命，因为其所叙述之事，不再依据所谓的必然性、可然性等，进而与历史各司其职相安无事，而是成为历史新的阐释者。因此，即使两者的界限依然存在，但是已然发生了位移。文学，并不是在验证或者说探寻某种既定的规律，而是展示历史的真实流动与涌现，因此不但介入了历史，而且见证了历史的流动。历史已经不再如同再现论模式所假设那样成为文学的参照依据，而是需要在文学之中发现并察看自己的镜像。

　　文学，就此展示出远比哲学更为凶险的野心，因为其借助把控过去，不但接替哲学成为新的"历史阐释者"，而且开始尝试掌控哲学。文学几乎彻底拒绝了从历史之中找寻规律的使命，结束了哲学式的自说自话，并且借助叙述之名义挑明那个有关于历史规律的事故，后者只是哲学传统偷偷塞进历史的秘密。更为重要的则是，联合德里达所说的暗中主导哲学的书写，展示出"哲学"作为"白色神话"的真相。至此，所谓文学，切实体现出自身的现代性，不再延续亚里士多德诗学意义上的"诗"及其命运，而是促动现代文学研究在汲取古典诗学的助益的同时，更多警惕并反思所谓的继承及其局限，尤其是对于哲学霸权的暗中维护。特别是通过海德格尔衍生而出的"事件性"（l'événement）观念，文学重新书写了历史及其生成，以至于梅洛-庞蒂在《小说与形而上学》中明确指出，历史往往通过"故事"进行讲授。小说乃至文学，不再因为"反映历史"之类的说法平行于历史，而是成为历史真切流动及其秘密的窥探者。朗西埃、巴迪欧、斯拉沃热·齐泽克等后来者很多令人赞叹的分

---

① ［捷克］米兰·昆德拉：《小说的艺术》，董强译，上海译文出版社2004年版，第5页。

析，正是发扬光大"借助小说艺术深入历史肌理"这一做法的累累硕果。至此，文学超越了亚里士多德诗学的限定，即诗与历史的分野及其对于哲学的共同服膺，进而篡夺了有关于历史—时间的阐释权，从而对于传统历史观的脾性进行了厘清。

因此，文学的存在与出场就动摇了亚里士多德意义上的历史及其时间的统筹，进而渲染出两种历史性及其交合。一种"平淡且循环"，另一种"则可能是开放且特殊"，两者并不能相互涵盖。前者显然更符合常识和习惯性认知，因为在更多时候，或者说在大多数人的经验之中，历史总是在平淡之中缓慢发展，周而复始的日常节奏加之看似并无区别的"天天如此"，都会加固这种认知。但是一旦真正的变革发生，此前依然能够顺畅运转的历史观念、范畴等就会突然失效，历史新的演变或者说新的历史从而得以开启。①

文学并非某种历史观的拥趸，也不愿简单倾向于某种历史性，而是始终破坏着历史叙述表面化的严丝合缝、逻辑缜密。尤其是在海登·怀特已然证明历史在叙事层面与文学有着太多一致，以至于在最大程度上接近文学之后，文学对于历史已经形成了完全的颠覆。所谓"历史文本化与文本历史化的交互"，严格说来，只能算是保留了历史最后的尊严，而没有保全历史叙述。因此，文学对于历史徒有其表的如影随形，只是为了掩盖自行其是的叛逆举动而已，所以即使都在叙述，但是文学最终通过时间的诡计成为对于历史及其叙述的调侃、质疑乃至破坏，尽管其在很多情况下无意也无心如此行事。

对于历史的破坏也就意味着一种崭新理解世界的方式。所谓的历史规律，已然使得有关于世界的想象有着太多历史化的色彩，历史决定论及其长时间的兴旺昌盛就是明证。尤其是在民族主义日益成为当代世界的主导意识形态之后，有关于世界的思考与理解不得不在民族身份的区隔之中展开，因为"民族主义的新颖之处并不在于其政治自觉，而在于

---

① Maurice Merleau-Ponty, *Phenomenology of Perception*, trans. Donald A. Landes, London and New York: Routledge, 2012, p. 90.

其世界性的民族国家体系。这一体系视民族国家为唯一合法的政体形式"①。进一步而言，民族主义对于自身历史—起源的过分强调事实上已经迫使世界趋向单极化，从而彻底背弃了民族主义本应该实现的区域化世界观及其对于差异的特别看重。

结　语

最终说来，在民族主义—后民族主义统摄智识生活的时代境遇中，小说—文学就变身为一种驱动力，驱使现代思想对于自身进行反思，尤其是努力促动其摆脱时间线性流逝及其产生的焦灼痛楚，从此走向某种真切的在地性，也即在时间空间化与空间时间化的互动之中促成对于起源—历史的重新思考。进一步而言，小说叙述所展现的文学对于时空互动的特殊处理，已然成为开启重新理解历史，进而重构我们的世界想象的可能视域，尤其是时间在文学性场域中的具体化，敞开了感受并理解我们所处之世界在历史褶皱瞬间的生成及其超越的可能，真切落实我们的世界作为空间现实化的政治想象。

---

① ［美］杜赞奇：《从民族国家拯救历史——民族主义话语与中国现代史研究》，王宪明等译，江苏人民出版社 2009 年版，第 69 页。

论钱穆从"地方性"到"共通性"的文学发展观

严金东[*]

内容提要：钱穆认为，中国文学发展的一开始就表现出从"地方性"到"共通性"的演进趋向，这是由中国历史上极早就形成的大一统的政治格局带来的。所谓从"地方性"到"共通性"，就是文学发展力图打破由"地方性"的方言、习俗织造的文学小世界，打破"齐东野人之语"之故事、流传、说唱等构成的"地方性"的民间文学，走向"共通"，流通天下。这样的演进方向，也可谓文学发展的"上行""雅化"，不"随俗"。进而言之，钱穆认为中国文学的"雅化"演进又带来了抒情诗体的发达，带来了普遍性的"通方"的自然题材的选择。

关键词：钱穆；地方性；共通性

史学大家钱穆认为中国传统文学的发展体现出一个本质性特征：从"地方性"到"共通性"。或许因为现代的普适性的"文学理论"过于深入人心，钱穆的这个旨在确立中国文学独有品质的观点虽然早在20世纪中期即已提出，集中刊载其观点的相关著作20年前即已在大陆广泛流通，但此观点一直以来并无太大影响。笔者个人以为，钱穆此论其实很

---

[*] ［作者简介］严金东（1969— ），男，重庆师范大学文学院副教授，主要从事文艺理论、比较诗学研究。

有讨论价值,即便我们最终不一定全部接受它,但考虑到如此见解源自一个对中国文化深具情怀的学者的切实感受,它在其特定角度无疑会有相当的真实性。循此真实的而非浮泛的见解,当能启发我们对中国文学现象乃至一般文学现象有更进一步的认知。

一 从"地方性"到"共通性"

让我们首先去具体了解一下钱穆的观点。他是这样看待《诗经》十五国风的:

> 而十五国风所载各诗,凡以登之庙堂,被之管弦,则殆已经王朝及各国士大夫之增润修饰,非复原制。……而风格意境,相差不太远,则早已收化一风同之效矣。……然循此而往,中国文学之风土情味日以消失,而大通之气度,日益长成。①

我们都知道这里的文学史常识——十五国风乃是从十五个地区的土风民谣而来,但《诗经》则是经过周王朝士大夫们(不一定是孔子)的收集、整理、编定才最终成书的;我们也承认全部《诗经》的音韵、风格、意境等有其一致之处,十五国风已不再是各自独立的地方性的语言文本。但钱穆所说显然不止于这个常识,很明显他特别强调的是"化一风同""风土情味日以消失""大通之气度"等,这些说法体现出钱穆个人独一无二的观察视角。秉持同一个视角,他也这样论说楚辞:

> 然骚赋之与雅诗,早自会通而趋一流。故楚辞以地方性始,而不以地方性终,乃以新的地方风味与地方色彩融入传统文学之全体而益增其美富。②

---

① 钱穆:《中国文学论丛》,生活·读书·新知三联书店2002年版,第10页。
② 钱穆:《中国文学论丛》,生活·读书·新知三联书店2002年版,第10—11页。

钱穆于此强调的是"楚辞以地方性始,而不以地方性终",这同上述对《诗经》的观察一样,同样不脱离文学史常识而又不仅仅在重复一般的文学史常识。我们当然都知道战国时期的楚辞源于楚地方言、楚地风俗、楚地山川景物等,因而不妨说最早的楚辞是一种地方性文学,但我们不会说在屈原手中成就的"骚赋"为地方性文学,更不会说由楚辞发展而来的汉赋为地方性文学。因而,钱穆所说的这个"楚辞以地方性始,而不以地方性终",听起来是个常识,但究其实也应该承认,通常人们并没有真正在意这个"常识",并没有真正看出这个"常识"中或许含有某种本质性意味,钱穆的强调,事实上是一种创见,而创见之所以是创见,关键在于钱穆并非简单重复十五国风或者楚辞的"以地方性始,而不以地方性终"的文学史常识,他实际上是把这一常识贯穿、提炼成为中国文学特别是早期中国文学发展的本质性特征,所以他又说道:

> 《汉书·艺文志》载,吴楚汝南歌诗十五篇,燕代讴雁门云中陇西歌诗九篇……此所谓汉乐府,亦即古者十五国风之遗意,亦自不脱其乡土之情味与色调。然当时文学大流,则不在风诗而在骚赋。魏晋以下诗人模拟乐府旧题者绵缀不绝。此如汉人之效为楚辞,前此地方性之风味,早已融解于共通之文学大流,实不在其能代表地方性,而尤在其能代表共通性。①

钱穆告诉我们,同十五国风、楚辞的发展途径一样,汉乐府最终也在魏晋以下诗人"绵缀不绝"的模拟中从其原本的"地方性"走向"共通之文学大流"。从"地方性"到"共通性"正是钱穆认定的中国文学从一开始即表现出的一种内在的本质性的发展趋向。

二 随俗与雅化

为了凸显这种超出"地方性"局限的"共通性"发展趋向,钱穆又

---

① 钱穆:《中国文学论丛》,生活·读书·新知三联书店2002年版,第11页。

名之为"雅化",相对地,自限于"地方性"的他称之为"随俗"。接上引"融解于共通之文学大流,实不在其能代表地方性,而尤在其能代表共通性"后,钱穆立即说道:

> 此即所谓雅化也。若以今人观念言之,则中国人之所谓雅,即不啻今日言国际文学与世界文学也。而中国人之所谓俗,实即相当今日所谓之民族文学与国别文学……故中国文学乃以雅化为演进,而西洋文学则以随俗而演进。①

钱穆这里对雅俗的理解不同于一般所见,在此基础上他以"雅化"与"随俗"比较中西文学的演进,这个判断十分宏大但同时也显得简单了些,估计较难为现代的文学研究者接受。笔者以为,一方面,我们固然要说钱穆并非中西比较文学的专业研究者,他的说法也并非该专业领域内的缜密结论;但另一方面,我们也不应视他的说法为浮泛随意之见。作为一个对中国文化怀有深厚情感的文史大家,钱穆此处的结论虽有"偏爱""偏见"中国文学的一面,但也自有其特定的思路、立场,有其自身的合理性,我们有必要首先去认识其中的合理性,其后或许可以探讨其得失。

第一个问题是,钱穆以"共通性"为雅、以"地方性"为俗,此区分能成立吗?通常情况下我们只说阳春白雪为雅,下里巴人为俗,琴棋书画为雅,柴米油盐为俗,等等,雅俗之分似乎无关区域问题。对此的回答是,钱穆的用法可以成立。让我们稍作一下语义分析。日常语言说"高雅"、说"低俗",日常语言中的雅、俗不妨说偏于某种纵向的高低区别,但从汉语文献来看,横向的"共通性""地方性"的区分应是更早的、更基础的雅俗意义区分,《论语》中的"子所雅言"(雅言,换成今天的说法即同方言对立的普通话),《诗经》中与地方性的"国风"相对

---

① 钱穆:《中国文学论丛》,生活·读书·新知三联书店2002年版,第11页。

立的雅、颂等可以证明这一点。换句话说，钱穆以"共通性"为雅、以"地方性"为俗恰是回到了汉语的早期用法，所以他才说"中国人之所谓雅，即不啻今日言国际文学与世界文学也。而中国人之所谓俗，实即相当今日所谓之民族文学与国别文学"。

第二个问题是，钱穆宣称中西文学的演进有雅化与随俗之别，此论果有道理乎？毕竟其人不是西洋文学的研究者，实际上若单独拎出其"中国文学乃以雅化为演进，而西洋文学则以随俗而演进"这句结论看，的确也颇令人怀疑。对此笔者的意见是，钱穆所说肯定不是绝对的，但应从其立场去理解其个人观点，从其个人观点去看他对一些重要或常见的文学现象的解释，若其解释确能增进我们对相关问题的认识，那我们就不能不承认其观点在一定范围、一定程度内的合理性及存在价值。钱穆的立场是什么？一言以蔽之，以中国文化特别是儒家文化为本位，对中国的历史传统、文化传统充满"温情与敬意"。① 具体到此处对中国文学"共通性"倾向或者"雅化"的宣称，钱穆背后的立场是：对大一统政治的肯定与强调。然则他具体论述了什么常见的或重要的文学现象了吗？事实上，其所著《中国文学论丛》一书对此集中论述了很多，笔者阅读之下自以为受益匪浅。以下举一明确显示其立场及解释文学现象的例子：

> 中西文学异征，又可以从题材与文体两端辨之。西方古代如希腊有史诗与剧曲，此为西方文学两大宗，而在中土则两者皆不盛。此何故？曰，此无难知，盖即随俗与雅化两型演进之不同所致也。荷马略当耶稣纪元前九世纪，适值中国西周厉宣之际。其实希腊尚无书籍，无学校，无戏院，亦尚无国家，无市府。……若在中国，则崧高、烝民、韩奕、江汉、六月、采芑、车攻、吉日、鸿雁、庭燎、斯干、无羊，风雅鼓吹，斯文正盛。中国当大一统王朝中兴之

---

① 钱穆：《凡读本书请先具下列诸信念》，《国史大纲》上册，商务印书馆1996年版，第1页。

烈，其文学为上行。……正以中国早成大国，早有正确之记载，故如神话剧曲一类民间传说，所谓齐东野人之语，不以登大雅之堂也。①

中国文学开始阶段没有荷马史诗那样的史诗，也缺乏古希腊悲剧那样的悲剧，这一显著文学现象曾引发朱光潜等诸多前辈学者的思考，但基本上这些学者都从"民族性""民族心理"等方面去解释，例如朱光潜在其《长篇诗在中国何以不发达》一文中就说：中国古代缺乏由哲学带来的"广大观照"、缺乏由宗教带来的"深厚情感"，而"史诗和悲剧的作者都须有较广大的观照，才能在繁复多变的人生世相中看出条理线索来"，同时"又有较深厚的情感和较长久的'坚持的努力'，才能战胜性情和环境的障碍，去创造完整伟大的作品"。② 以今天的眼光看，朱光潜的解释实在是太"唯心"了，也有点妄自菲薄。相较而言，钱穆的解释却是客观有力的，"正以中国早成大国，早有正确之记载"（《尚书》《春秋》等），所以它不需要"史诗"，而"大一统王朝"的礼乐文化，"风雅鼓吹，斯文正盛"（《诗经》），这样的文学追求是"上行"的，是"雅化"的，这就导致了"地方性"的"齐东野人之语"（神话、传说、民间故事等）、优孟衣冠之流（中国戏曲的萌芽）"不以登大雅之堂"。

三 取材"则常贵于通方"

同文体紧密相关的就是题材，或者说文体选择不同的另一面就是题材选择的不同。让我们继续跟随钱穆从题材方面去辨识中西文学的"雅化"与"随俗"：

然则中国文学之取材常若何？曰，西方文学取材，常陷于偏隅，

---

① 钱穆：《中国文学论丛》，生活·读书·新知三联书店2002年版，第12—13页。
② 朱光潜：《朱光潜全集》第8卷，安徽文艺出版社1993年版，第352—353页。

中国文学之取材,则常贵于通方。……诗者,中国文学之主干。诗以抒情为上……诗家园地自在性情。而诗人之取材,则最爱自然。宇宙阴阳,飞潜动植,此固最通方,不落偏隅之题材也。然则风花雪月,陈陈相因,又何足贵?不知情景相融,与时俱新。有由景生情者,有由情发景者。故取材极通方,而立意不蹈袭。……天上之明月,路旁之杨柳,此则齐秦燕越,共睹共晓,故曰,通方也。次乎自然则人事。即如萧选所分诸类,如燕饯、游览、行旅、哀伤,大率皆人人所遇之事,亦人人所有之境,则亦通方也。①

钱穆强调"诗以抒情为上",抒情诗人的取材"最爱自然","次乎……人事",取材的自然是天下人"共睹共晓"的明月、杨柳等,取材的人事是"人人所遇"的行旅、哀伤等,都取其"贵于通方""不落偏隅"的一面。钱穆的说法新颖有趣,我们不妨为其申论两点。

第一,关于自然题材。众所周知,以抒情诗为主的中国传统文学中充满了对天地自然的描写,对此人们早已见惯不怪,因此一般而言人们也不会再去问为何如此,但钱穆此处给了一个所以然的回答——其意显然在说,因为中国文学有着追求"雅化"、追求"共通性"的演进趋向,其外在的、具体的取材"则常贵于通方"就是可想而知了,而"宇宙阴阳,飞潜动植,此固最通方",自然于是成了诗人的"最爱"。钱穆所说有其自身的合理性,这是很明显的,除此以外,无论对错,他的回答本身其实也颇有意味,因为它实际上是把一个一般人熟视无睹的文学现象变成一个需要思考的问题了,这一点甚至可以说显示了钱穆作为史学大家的见识,作为文化哲人的眼光。然则中国文学中存在甚早开始的、持续的、大量的自然景物描写,这一现象确实需要思考、应该思考吗?是的,特别是当我们了解到西方文学迟至18、19世纪才开始注意到自然之美时,中西文学的这一差异值得我们回过头来问一下自己:为何能如

---

① 钱穆:《中国文学论丛》,生活·读书·新知三联书店2002年版,第14—16页。

此？当然我们此处不必展开这个话题，我们想说的就是，钱穆从"雅化""共通性"的文学发展观出发，对此现象的解释在其特定意义上是成立的。

第二，"取材极通方，而立意不蹈袭"，钱穆此说又指向中国抒情文学传统中的另一普遍现象，如其所举例子显示的那样：

> "月出皎兮"，月之在诗三百，又屡见不鲜。然后人曰："明月出天山"，此又一月也。"暗香浮动月黄昏"，此又一月也。诗人千万数，诗集千万卷，何人不咏月，何集不有咏月诗？然亦不害其光景之常新。①

都是"咏月"，或者都是"伤春"、都是"悲秋"、都是"怀古"等，此之谓"取材极通方"，但每个诗人都可以，也都需要"立意不蹈袭"，中国的抒情文学也就永远可以"光景常新"。无疑，钱穆的概括是精当的，例证是鲜明的，悠长的中国抒情文学传统的确也可以这样看，但这里我们还需注意的是，钱穆的说法实际上也体现了另外一层意思，即中国文学的"雅化"演进、中国文学的"共通性"追求引导了题材取用的"通方"，但"通方"并不即是文学的"共通性"，若无诗人"立意"的创新，题材的"通方"也只能是陈词滥调，不成其为文学了。而当我们这样注意的时候，一个问题似乎也呈现出来：题材的"通方"不是文学的"共通性"，那么这个文学的"共通性"究竟为何呢？这个问题其实已超出前引的钱穆的论述范围，但我们恰可以借助这个问题为本文作一结语。

结语：两种"共通性"

对于钱穆而言，"共通性"一词并不需要特别解释，它就是非"地方

---

① 钱穆：《中国文学论丛》，生活·读书·新知三联书店2002年版，第15—16页。

性",就是不再局限于"地方性"的方言、习俗织造的文学小世界,不再局限于"齐东野人之语"之故事、流传、说唱等构成的"地方性"的民间文学。文学走向"共通性",就是文学走向世界、流通天下,这样的演进方向,也可谓之文学发展的"上行""雅化",不"随俗"。而中国文学之所以一开始就确立了这种"雅化"方向,这同中国历史上极早就形成的大一统的政治格局紧密相关。由此再进一步,钱穆认为中国文学的"雅化"演进带来了抒情诗体的发达,带来了普遍性的对"通方"的自然题材的选择。以上所说,基本上就是本文前述的钱穆以"共通性"为关键词的中国文学发展观。钱穆的这个"共通性",我们不妨称之为"共通性一",而我们前面想问的"文学的'共通性'究竟为何"可称为"共通性二"。

这个"共通性二"的设定是,文学无分民族、国别,也不论体裁、题材等,只要它写得"好",就可以通行天下,就具有"共通性"。若上升到理论的高度言说之,至少我们都知道康德的一种揭示,作为艺术的文学,通过审美而具有普遍性。显然,"共通性二"体现了一种普适的文学理论视角,我们熟悉这个视角,我们站在这个视角上其实是很容易质疑钱穆的:史诗、戏剧就是"地方性"的吗?史诗、戏剧的发达就表征着文学发展的"随俗"吗?钱穆的这个说法似乎太武断、太无视事实,因为无可争议的是,如荷马史诗、古希腊悲剧就是世界性的,其后西方文学史还在不断地产生具有世界意义的叙事诗、小说、戏剧等,即便说这些作品具有最大的"共通性"都不为过。

这样看来钱穆的观点不成立吗?当然不是,笔者在此区分"共通性一"和"共通性二"的目的就是想强调:简单地从后者视角出发去批评质疑钱穆其实是无效的,因为我们批评其人的"共通性"观点,总要从其"共通性"一语的实际内涵出发。钱穆的"共通性"即"共通性一"观点,本质上是对中国文学史事实的一种观察,其论古希腊云云我们可以暂且不管,若想有效地批评之,也只能用同样层面的事实观察去矫正批评之。然则钱穆的观点能引发文学史的讨论吗?笔者以为可以,例如唐宋以后的文学发展似乎并不符合"雅化"之论，那么钱穆着眼于中国文学史全体的"共通性"追求说就需要进一步澄清。限于篇幅，我们需要另文探讨钱穆的中国文学发展观了。

互动交际中的认识权威表达
——以断言类话语标记"我说"为例[*]

程文文　郭佳慧[**]

内容提要：话语标记"我说"经常出现在互动性的会话体语篇中，且常分布在话轮的开端与中间，彰显独特的认识权威性，其后续句以陈述句和疑问句为主，与认知语境原型效应紧密相关。"我说"作为断言类话语标记，表示说话者对自身判断高度肯定，具有标示主观认识和凸显独特评价的功能，尤其在人称零形式的用例中，会刻意让听话者得知自己的不满情绪，具有交互主观性。"我"对言语双方互动关系激活，句首凸显与语义淡化，转喻和隐喻是话语标记"我说"形成的主要动因，且变体形式"使役动词＋我说/我说＋语气词"的出现与交互主观性及认知动词"说"范畴化特征的脱落紧密相关。

关键词："我说"；认识权威；语境关联；形成机制

"我说"是"人称代词＋说"做话语标记中出现频率较高的一个结构，其意义指向既有单纯的短语组合，也有日渐凝固的话语标记功能，

---

[*]［基金项目］国家社科基金青年项目（项目编号：19CTQ010），重庆市教委人文社科规划重点项目（项目编号：22KGH088）阶段性研究成果。

[**]［作者简介］程文文（1986— ），女，山东人，重庆师范大学副教授，北京大学访问学者，主要从事汉语词汇、语法研究；郭佳慧（2000— ），女，四川人，重庆师范大学硕士研究生，汉语言文字学专业。

趋向多元化。董秀芳①，杨万成、陈昌来②，刘月华③等学者从不同的角度对话语标记"我说"及其变体形式进行了深入研究。李宗江将"我说"看作直接从表示言说意义的"我说"演变而来。④ 刘嵌指出话语标记"我说"在人称形式中，说话人使用称呼语，将不满或责怪的意味特置于听话人身上，从而加强听话人对说话人态度的认知；而在人称零形式中，说话人对听话人并不特别针对，因而表示责备的语用环境出现率明显较低。⑤ 前人的研究成果值得我们认真吸收，但同时我们也注意到，对于"我说"的话语分布、深层动因和形成机制等，仍有前人关注不够的地方，某些观点也有进一步探讨的必要。基于此，我们在 BCC、CCL 等语料库整理出 6960 例"我说"会话体语料，拟从互动交际的角度对断言类话语标记"我说"的认识权威彰显、"我说"的话语结构功能类型、"我说"的语境关联形式以及对其变体形式进行全面的考察。

一 话语标记"我说"与认识权威彰显

现代汉语中的"我说"的使用频率非常高，语义较为复杂，在不同的语境中具有不同的语义。例如：

（1）我在信里说我无论如何决不做第二个梅姐，而且妈也决不会让我做，她亲口向<u>我说</u>过。她昨天看见梅姐身后的情形和钱伯母的惨状，她也很感动。她说她愿意给我帮忙。（巴金《家》）

（2）等了一会，爸爸终于说话了："孩子，你年青，不懂事。<u>我说</u>你不行，没有经验，你要逞能，这回又上当了。"（周而复《上海

---

① 董秀芳：《来源于完整小句的话语标记"我告诉你"》，《语言科学》2010 年第 3 期。
② 杨万成、陈昌来：《"我敢说"的话语标记功能与认识立场表达》，《当代修辞学》2023 年第 4 期。
③ 刘月华：《对话中"说""想""看"的一种特殊用法》，《中国语文》1986 年第 3 期。
④ 李宗江：《关于话语标记来源研究的两点看法——从"我说"类话语标记的来源说起》，《世界汉语教学》2010 年第 2 期。
⑤ 刘嵌：《"我说"的语义演变及其主观化》，《语文研究》2008 年第 3 期。

的早晨》)

(3) 愣了半天,他才低声的说:"四爷,我是真着急,真着急!要不然……!我说,你不能不要那份粮!你要不要,可上哪儿找粮食去呢?"(老舍《四世同堂》)

(4) 流苏站在门槛上,柳原立在她身后,把手掌合在她的手掌上,笑道:"我说,我们几时结婚呢?"(张爱玲《倾城之恋》)

(5) (立在窗外,张见李妻)喂,我说,你们来瞧呀,屋里有个妞儿还没睡呢!(洪深《中国新文学系》)

(6) 我说同志们,你们是带兵的,还是放羊的,过河前就应该以连为单位组织好,指定过河路线,河两岸要有专人指挥。(黎静《彭大将军》)

例(1)"我说"不是直接组合关系,"我"与"说"具有独立的词汇意义。例(2)"我说"是一个主谓结构,其意义是字面意义的简单相加,"说"具有很强的动作性。"我说"相当于"我认为""我觉得"。例(3)—例(6)"我说"不是词义的简单相加,具有如下鲜明的特征:语义上是羡余的,具有非真值条件性,即"我说"的有无不影响语句命题的真值条件;语音上具有可识别性,"我说"可以通过停顿来识别;语法分布上具有独立性,"我说"经常出现在句首,不与相邻成分构成任何语法单位;句法上具有非强制性,即其有无不影响语句的句法合法性。Jucker与Ziv指出,话语标记是在语言中不影响句子真值,只表达态度的语言成分。[①] 话语标记反映了语言使用者对语境的一种顺应,不仅可帮助说话者构建语篇,同时还可实现不同的语用功能以促成交际。Hooper指出断言性的强弱是说话人对谓语后面所带的宾语从句所表示的命题的确定程度。强断言谓语表示说话人对谓语的强肯定性,而在弱断言成分中,

---

[①] A. Jucker and Y. Ziv, *Discourse Markers: Descriptions and Theory*, Amsterdam: John Benjamins Publishing Company, 1998.

说话人对命题断言的肯定性有所保留①。"我说"在话语分布中常作用于引出话题，表示说话人的主观意愿以及对提出话题的自我肯定性，显然，"我说"具有了断言性话语标记的基本特征，可以确认其为断言性话语标记。

"我说"作为断言性话语标记的典型，在互动交际的过程中呈现出说话人的主观性特征，正如 Eritage 认为认识不平衡会促使会话序列产生或者衰减②。也就是说，在话语交流中，交流双方掌握的信息不同会导致说话者与听话者之间知识不对等的情况。Stivers 等指出，在社会互动中，人们在讲述的权利、断言或获取某一信息，在深度、具体性或者知识的完整性上存在不对称。③ 如果说话人宣称某一事实对知识或事实拥有更高的权威，那说话人就具有高知识权威。"我说""我说呢""依我说"的施事都是第一人称"我"，言者主语显身，谓语都是言说类动词，是发话人向受话人提供信息，均彰显了发话人具有认识权威。如例（7）中的"我说""我说呢""依我说"在上下文语境中都带有说话人强烈的主观性特征。

　　（7）语境：毕业典礼结束后需要去学院办公室登记签名。

　　东东：<u>我说</u>，你帮我在学院办公室签个名。

　　董文华：你啥时候到办公室去要签名啊？签啥名啊？

　　东东：唉，就是毕业登记册啊。

　　董文华：嗯，哦，啊，那个还要签名啊？

　　东东：<u>我说呢</u>，怎么跟你说啥你都不知道，签名都不知道，<u>依我说</u>你也别去了，到时候我给你一起签了算了。（新浪网）

---

① J. B. Hoope, "On Assertive Predicates", J P. Kimball ed., *Syntax and Semantics* (Vol. 4), New York: Academic Press, 1975.

② John Heritage, "The Epistemic Engine: Sequence Organization and Territories of Knowledge", *Research on Language and Social Interaction*, 2012, p. 45.

③ Tanya Stivers, Lorenza Mondada and Jakob Steensig, eds., *The Morality of Knowledge in Conversation*, Cambridge: Cambridge University Press, 2011.

Labov 与 Fanshel[①] 区分了 A-events（对于言说者 A 是已知信息，言说者 B 是未知信息）。Kamio[②] 指出在话语交流的过程中，说话者与听话者有自己的"信息疆域"。Stivers 等分别从认识途径、认识优势、认识责任三个角度对会话中的知识进行分析，认为其中的认识优势与认识权威紧密相关。认识优势关乎在话语交流的过程中，谁对知识享有权威性，谁有权力知道知识以及宣称知道知识。Heritage 提出 K+ 与 K- 理论[③]，简单来说 K+ 就是"更多知识"，K- 就是"更少知识"，话语交流中导致 K+ 与 K- 则是因为言语双方认知坡度的不同，人们小心地经营着认识域，就像是坐在"认知跷跷板"上一样，会推动回话语体向前发展。"我说"在对话语体中的建议语境中通过讲述个人经验等彰显认识权威，加强了准确性、可行性。说话者使用"我说"作为实施告知、评价、建议等的预示语，是希望听话者重视说话者话语中所提供的信息，以此期盼听话者同意或接受说话者的建议，希望听话者按照说话者的要求或目的去做。

通过考察 6960 例话语标记"我说"，发现其在对话语体中所表现的认识权威主要有两种类型，首先是道义权威的彰显，"我说"通常接引的是建议、情理、因果，发出独特的看法、劝诫、提醒、警示都属于这一类，如例（8）戴崴对谢嘉华建议说"你要不再娶一房？要不送幼儿园"，说话人凭借自己对事物理解的看法，彰显道义权威，迫使听话者遵从说话者的行为。其次是知识权威彰显，这一类"我说"后主要是告知听话者某些新信息，在序列位置分布中常见于始发话轮，也有用于回应话轮的情况，说话者传递新信息，彰显自己知识权威，拉大听说双方认知视域的差距，希望对方注意新信息。如例（9）贾玉岩对牛大姐说："你别

[①] William Labov and David Fanshel, *Therapeutic Discourse: Psychotherapy as Conversetion*, New York: Academic Press, 1997.

[②] Akio Kamio, *Territory of Information*, Amsterdam: John Benjamins Publishing Company, 1977.

[③] John Heritage, "The Epistemic Engine: Sequence Organization and Territories of Knowledge", *Research on Language and Social Interaction*, 2012, p.50.

着急呀！等天儿彻底黑透了，我调好焦距对好方位，你们再看。"展现其知识权威。

（8）戴崴说了声谢谢，马不停蹄地找到了谢嘉华的宿舍。进门后，见谢嘉华正手忙脚乱地给孩子吃东西，开口就说："<u>我说</u>，你要不再娶一房？要不送幼儿园，这么一个大老爷们，累死也带不好他呀。"（电视剧《冬至》）

（9）牛大姐：纯属是无稽之谈，这种破望远镜还能看见星星的运动？我用肉眼看月亮横是比它看得清楚。

贾玉岩：<u>我说</u>，你别着急呀！等天儿彻底黑透了，我调好焦距对好方位，你们再看。（电视剧《编辑部的故事》）

"我说"作为断言性话语标记，在互动交际过程中，不同的语境中会彰显不同的认识权威，认识权威建立在言语双方中某一方的主观性立场上，若言语双方并未有认识差距与主观性动因，那么认识权威也就不复存在。对于认识权威的认识不仅有利于我们分析"我说"在话轮分布中的标记功能，而且是研究"我说"的语境关联模式与语义功能的迫切需要。

二 "我说"的互动功能：从话语结构看标记功能

句法位置分布是指某个话语形式及其变体形式在话语或语篇中的呈现情况，包括它们在话语中出现的次数与频率、话语结构、不同人称上的分布等。考察话语标记的话语分布情况可以全面了解该话语标记在真实口语中的使用情况。① 下面主要对话语标记"我说"的话语结构及不同人称上的分布展开论述。

---

① 张文贤、李先银：《互动交际中的认识权威表达——以"我跟你说"为例》，《当代修辞学》2021年第6期。

（一）"我说"的话语结构

分析话语标记"我说"的话语结构，主要是把"我说"放在自然口语中作动态的考察，揭示"我说"的使用模式及其在言语交际中特有的功能。Fraser 认为话语标记的典型位置是 S1 + DM（话语标记）+ S2。① Brinton 指出，在跨语言研究中，话语标记也可以居于句中和句尾。② 关于语篇中的连接成分，廖秋忠曾经提出两条鉴定标准：功能上，用来表达语言片段之间在语义上的传承关系；位置上，位于句首，在主语之前（只有少数位于句中，在谓语前）。③ 李心释、姜永琢指出，汉语典型的话语标记必定是居于 S2 句首的，不在句首是一种特殊情形，将位于句中或句末位置的话语标记看作不成熟或非典型的话语标记。④ 本文赞同此说。故暂不考虑处于这两种位置上的话语标记"我说"的使用情况。根据话语标记"我说"在话轮中出现的位置，可以将话语标记"我说"分为话轮开端的"我说"和话轮中间的"我说"两种，下文主要分析处在这两种位置的"我说"的使用模式及语用功能。⑤

1. 话轮开端出现的"我说"及其功能

刘丽艳指出，会话是由言语举动和非言语举动构成的一系列引发、应答、反馈的连续组合。⑥ 本文以这三个会话序列为基础分析"我说"的使用模式及功能。

1.1 引发序列，设立话题的功能

方梅指出，话语标记在会话中具有话语组织功能，如话题的前景化

---

① B. Fraser, *Pragmatic Markers*, Publication of the International Pragmatics Association (IPrA), 1996.
② L. Brinton, *Pragmatic Markers in English: Grammaticalization and Discourse Functions*, Berlin and New York: Mouton de Gruyter, 1996, pp. 6–412.
③ 廖秋忠：《语用学的原则》，《国外语言学》1986 年第 4 期。
④ 李心释、姜永琢：《对话语标记的重新认识》，《汉语学习》2008 年第 6 期。
⑤ 刘虹：《会话结构分析》，北京大学出版社 2004 年版。
⑥ 刘丽艳：《汉语话语标记研究》，北京语言大学出版社 2011 年版。

(包括设立话题、找回话题)和话题切换。① 以下各例中的"我说"的作用是引出一个新的话题,这也是信息的引发功能,即设立话题的功能。"我说"的使用模式及功能如下:

模式1:

A1:用"我说"引出话题 M,并希望听话人也关注话题;

B1:听话人将注意力集中在 M 上,并对此作出回应;

A2:继续对话题信息 M 叙述。

在这种模式中,"我说"用在话轮的开端,它的作用是开启一个新的话题,使会话围绕这个新的话题展开,这就是其设立话题的功能。例如:

(10) 语境:何建国得知小西的不育症难以治愈后。

小西:(何建国闷闷吃饭)我说,你到底是怎么了?

何建国:怎么了?没怎么啊!

小西:没怎么你这是怎么了?

何建国:小西,别没事找事啊!(电视剧《新结婚时代》)

(11) 陆水元:(沈辰被陆水元摇醒过来)我说,大将军,梦见什么美事了?口水都快流成河了!做梦娶媳妇了吧!

沈辰:对,没错,都入了洞房了,我掀开盖头那么一看,原来是你!(克劳塞维茨《汉风》)

模式2:

话语进行中;

A1:用"我说"引出话题 M,并希望听话人也关注话题;

B1:应答人将注意力集中在 M 上,并对此作出回应;

A2:继续对话题信息 M 叙述。

引发序列可以出现在一次会话活动的开始,也可以出现在会话的中

---

① 方梅:《自然口语中弱化连词的话语标记功能》,《中国语文》2000 年第 5 期。

间话轮,用来引出下一轮应答人的回答①。"我说"用在会话的非话轮开端,语用目的也是设立话题。例如:

(12) 语境:马威打架之后。

马先生:你看我只有马威这么一个,深了不是,浅了不是!他和保罗会……

伊牧师:不用再提这回事,小孩子们打完,完事!保罗念书的时候常和人家打架,我也没办法,更不愿意管!我说,你到教会去了没有?

马先生:下个礼拜去!下个礼拜去!

伊牧师:<u>我说</u>,马先生!你还得帮我的忙呀!我的中文还是不成,你要是不帮助我,简直……

马先生:我极愿意帮你的忙!(老舍《二马》)

我们可以将 A1—B1 看成"引发—回应"的相邻对,A1—A2 理解成另外一个相互关联的话语系列,A2 往往是对 A1 所述话题的补充或阐释。"我说"所在的引发序列既可以出现在首话轮开端,如模式 1;也可出现在非首话轮开端,如模式 2。其主要功能是引发一个新的话题,使会话围绕这个话题展开,这就是其引发话题的功能。沈家煊说:"一般地讲,引发语是主动的自由的。"② 在引发序列中,标记使用者用"我说"获得话语主动权,吸引听话者的注意,这种引发功能的实现也是主动的。③

1.2 应答序列,回应话题的功能

应答是对引发序列中的举动作出的反应。"我说"在应答序列中标志

---

① 刘丽艳:《汉语话语标记研究》,北京语言大学出版社 2011 年版。
② 沈家煊:《不加说明的话题——从"对答"看"话题—说明"》,《中国语文》1989 年第 5 期。
③ 刘丽艳:《作为话语标记语的"不是"》,《语言教学与研究》2005 年第 6 期。

着标记使用者对引发序列中的言语或非言语行为作出的反应。"我说"在应答序列中的使用模式和功能为：

A：引发人的言语举动或非言语举动；

B："我说"，对 A 的举动作出的应答。

话语标记"我说"在应答序列中起到标示 B 对 A 的言语或者非言语序列作出的反应。例如：

（13）牛大姐：纯属是无稽之谈，这种破望远镜还能看见星星的运动？我用肉眼看月亮横是比它看得清楚。

贾玉岩：<u>我说</u>，你别着急呀！等天儿彻底黑透了，我调好焦距对好方位，你们再看。（电视剧《编辑部的故事》）

（14）铁燕夫人：我用杀过彭天寿的这把刀来杀你，让你们的魂魄并附在这把刀上，你的运气是不是很好？

梅花：<u>我说</u>，你要我说什么，我就说什么！（古龙《圆月弯刀》）

例（13）、例（14）中的"我说"分别标示着对牛大姐、铁燕夫人的言语举动作出的反应。一般来讲，在应答序列中，应答人针对引发序列所传递的信息作出回应。又正如上文所说，"我说"在序列中的位置分布较常位于始发话轮，但也可能位于回应话轮。如例（13）说话人使用"我说"表达了对知识的自信程度，凸显自己的认识权威地位，通过拉大交际双方的认识势位差距，希望对方记住他传递的新信息，这是"我说"认识权威的彰显。

1.3 反馈序列，回应话题的功能

沈家煊指出，"对话时应答人往往跟引发人一样期待对方对自己的应答作出反应，期待得到'反馈'信息"[①]。会话进行过程中，当应答人针对引发序列作出回应后，也希望先前的发话人对应答人的表现作出反馈，

---

① 沈家煊：《不加说明的话题——从"对答"看"话题—说明"》，《中国语文》1989 年第 5 期。

尤其是应答信息与先前引发人的期待有差异时，这种反馈语显得非常重要。"我说"用在反馈话轮开端，使用模式和功能为：

A1：设立话题并期待答话人作出回应；

B1：应答人的言语举动或非言语举动；

A2："我说"，对 B1 的举动作出的反馈。

先前发话人可以对应答人的言语举动或非言语举动作出反馈。例如：

（15）语境：北京人求婚。

甲：跟我结婚吧，我想娶你。

乙：该干嘛干嘛去你，少拿我找乐儿。

甲：<u>我说</u>同志，你觉得我像是在开玩笑吗？（新浪网）

（16）陆大可：不！乔家还是乔家！眼下乔家并没有破产还债，对不对？

玉菡：点头默认。

陆大可：哎，<u>我说</u>，你一个新过门的媳妇，我跟你说这些，你能替他们家做主吗？（电视剧《乔家大院》）

例（15）中的"我说"标示对应答人"乙"的言语举动作出的反馈；例（16）中的"我说"标示了对玉菡的非言语举动（点头默认）的行为作出的质疑。

Goffman 认为会话参与者一方发出交际信号，即寻求交际渠道的方式，另一方应该作出回应，"认可对方所寻求的交际渠道现在已经打开"[①]。Sacks 与 Schegloff 等[②]认为召唤—应答会话序列打通了双方会话交际的渠道。召唤作为话轮的第一步，期待得到另一会话参与者的应答。换言之，有了召唤，理应出现应答。正如刘丽艳所说，反馈序列就是对

---

① Goffman, *Forms of Talk*, Philadelphia：University of Pennsylvania Press, 1981.

② Sacks, Schegloff and Jefferson, *A Simple Systematic for the Organization of Turn-talking for Conversation*, 1974.

应答序列的回馈、反应①,从这个角度讲,反馈序列也是应答序列。"我说"在引发序列中发挥的是引发功能,这种引发功能的实现是主动的,在应答和反馈序列中发挥的是回应话题的功能,这种功能的实现是被动的、受约束的。Heritage 与 Raymond 将引发评价序列的评价称为"第一位置评价","第二位置评价"为回应第一位置评价,第一位置评价暗示认识权威,而第二位置评价处于从属地位。②"我说"在对话过程中常处于第一位置评价,说话人具有评价的知识而且具有权威性。当"我说"处于第二位置评价时,表示不同意第一位置的评价,彰显评价的主观性、独立性,降低了回应性,增强了权威性。"我说"引出评价时,前面偶或有使役动词"依""要""让"等,后面可以有语气词"吧""嘛""呢"。

2. 话轮中间的"我说"及其功能

"我说"用在话轮中间标示应答人对引发序列中的行为作出的反应,相当于应答话轮。汉语中语义弱化的连词用作话语标记,在会话中具有言语行为功能,如话轮转接和话轮延续。③ 我们发现,在应答人回应引发序列中的信息后,话轮中间的"我说"既可以延续原来的话题,也可转接话题。"我说"的使用模式和功能为:

模式1:

话语进行中;

A:引发人的言语举动或非言语举动;

B:对 A 的举动作出应答,"我说",延续话题。

"我说"用在话轮中间,在回应完引发人的话语后,对引发序列中的话题进一步发问。例如:

---

① 刘丽艳:《作为话语标记语的"不是"》,《语言教学与研究》2005 年第 6 期。
② John Heritage & Geoffrey Raymond, *The Terms of Agreement: Indexing Epistemic Authority and Subordination in Assessment Sequences*, Social Psychology Quarterly, 2005.
③ 方梅:《自然口语中弱化连词的话语标记功能》,《中国语文》2000 年第 5 期。

(17) 武端：老赵！走！请你吃饭！

赵子曰：欧——好！上那儿？

武端：随你挑！朋友的交情是一来一往的，咱姓武的不能永远吃别人不还席，哈哈！

赵子曰：东安楼吧！

武端：好！东安楼！<u>我说</u>，我打算约上老李，李景纯，你想怎样？

赵子曰：好哇！老没见老李，怪想他的呢！（老舍《赵子曰》）

例（17）武端和赵子曰商量吃饭的事情，先是武端提出吃饭之事，由此引发出赵子曰的回应——东安楼。二人确定好吃饭地点之后，武端接着提出约上老李，"我说"在这里起到了延续话题的作用。

模式2：

话语进行中；

A：引发人的言语举动或非言语举动；

B：对A的举动作出应答，"我说"，转接话题。

转接话题实际上就是话语权的转移。① "我说"的使用可以使话语权不断发生转换，促使会话顺利进行。例如：

(18) 语境：林道静和脚夫一起向杨庄走去。

脚夫：您站在山上看什么哪？

林道静：看海。多好看！你住在这儿多好，这地方多美呵！

脚夫：好什么？打不上鱼来吃不上饭。我们可没觉出来美不美……<u>我说</u>，您这是干么来啦？怎么一个人？避暑的？

林道静：哪配避暑。是找我表哥来的。（杨沫《青春之歌》）

---

① 胡乘玲：《话语标记"不对"的功能分析》，《汉语学习》2014年第3期。

例（18）先是林道静对脚夫的生活环境的赞美，由此引发出脚夫的话，即对林道静话的反驳，又用"我说"转换角度，提出新的问题，把话语权交给林道静。"我说"的使用使话语权实现了转换，"从而保证传信的通畅与会话的正常进行"①。

我们对6960例"我说"会话体语料进行了详细的考察后，发现话语标记"我说"大多数出现在话轮开端，主要行使设立话题的功能；有时也可用于话轮中间，用来延续话题和转接话题。具体比例如表1所示。

表1　　　　　话语标记"我说"的使用模式及其功能

位置	使用模式	数量	百分比	语用功能	数量	百分比
话轮开端	引发序列	4800	84.7%	设立话题	4800	84.7%
	应答序列	720	12.7%	回应话题	870	15.3%
	反馈序列	150	2.65%			
话轮中间	应答序列	1290	100%	延续话题	660	51.2%
				转接话题	630	48.8%

话轮开端的"我说"主要用在引发序列中，有4800例，占全部用例（5670例）的84.7%，具有设立话题和回应话题的语用功能。位于话轮开端的话语标记"我说"的语义还比较实在。从句法上看，话语标记"我说"可以作为一个论元存在，但在上述模式中的"说"的行为义已经淡化，更凸显了认知义，也就是从言语域投射到了意识域。这个时候的话语标记"我说"的后面常接称谓语，如"我说马主任""我说小王"等，"我说"与后面的成分不具有句法上的关系，且话语标记"我说"作为句子的独立语存在，这为"我说"的语义虚化创造了适宜的条件。话轮中间的"我说"全部用在应答序列中，主要用来延续话题和转接话题。②

---

① 陆镜光：《句子成分的后置与话轮交替机制中的话轮后续手段》，《中国语文》2000年第4期。

② 张文贤、乐耀：《汉语反问句在会话交际中的信息调节功能分析》，《语言科学》2018年第2期。

(二)"我说"的人称分布

我们考察了6960例"我说"句后,发现"我说"与其后核心句中的人称有两种搭配模式:(1)我说+称谓语+VP/NP+VP;(2)我说+VP/NP+VP。刘嵚将前者称为"人称形式",后者称为"人称零形式"。①

1. 人称形式的"我说"格式对后续句的选择

从句类看,人称形式的"我说"的后续句主要有陈述句、祈使句、疑问句和感叹句。例如:

(19)曹掌柜纳闷起来:"哎,我说孙先生,我记得你过去是从不串戏园子的!"(电视剧《乔家大院》)

(20)"北京话"双手抱住胳膊肘,和她们站得不远不近地说:"喂,我说小姑娘们,别扒窗户,危险!"(铁凝《哦,香雪》)

(21)老人可吓了一跳:"我说,小朋友,你的手怎么这么硬啊。"(老舍《木头人》)

(22)"我说,你们这些傻瓜!你们比普天下的女人还要好奇!"鲁泰茜雅怒冲冲地答道。(乔万尼奥里《斯巴达克斯》)

人称形式的"我说"结构中,"我说"后面紧接表示称呼的名词或人称代词。"我说"可以与表示人称称呼的名词之间没有语音停顿,如例(19)、例(20),也可有语音停顿,如例(21)、例(22)。"我说"与表示人称称呼语的名词之间没有语音停顿时,"我说"也不参与前后语句句法成分的构建,仅发挥标记作用。正如刘嵚所说"有人称形式中的人称称呼语,从句法结构角度看并不嵌入小句宾语句 NP + VP,但从语义上看,人称称呼语和小句宾语句中的主语 NP 属互指或领属关系,共现于同一句中"。②

---

① 刘嵚:《"我说"的语义演变及其主观化》,《语文研究》2008年第3期。
② 刘嵚:《"我说"的语义演变及其主观化》,《语文研究》2008年第3期。

2. 人称零形式的"我说"格式对后续句的选择

人称零形式的"我说"格式，是指话语标记"我说"后面没有表示人称称呼的名词或人称代词，直接与小句宾语相连接。人称零形式的"我说"的后续句主要有陈述句、疑问句、祈使句和感叹句。例如：

（23）老头子一口吞了一杯茶，摸了摸秃脑袋。"算了，请我来也不来了！我说，你们去告诉大伙儿：明天落座儿，晚半天就有亲友来，四点以前都收车，不能出来进去的拉着车乱挤！明天的车份儿不要了，四点收车。"（老舍《骆驼祥子》）

（24）梅佐贤抓得很紧，马上又转到主题，"我说，你有希望吗？"（周而复《上海的早晨》）

（25）两个人回到铺子，好在没有照顾主儿，李子荣的嘴象开了闸一样，长江大河的说下去："我说，先告诉你一件事：喝茶的时候别带响儿！刚才你喝茶的时候，没看见对面坐着的老头儿直瞪你吗！"（老舍《二马》）

（26）他临走时，猛地把我搂住了。他浑身的骨节嘎巴嘎巴地响。我很不好意思，可是又推不开他。他喉音浓重地嘟囔着说："白音宝力格！我真高兴，你母亲若是活着，唉——算了！我说，你真是个好小子！"（张承志《黑骏马》）

人称零形式的"我说"格式在会话中也比较常见，说话人在使用"我说"时针对的是听话人。在具体的言语交际过程中，即使不出现人称称呼名词和人称代词，听话人也能准确地判断出说话人的指称对象是自己。

表2　　　　　　　　　　"我说"后续句类型对照

	陈述句	疑问句	祈使句	感叹句	总数
人称形式	1380	1530	180	30	3120
人称零形式	1800	1740	240	60	3840

从表 2 中可以看出，人称形式的"我说"有 3120 例，人称零形式的"我说"有 3840 例，在实际的言语交际过程中，二者出现的频率相差不大。人称形式中"我说"的后续句主要为陈述句（1380 例）和疑问句（1530 例）；人称零形式中"我说"的后续句也以陈述句（1800 例）和疑问句（1740 例）为主，故话语标记"我说"的后续句以陈述句和疑问句明显居多，与话语标记"我说"在会话活动中的功能紧密相关。根据上文对"我说"使用模式和功能的分析，话语标记"我说"主要出现在话轮的开端和中间，在会话活动中主要有两种功能：引发功能和回应功能，这与陈述句和疑问句的作用是一致的。Hackman 指出，陈述句和疑问句均表现为一种认知语境原型效应。[1] 陈述句的典型功能是陈述一件事情，非典型功能是表示祈使、感叹和疑问。疑问句所表示的疑问原型效应，作为一种认知语境，对言语交际产生制约作用，即答话人根据相应的认知语境，确定问话者的疑问在原型效应中的典型度，再作相应的回答或不回答。陈述句既可以引出话题也可以回应话题，疑问句主要实施引出话题的功能，使答话人根据发话人提供的信息作出回应。所以，话语标记"我说"对后续句的选择恰好体现了话语标记"我说"在会话活动中的语用功能。

三 "我说"的语境关联形式与语义功能共性

李宗江[2]指出"我说"这类话语标记并不遵循一般虚词或形态标记一样的语义虚化的规律，决定"我说"类词语变为话语标记的动因是语境，这提示我们要注意语境的作用。话语标记"我说"是典型的提醒标记，且具有断言标记的主要特征。一方面是帮助说话人更加明确地表达自己的说话意图，另一方面也会引导和限定听话人对话语的理解。话语标记

---

[1] D. Hackman, "Irony in Speech Acts Involving Foreigners Gregersen K, Basboll Mey J." Papers From the Fourth Scandinavian Conference of Linguistics, Odense: Odense UP, 1978.

[2] 李宗江：《关于话语标记来源研究的两点看法——从"我说"类话语标记的来源说起》，《世界汉语教学》2010 年第 2 期。

"我说"的语义功能特征和对所出现的语用环境具有一定的依赖性，与其所出现的语用环境紧密相关，正如 Firth 所言"语义存在于语境"之中①。我们详细考察了6960例会话体语料，整理分析话语标记"我说"的主要语义功能，具体情况如下。

（一）说话人向听话人提出疑问，表达意见

话语标记"我说"的常见用法就是引进说话人心中的疑问，说话人心中可能有疑惑也可能心中有不确定的答案。这种类型的话语标记"我说"常见于询问型语境和申辩型语境中。如：

（27）语境：林道静和脚夫一起向杨庄走去。

脚夫：您站在山上看什么哪？

林道静：看海。多好看！你住在这儿多好，这地方多美呵！

脚夫：好什么？打不上鱼来吃不上饭。我们可没觉出来美不美……<u>我说</u>，您这是干么来啦？怎么一个人？避暑的？

林道静：哪配避暑。是找我表哥来的。（杨沫《青春之歌》）

（28）达庆转身就走。致庸一把拉住他道："哎，<u>我说</u>四哥，咱们说好的事情，你怎么走了？"（电视剧《乔家大院》）

（29）"喂！研究生！你看这黄河！<u>我说</u>，这黄河里没有浪头。不是水，不是浪，是一大块一大块凝着的、古朴地流体。你说我讲得对吗？"她问道。（张承志《北方的河》）

（30）"<u>我说</u>先生，"坎宁安先生有些不耐烦地说道，"这肯定是非常不必要的。楼梯口就是我的卧室。我儿子的卧室就在隔壁。我倒要请你判断一下，这贼要是上了楼，而我们竟毫无觉察，这可能吗？"（阿瑟·柯南·道尔《福尔摩斯探案集》）

（31）哎，<u>我说</u>这位同志，这位同志，你别欺人太甚喽，你这冰

---

① J. R. Firth, *Papers in Linguistics London*, Oxford University Press, 1957.

箱这动静比我那音响声还大呢，谁受得了啊？（电视剧《编辑部的故事》）

若话语标记"我说"后面引入的是说话人的疑问，需要对方提供相关的信息加以解答，如例（27）中的"我说"可以去掉，但是加上"我说"这个话语标记之后，说话人意在提示听话人，后面的"您这是干么来啦？怎么一个人？避暑的？"是说话人感兴趣的信息，期待从听话人那里得到答案；例（28）说话人提出疑问，希望对方回答；例（29）说话人心中可能心有疑惑也可能心中有不确定的答案，因此询问听话人。例（27）—例（29）类话语标记"我说"所在的语境为询问型语境，此两处"我说"后接短句表明说话人心中存在疑惑或者不确定答案而询问听话人，征求听话人的意见，期待从听话人那里得到答案。在例（30）中说话者坎宁先生委婉地提出自己的观点来否定听话者的观点，例（31）说话者反驳听话者的观点，语气、态度比较强硬，此两处的话语标记"我说"所在的语境均为申辩型语境，典型的特点为说话者的言语举动或非言语举动与听话者的期待差别很大，说话者针对听话者的这种行为进行辩驳，语气可以较为强硬，也可以委婉，这也可称为反驳型语境。在例（28）、例（31）"我说"前有"哎"，根据 Wu，"哎"引入的信息具有新闻价值[①]，并表明该信息是说话人据有（speaker-side），有认识权威性。

（二）说话人向听话人提出警告，表达不满

听话人有损说话人的话语或者行为，话语标记"我说"后引入的是说话人对听话人的警告。警告就是说话人对听话人进行告诫，严重时就是威胁。这种类型的话语标记"我说"常见于警告型语境和不满型语境中。如：

[①] Wu Ruey-Jiuan Regina, *Indexing Epistemic Authority/primacy in Mandarin Conversation: Aiyou-prefacing as an Interactional Resource*, Journal of Pragmatics, 2018.

（32）大夫和思嘉走过穿向那关着的门走去，一路上大夫的手紧紧抓住思嘉的肩膀。

大夫：<u>我说</u>，小姐。不要激动，也不要作什么临终时的忏悔，否则，凭上帝起誓，我会扭断你的脖子！你用不着这样呆呆地瞧着我。你懂我的意思。我要让媚兰小姐平平静静地死去，你不要只顾减轻自己良心上的负担，告诉她关于艾希礼的什么事。我没伤害过一个女人，可是如果你此刻说那种话——那后果就得由你自己承担了。（米切尔《飘》）

（33）司机从车门里伸出头来，哀告说："<u>我说</u>哥儿们，甭跟我过不去成不成？车里还有客人哩，出了事我可惨啦，我担待不起。"（刘心武《5.19长镜头》）

（34）两个人回到铺子，好在没有照顾主儿，李子荣的嘴象开了闸一样，长江大河的说下去："<u>我说</u>，先告诉你一件事：喝茶的时候别带响儿！刚才你喝茶的时候，没看见对面坐着的老头儿直瞪你吗！"（老舍《二马》）

（35）祥子，听到自己的名字，赶了出来，立在小福子的身后。"<u>我说</u>祥子"，二强子歪歪拧拧的想挺起胸脯，可是连立也立不稳："<u>我说</u>祥子，你还算人吗？你占谁的便宜也罢，单占她的便宜？什么玩意！"（老舍《骆驼祥子》）

（36）一个爽朗的女声从远处飘了进来："<u>我说</u>，这人都上哪去了！转移阵地也不通知一声。"（电影《春晓》）

例（32）语义是警告是说话人希望听话人认真听从的，因而对说话人来讲是很重要的、必须表达清楚的信息。话语标记"我说"后面引出的信息"我会扭断你的脖子"等显然是说话人对听话人的警告甚至威胁。因此，说话人用"我说"这一话语标记引进警告性话语以引起听话人的注意；例（33）由于听话人将要做出有损说话人的行为，说话人向听话人提出警告，话语标记"我说"出现的语境是司机对听话人发出的警告型语境,与此相同如例(34)听话人做出了有损说话人和别人利益的行为,即"喝茶带响儿",听话人向对方这一行为提出了警告,此处可以归纳为:若"我说"后引进的事实是听话人有损说话人的话语或者行为,说话人则提醒或者警告听话人不要做出有损其利益的行为,从而避免不必要的麻烦。例(35)是说话人对听话人祥子的行为的不满发出的怒斥,语气较为强硬。例(36)是说话人对听话人的埋怨嗔怪,语气较为委婉,属于不满型语境,是对对方的言语或者行为感到生气或者不满,用话语标记"我说"来强化这种语气,进一步质问对方,表达说话者内心的不满情绪。

(三)说话人平铺直叙自己的观点

话语标记"我说"一类常见用法就是引进新的信息或观点,这类形式的话语标记"我说"常见于平铺型语境、赞美型语境、建议性语境中。如:

(37)我说,这个窗帘也装了饭也吃了我也看了女儿了,那我就先撤了。(电视剧《裸婚时代》)

(38)老道:无量佛!来者你是何人?

娘娘:我呀,大齐国皇娘昭阳正院钟离无盐!

老道:弥陀佛!嚯哈哈哈哈哈!

娘娘:嘀!还会乐呢,我说道爷,远日无怨近日无仇,今日里湘江会五国围剿大齐我们得胜了,你为什么拦着不让过?

老道:钟离无盐,五国与你齐国的干戈贫道不问,我在此就是等着你咱们两个人有我一辈子的冤枉要在你身上了断!(郭德纲《相声集》)

(39)王:我说,小二德子,你这功夫真是把你爸都比下去。(电视剧《编辑部的故事》)

(40)他临走时,猛地把我搂住了。他浑身的骨节嘎巴嘎巴地响。我很不好意思，可是又推不开他。他喉音浓重地嘟囔着说："白音宝力格！我真高兴，你母亲若是活着，唉——算了！<u>我说</u>，你真是个好小子！"（张承志《黑骏马》）

（41）"不用慌，这是妇女的通病。"老张笑着对孙八说，然后又对李静说："<u>我说</u>，别装着玩儿呀！老张花钱娶活的，可不要死鬼！"他哈哈的笑了一阵，好似半夜的枭啼。（老舍《老张的哲学》）

（42）戴崴说了声谢谢，马不停蹄地找到了谢嘉华的宿舍。进门后，见谢嘉华正手忙脚乱地给孩子吃东西，开口就说："<u>我说</u>，你要不再娶一房？要不送幼儿园，这么一个大老爷们，累死也带不好他呀。"（电视剧《冬至》）

例（37）、例（38）都属于平铺型语境，其中例（37）中话语标记"我说"的有无不影响句子的语义表达，但是加上"我说"后，说话人有意识地提示听话人，后面的"先撤"是一个新的听话人可能会感兴趣的信息。例（38）"娘娘"告知"老道"自己的身份，说话人平铺直叙，不带感情色彩，像这类语境是说话者根据上下文中的信息对听话人的言语或者行为作出判断，平直地叙述事实、情况或观点时的语境，也可称为告知型语境。董秀芳指出，说话人告知给听话人的信息既可以是说话人掌握的事实情况，也可以是说话人的见解和态度。① 例（39）话语标记"我说"后引进的新信息是说话人对听话人行为的赞美，属于赞美语境，这类语境的特征是说话人对某种情况或说话人进行夸奖称赞，再如例（40）说话人称赞听话人"你真是个好小子"，话语标记"我说"所在的环境为赞誉型语境。例（41）、例（42）中的话语标记"我说"后面引出的是说话者建议听话人做出某些行为，如不能"装死鬼"，希望谢嘉华再娶一房，都是希望对方能采取自己的建议，此类语境是说话人劝告或者建议听话人从事或者不从事某事时所处的语言环境，为建议型语境，

---

① 董秀芳：《来源于完整小句的话语标记"我告诉你"》，《语言科学》2010年第3期。

话语标记"我说"后引入的是说话者向听话者提出的某种建议,希望对方采取或不采取相应的行动。

以上根据话语标记"我说"后引进内容的性质将其语义功能分成了三类,这三类功能的共同点在于引起听话人对话语标记"我说"引进话语的注意,"我说"的有无不影响句子的语义表达,但说话人还是特意说出"我说",主要目的在于引起听话人的注意、提醒对方注意听自己接下来要说的话,所以从这个方面讲,"我说"就是典型的提醒标记,其后面的内容是话语的信息焦点。根据不同的语境,就有不同的提醒目的,在询问型语境和申辩型语境中,话语标记"我说"的主要用法是引出说话人的疑问或对事物、行为的申辩。在平铺型语境、赞美型语境与建议型语境中,"我说"主要表达说话人的赞美或对某事物、行为的看法。在警告型语境和不满型语境中,"我说"后面引入的是说话人对听话人的不满或者警告,语气可以委婉,也可以强硬,有时可能会威胁说听话人的面子。而在建议型语境中"我说"接引内容中可以是个人比较特别的经历,具有说话者的主观意识,希望听话者如何做,自然具有道义权威性。我们将6960例会话体"我说"出现的语境整理如表3所示。

表3　　　　　　　　"我说"语用环境对照

语用环境	建议	警告	不满	平铺	申辩	赞誉	总数
人称形式	750	300	240	300	90	60	3120
人称零形式	690	270	510	660	300	90	3840

由表3可知,在实际的会话过程中,人称形式的"我说"有3120例,人称零形式的"我说"有3840例,二者出现的频率差别不大,但语用环境存在一定的差别,尤其是在不满型语境和申辩型语境中,人称零形式的"我说"用例(810例)高于人称形式的"我说"用例(330例)。对于此现象,话语标记"我说"的语用差别可以用"礼貌原则"做出解释。"礼貌原则"是Leech在Grice的"合作原则"的基础上提出

来的，是有效的语言交际的重要保障，属于人际修辞的范畴。① 礼貌原则是指说话者相信自己所表达的话语对听话者礼貌程度最大而不礼貌程度最小。在人际交往中，人们总是要顾及面子，反映在言语活动中，就是说话时要有礼貌。因此，礼貌原则就是在条件相同的情况下，把不礼貌的程度降到最低，即减轻交际行为给面子造成的威胁。从积极的角度来看，礼貌原则的本质是"相信别人"；从消极的角度来看，是"不要得罪别人"。② 礼貌准则包括策略准则、宽宏准则、赞扬准则、谦虚准则、赞同准则、同情准则，礼貌原则深化了会话含义的研究，在一定程度上指导了礼貌语言的运用。③

在实际的言语交际过程中，说话人对听话人的言语行为作出负面评价如括责备、申辩等，应遵循"礼貌原则"，即不采用正面指责对方、否定对方的策略，采用间接、委婉的用语，尽量不要威胁听话人的"积极面子"。Brown 和 Levinson④、何兆熊⑤指出，威胁听话人积极面子需求的言语行为是指说话人表明他不关心听话人的感情、需求等，在某些重要方面视听话人的需求于不顾的那些言语行为，包括对听话人的积极面子的某一方面作出负面评价的言语行为，例如不赞同、批评、指责、抱怨、反驳等。"社会交往中既要尊重对方的积极面子，又要照顾对方的消极面子，这样才能给对方留点面子，同时也给自己挣点面子，以免带来难堪的局面或使关系恶化。"⑥ 责备和申辩是一种"威胁面子"程度较高的交际行为，必须采取礼貌策略。这种礼貌策略主要是"减少对对方的强加"⑦，在实际的互动

---

① H. Paul Grice, *Logic and Conversation*, New York: Academic Press, 1975, pp. 41 – 58.

② 单宝顺、齐沪扬：《从"小量"意义看汉语中"礼貌原则"的隐性表达》，《汉语学习》2014 年第 5 期。

③ Geoffrey Leech, *Principles of Pragmatics New York*, Longman Group Limited, 1983.

④ Brown & Levinson, *Politeness: Some Universal in Language Usage*, Oxford: Cambridge University Press, 1987.

⑤ 何兆熊：《新编语用学概要》，上海外语教育出版社 1999 年版。

⑥ 马欣建：《"礼貌原则"和"面子理论"在跨文化交际中的作用》，《文教资料》2010 年第 33 期。

⑦ Brown & Levinson, *Politeness: Some Universal in Language Usage*, Oxford: Cambridge University Press, 1987.

交际过程中也就是需要使用"人称零形式"以减轻语势，表达"礼貌"。因此，在人称形式的"我说"用例中，说话人很少使用称呼语向听话人表达自己的不满情绪。

综上所述，本文对收集整理的6960例"我说"会话体语料进行了分析，得出了与刘钦截然相反的结论，如发现在人称形式的"我说"用例中，说话人很少使用称呼语向听话人表达自己的不满情绪，不会刻意将不满或者责怪置于听话人身上。在人称零形式的"我说"用例中，说话人刻意让听话人知道自己的不满或责备情绪，因此，表示责备的语用环境出现频率较高。我们认为，刘先生的观点片面是因为刘先生所用语料均出自《编辑部的故事》，这些会话体语料多数为编辑部中同事之间的嬉戏，充满了王朔样式的京式调侃幽默，因此，可以得出"说话人可以将不满或责怪特置于听话人身上以减少对对方的贬损范围"这一片面结论。

四　话语标记"我说"的形成机制

乐耀指出，"语言结构变化的机制，是指一个语言单位发生演变的方式和语言环境条件，它决定了一个语言单位遵循什么样的规律进行变化，机制一般来自于语言系统之内"[①]。"我说"演变的机制主要是人称代词"我"对言者、听者互动关系的激活，转喻和隐喻以及句首凸显与语义淡化的结果。

（一）"我说"形成的机制之一：人称代词"我"对言者、听者互动关系的激活

"我说"之所以虚化成话语标记，与人称代词"我"的主观性密不可分。伍铁平指出[②]，"词义感染"这种现象在英语中叫作contagion，这个词的本义是"疾病的传染"，在语言学上指词与词在长期组合中，词与词

[①] 乐耀：《从"不是我说你"类话语标记的形成看会话中主观性范畴与语用原则的互动》，《世界汉语教学》2011年第1期。

[②] 伍铁平：《词义的感染》，《语文研究》1984年第8期。

之间会相互影响，一个词在另一个词的影响下，会获得另外一个词的意义或其中的某个义项。刘正光、李雨晨[①]指出，人称代词都具有主观性，如表达情感[②]、自我指示[③]、礼貌[④]等，但是主观性的程度不一样，就表达感情而言，"第一人称的表情能力最强，第二人称次之，第三人称最低，即第一人称＞第二人称＞第三人称"。第一人称代词具有最强的表情能力，其主观性最强。"我说"之所以具有较强的主观性，与人称代词"我"的主观性密不可分。如果将第一人称代词"我"换成其他的人称代词或者普通的名词，如"他说""小张说"，就不会有这种效果。如：

（43）胡梦安当着卫兵、当着他市党部的同事面前，没好意思像猴子样的蹲跳起来，他反而挺着胸膛，直着颈脖，静静地看了道静几秒钟，然后连声狞笑道："林道静小姐，我说，你、你到底有几个脑袋几条命呀？"（杨沫《青春之歌》）

（44）辛楣笑道："这是董斜川想出来的，他说，同跟一个先生念书的叫'同师兄弟'，同在一个学校的叫'同学'，同有一个情人的该叫'同情'。"（钱锺书《围城》）

（45）孙遽鼻子里直抽气，嘴又紧紧闭了起来。蔷薇夫人道："探花郎，你说，这种男人是不是没有良心，早知道他会变成这样子，那时我还不如……不如死了好些。"她拼命用手揉着眼睛，只可惜连一滴眼泪也没有揉出来。李寻欢笑道："幸好夫人没有死，否则在下就真的要遗憾终生了。"蔷薇夫人娇笑道："真的么？你真的这么想见我？"（古龙《小李飞刀》）

例（43）"我说"用在话轮中间，传递出了说话人对听话人的否定态

[①] 刘正光、李雨晨：《主观化与人称代词指称游移》，《上海外国语大学学报》2012年第6期。
[②] 冉永平：《话语标记语的语用学研究综述》，《外语研究》2000年第4期。
[③] J. Lyons, *Linguistic Semantics: An introduction*, Cambridge University Press, 1977.
[④] 顾曰国：《礼貌、语用与文化》，《外语教学与研究》1992年第4期。

度和不满的主观情态,可以凸显话题焦点,吸引听话者的注意。如果将"我说"换成其他的人称代词,"林道静小姐,他说,你、你到底有几个脑袋几条命呀?"就很难传递出说话人的主观态度和看法。所以,"我说"在人称代词"我"的影响下也具有表情的可能性了。例(44)"他说"是赵辛楣对董斜川观点的客观转述,不表征主观信息,也就不具备充当话语标记的能力。例(45)"你说"是蔷薇夫人借助李寻欢之口,表达"这种男人没有良心"的观点,通过对听话者李寻欢的引导,使李寻欢认可自己的失望之情。

由此可见,"我说"具有很强的主观性,是因为"说"能够激发说话者"我"的主观性。对于听者而言,"我说"似乎是一种冗余,实则是为了吸引听话者的注意力,凸显话语焦点。正如张旺熹和姚京晶所言:"在对话语境中,由于言者从一开口就已经在讲话,'我说'在字面似乎表现为一种冗余结构,违反了语用学合作原则中的适量准则。我们认为,言者和听者的对话之所以可以顺利进行,'我说'作为话语标记所传递出的凸显焦点、提示话题等主观信息起到了关键作用,正是言者的这些'言外之意'体现了'我说'作为话语标记的主观性特征。"[①]"你说""他说"仍然保留了"说"的动作义特征。"你说"具有明显的交互主观性,借助听话者表达说话者的主观情感,通过讲述个人经验以及表达说话者的主观意愿等彰显认识权威,加强了可信性,通过对听话者的想法、思路的引导,从而让说话者的观点与听话者达成一致。很明显,"你说"具有移情的作用。"他说"不具有主观性,仅仅是说话者陈述某些客观事实,是对别人观点的客观转达,不具有主观性和交互主观性,因此也就很难虚化为话语标记。

(二)"我说"形成的机制之二:转喻和隐喻

"我说"起初是一个主谓短语,具有很强的行为义,说话者在说话

---

① 张旺熹、姚京晶:《汉语人称代词类话语标记系统的主观性差异》,《汉语学习》2009年第3期。

过程中不仅要传达信息，还要表明自己的见解和看法，强调自己的认识权威，表达了说话者的态度，具有交互主观性。沈家煊认为："语言的这样一种特性，即在话语中多多少少总是含有说话人'自我'的表现成分。也就是说，说话人在说出一段话的同时表明自己对这段话的立场、态度和感情，从而在话语中留下自我的印记。"[①] "主观化"则是"指语言为表现这种主观性而采用相应的结构形式或经历相应的演变过程"。"我说"在说话者主观性的驱动下，逐渐演变为提醒性话语标记。如：

（46）这是外国地界，须不比他们乡下，尽着他们为非作歹的！到了巡捕房里，我懂得外国话，我认得外国人，只有我说的，没他们开口的份儿！（张爱玲《连环套》）

（47）皇太极是把原来的敌人拉过来，投降了，为我用，替我大清打江山，就这一点来说皇太极比崇祯皇帝高明，也说明明朝的灭亡是必然的。明朝的灭亡，我说不是由天而是由人，明朝后期的皇帝在处理一系列重大问题上，有错误。（《百家讲坛·清十二帝疑案答疑》）

（48）方鸿渐不理他，直接对苏小姐说："我听赵先生讲，他从外表上看不出那位徐小姐是管理牛奶场的，我说，也许赵先生认为她应该头上长两只牛角，那就一望而知是什么人了。否则，外表上无论如何看不出的。"（钱锺书《围城》）

例（46）"我说"与"他们开口"是相对的，说相当于"开口"，是实际的动作行为，具有很强的动作性。"我"与"说"各自保留原来的词汇意义。例（47）"我说"隐含了说话人的观点、态度。"我"与"说"的结合更加紧密，主观性逐渐增强，"说"的行为义逐渐弱化，向认知义

[①] 沈家煊：《语言的"主观性"和"主观化"》，《外语教学与研究》2001年第4期。

转化。例（48）"我说"不是其字面意义的简单相加，其词汇义消失，具有非真值条件性，可以通过停顿来识别，不与相邻成分构成任何语法单位，表达了说话者的态度，具有很强的主观性。以上三个例子表明，"我说"经历了"言说义＞认知义＞篇章义"的虚化路径，由行域发展到了知域，又由知域发展到了言域，最终演变为话语标记。

"我说"作为一个实义短语，表示"我"发出了"解释、说明"等动作行为，"说"指"用语言来表达意思"，具有很强的动作性，整体上是指说话人向听话人发出的某种动作行为，表达的是具体的言说义。说话者在言语活动中占有主动地位，可以利用各种语言策略来组织话语，表达自己的主观态度。说话是一种具体的动作行为，人的耳朵能够感受到这种行为的发生，但是主观态度是一种抽象的行为，人们很难凭感觉器官感受到。"我说"由具体的动作行为表示主观态度是转喻和隐喻作用的结果。"我说"由行为义转化为认知义，李明将这种现象称为"以身喻心"①。正如董秀芳所言："汉语有个俗语：言为心声。言语与人的思维活动是紧密相连的，所以表示言语活动的'说'可以在发展过程中从具体的陈说虚化为反映说话人的主观态度的一些词，这遵循了从具体到抽象的认知规律。言说是具体的，因为有耳朵可以捕捉到的声波振动，但主观态度则是一种心理活动，是没有外在表现的，是抽象的。"② "我说"从表示"言说义"到"认知义"再到"篇章义"，意义由实变虚，语法化程度逐渐提高，主观性也逐渐增强，实现了从表达客观命题到主观情态的变化。

（三）"我说"形成的机制之三：句首凸显与语义淡化

"我说"常位于话轮开端，起到引起话题的作用，后附小句经常用逗号隔开。"我说"在句中的衔接作用凸显，话语功能及语义功能相对弱

---

① 李明：《试谈言说动词向认知动词的引申》，第十届全国近代汉语学术研讨会论文，浙江宁波。
② 董秀芳：《"X说"的词汇化》，《语言科学》2003年第2期。

化，语用衔接义增强，逐渐发展成为话语标记，例如：

(49) 陆大可：不！乔家还是乔家！眼下乔家并没有破产还债，对不对？

玉菡：点头默认。

陆大可：哎，<u>我说</u>，你一个新过门的媳妇，我跟你说这些，你能替他们家做主吗？(电视剧《乔家大院》)

(50) 牛大姐：纯属是无稽之谈，这种破望远镜还能看见星星的运动？我用肉眼看月亮横是比它看得清楚。

贾玉岩：<u>我说</u>，你别着急呀！等天儿彻底黑透了，我调好焦距对好方位，你们再看。(电视剧《编辑部的故事》)

(51) 铁燕夫人：我用杀过彭天寿的这把刀来杀你，让你们的魂魄并附在这把刀上，你的运气是不是很好？

梅花：<u>我说</u>，你要我说什么，我就说什么！(古龙《圆月弯刀》)

(52) 陆水元：（沈辰被陆水元摇醒过来）<u>我说</u>，大将军，梦见什么美事了？口水都快流成河了！做梦娶媳妇了吧！

沈辰：对，没错，都入了洞房了，我掀开盖头那么一看，原来是你！(克劳塞维茨《汉风》)

通过统计，本文收集6960例关于"我说"的语料中，位于话轮中间的有1290例，位于话轮开端的有5670例，占统计数据的约81%。现代汉语话语标记"我说"经常位于句首，句首是最容易发展成为话语标记的位置。Stivers 等①从认识途径、认识优势、认识责任三个维度对会话中的知识进行了划分，其中的认识优势关乎认识权威，关乎谁对知识享有权威性、谁有权利知道知识、谁有权利宣称知道知识。经常位于句首的"我说"主观性增强，客观的词汇意义与语法意义逐渐淡化，在对话语体

---

① Stivers Tanya, Lorenza Mondada and Jakob Steensig (eds.), *The Morality of Knowledge in Conversation*, Cambridge: Cambridge University Press, 2011.

中显而易见的具有一定的认识权威,且携有衔接功能,相当于句子之间或篇章内部的衔接成分。

例（49）中"我说"就是开始新话题,对前面"陆大可说：眼下乔家并没有破产还债,对不对？"的一个回答,并且开启新话题"你一个新过门的媳妇,我跟你说这些,你能替他们家做主吗？"例（50）中"我说"引起对前文"牛大姐说：纯属是无稽之谈,这种破望远镜还能看见星星的运动？"的回应,表明说话人后续的态度以及观点："你别着急呀！等天儿彻底黑透了,我调好焦距对好方位,你们再看。"例（51）出现在对话语体的开端,标示着听话人对说话人的反应。例（52）位于句首,衔接段落,在语篇中开启新话题,话语标记特征更加突出,词汇义已完全弱化。

五 组合的功能超越："使役动词+我说/我说+语气词"的话语标记化

董秀芳[①]提出话语标记常常出现变体形式,其中有相当一部分与原形式同义。话语标记的变体出现有一定的规律,主要有以下三类：（1）将构成话语标记的基本语义模板替换成同义或近义形式；（2）增加一些意义虚化的修饰性成分；（3）将模板中的语义成分变换位置。也正由于"X说"词汇化程度还不够高,因此在使用过程中会有多种变体,如"代词+X说/X说+语气词"。话语标记"我说"的变体形式主要有"让我说""要我说""依我说""我说啊""我说吧""我说嘛"等。如：

（53）人们笑得紧按着肚皮,喘不过气了……对联决定以后,大家又商量了一阵,主张发动各室互相赠送礼品作为纪念。老大哥想了一下,也同意了这个主意。余新江道："依我说,应该给那些表现最坚强的同志,象老许、江姐他们,送点最有意义的礼物。"（罗广

[①] 董秀芳：《词汇化与话语标记的形成》,《世界汉语教学》2007年第2期。

斌、杨益言《红岩》)

(54) 随着脚步声，走进来三个人，苏建才和小李抬头一看，是王二虎、大年和小顺。没等他两个人张口，二虎便一步抢上来，高声地说："<u>我说啊</u>，不该死枪子就打不到他身上，你看，咱们不是又见面了吗？"（李晓明、韩安庆《平原枪声》)

(55) <u>让我说</u>，说不定这里面真的会有让什么人担心的东西。（张平《十面埋伏》)

(56) 王琦瑶说：话是对的，可你说现在谁能拿得出黄货？

长脚道：<u>要我说</u>，一百个人里至少有一个有黄货，文化大革命抄家时，有拉黄包车的都藏着几两黄金呢！（王安忆《长恨歌》)

(57) 雨翔问："什么——变化？"这句话正好掉在胡教导的陷阱里。胡教导说："<u>我说吧</u>，你们作为当事人是不能察觉这种微妙的变化的。"（韩寒《三重门》)

(58) "不破，不破"。叶瑾快着急了。已经游过 150 米的齐晖速度慢了下来，最终仍以领先第二名 3 秒多的优势触壁。叶瑾长出了一口气："<u>我说嘛</u>，世界纪录哪有这么好破的。"（《人民日报》2001 年 5 月 23 日)

例（53）、例（54）中的形式变体"依我说""我说啊"后引进的话语是受话人在引发人没有做出明确要求的情况下作出的发言，这两个形式变体发挥的是回应—引发话题的功能。例（55）、例（56）中听话人用"让我说""要我说"引发的话语是对前面发话人的积极回应，听话人对此予以配合发表了自己的意见和看法。由此可见，话语标记"要我说"回应—引发话题的功能的实现可以是被动的，也可以是主动的。例（57）、例（58）中的"我说吧""我说嘛"后引进的话语是受话人极力确认的具体内容，作为确认内容的附加成分，可以是对前文内容的复指，如例（57）中的"什么——变化"；也可以是对潜在内容的复指，如例（58）中的"世界纪录哪有这么好破的"，间接复指上文的"不破，不破"。

　　由此可见，"使役动词+我说"带有一定的主观认知义，在整个结构中，"使役动词"表示一种命令要求，"我"指向说话人，"说"指向言说动作，组合成为"使役动词+我说"是提醒对方注意自己言说的内容，这一提醒实际上是交互主观化的表现，此结构从实义词组发展到话语标记，其抽象性不断增强，从最初的行为义逐渐演化为语篇义。"说"与"想、瞧、以为、觉得"一样作为一种认知动词，其语义特征主要是［+认知］［+反映视域］，而［+认知］包含了我们对信息获得、存储、加工、传递的过程①，而认知类动词则承担反映包含这几个片段的动作。在互动交际的过程中，作为认知动词"说"的范畴特征逐渐脱落（不能被副词修饰、不能后接时体标记"着、了、过"与补语、不能重叠），从一个独立的表义实在的动词转变为一个固定结构的组成部分。张明辉提到"视域"是人类一次认知活动所达到的范围，而人们在完成这类过程时，就反映了某个或某些视域，其中承载视域的就是作为动词宾语的小句。② 由于"说"作为认知动词具有这样一种特征，反映在句法形式上即这类动词可以带小句宾语，这类动词的特点在"我说+语气词"等话语标记的形成中起到了很大的作用，也为"使役动词+我说/我说+语气词"类话语标记的形成打下了基础。

　　"使役动词+我说/我说+语气词"作为"我说"的变体形式，其形成动因离不开交互主观化与认知动词"说"的范畴化特征脱落。"我说"从主谓短语发展为话语标记是语法化的直接结果，主观化是"我说"发展为话语标记的催化剂，在话语标记发展过程中起到加速作用。在现代汉语中话语标记"我说"的使用频率显著提高，而同类型的相关变体还有许多，比如从"人称代词+说"可以分析为"第一人称代词/第二人称代词+说"如"我说、你说、我们说、你们说"，此类形式已经演化为典

---

　　① 亓文香：《汉语"情态动词+说"的话语标记化——以"可以说"的功能演变为例》，《山东师范大学学报》（社会科学版）2022年第4期。
　　② 张明辉：《认知类动词及相关句式研究》，博士学位论文，苏州大学，2008年。

型的话语标记，而"第三人称代词+说"却未发展成话语标记。"使役动词（让、依、要）+第一人称代词/第二人称代词+说"这类相关形式也已演化出主观认知义，且"我说呢""我说吧"也是话语标记"我说"后面附带语气词的形式，但"照你说"、"据你说"和"叫你说"形式依然表示言说动作义，并未有明显的主观认知义。因此，话语标记"第一人称代词/第二人称代词+说"最为核心的话语功能应是它作为话语标记的典型功能，即"元语用功能"，该类功能具体体现在语篇组织功能、语境顺应功能和人际互动功能三个层面上，还需要更深一步的探讨。

结　语

"我说"是由人称代词"我"和动词"说"组成的主谓结构，经过语法化、主观化和重新分析等过程，逐渐演变为话语标记，通常出现在话轮的开端和中间。话轮开端的"我说"主要用在引发序列中，行使设立话题的语用功能；话轮中间的"我说"全部用于应答话轮，其语用功能为延续话题和转接话题。在互动交际的过程中，"我说"通过言者主观性特征对听者彰显其认识权威，其后核心句中的人称有两种搭配模式，即"人称形式"与"人称零形式"，话语标记"我说"对后续句的选择体现了话语标记"我说"在会话活动中的语用功能。在"我说"的演变过程中，其词汇义逐渐虚化，转变为话语标记，离不开人称代词"我"对言者、听者互动关系的激活，转喻和隐喻，还有句首凸显与语义淡化等因素。"我说"的变体形式"使役动词+我说/我说+语气词"的出现也受到交互主观性与认知动词"说"范畴化特征的脱落等因素的影响。

集体叙述：非人类叙事的区域化特征
——兼及非人类叙事中的集体主体性建构

李元乔*

内容提要：在一般叙事中，集体叙述只占一少部分，但非人类叙事中包含大量的集体叙述。非人类集体叙述包括几种类型：非人类第一人称复数叙述者"我们"所进行的集体叙述；非人类第一人称单数叙述者"我"所进行的集体叙述；人类叙述者或第三人称叙述者叙述非人类故事，而带有集体倾向和集体意味的集体叙述。只要叙述以非人类为中心，往往不可避免地带有不同程度的集体意味。原因在于非人类叙事属于德勒兹所界定的"弱势文学"，非人类具有共同的身份、困境和政治需求，因此形成了共同的集体主体性。

关键词：非人类叙事；集体叙述；集体主体性；"我们"叙事

在经典叙事学观念中，叙述总是以个体为中心的。正如热奈特所说："在我眼中一切叙事无论明确与否都是'第一人称'，因为叙述者时时刻刻可以用上述代词自称。"① 但随着叙事形式的多样化和叙事学的发展，

---

* [作者简介] 李元乔 (1986—)，女，文学博士，重庆师范大学文学院讲师，主要从事叙事伦理与动物研究。

① [法] 热拉尔·热奈特：《叙事话语 新叙事话语》，王文融译，中国社会科学出版社1990年版，第248页。

人们逐渐开始注意到有一类叙事不是以个体为中心，而是以集体为中心，这就是集体叙述。苏珊·兰瑟提出："叙述过程中某个具有一定规模的群体被赋予叙事权威；这种叙事权威通过多方位、交互赋权的叙述声音，也通过某个获得群体明显授权的个人的声音在文本中以文字的形式固定下来。"① 集体叙述可以由群体进行叙述，也可以由群体中的个体进行叙述，被叙述的集体往往拥有共同的集体身份、集体价值观和集体经验。在以人类为中心的叙述中，集体叙述属于较为少见的叙事现象。然而，在非人类叙事中，集体叙述却大量存在，可以说，几乎所有的非人类叙事或多或少地涉及集体叙述、带有不同程度的集体性。这一现象的存在，使得以人类为中心的传统叙事观念有所动摇。

一 非人类作为第一人称复数叙述者"我们"的集体叙述

"我们"叙事（we-narrative），指第一人称复数"我们"作为叙述主语所进行的叙事。典型的"我们"叙事包括福克纳的短篇小说《献给艾米丽的一朵玫瑰花》、卡夫卡的《女歌手约瑟芬或耗子民族》《豺与阿拉伯人》、朱利安·巴恩斯的《偷渡客》等。这类叙事作品虽然较为少见，但随着叙事学在人称研究方面的发展，"我们"叙事也逐渐引起了叙事学家的重视。从上文所举例子可以看出，在"我们"叙事中，很大一部分叙述主体并非人类，而是非人类：《女歌手约瑟芬或耗子民族》中，叙述主体"我们"指代"耗子民族"；《豺与阿拉伯人》中，"我们"指代豺群体；《偷渡客》中，"我们"指代登上挪亚方舟的七只木蠹。非人类叙述者在"我们"叙事中大量存在这一现象并非偶然，而是与非人类叙事的集体性主体特征密切相关。

在当前叙事学研究中，已有不少研究者关注"我们"叙事这一叙事现象。有些研究者对"我们"叙事内涵的界定较为宽泛，凡是叙事中有"我们"作为叙述主语参与的都可以称为"我们"叙事；在另一些研究者

---

① ［美］苏珊·S. 兰瑟：《虚构的权威——女性作家与叙述声音》，黄必康译，北京大学出版社2002年版，第23页。

那里,"我们"叙事的内涵更为狭窄,只有叙事主体部分由"我们"担任叙述者的文本才能称为"我们"叙事。

无论是广义的还是狭义的"我们"叙事,关键都在于"我们"指代的是谁。莫妮卡·弗鲁德尼克认为"我们"总体上有两种所指,一种是包容性所指,即"我"+"你",也就是叙述者+受述者;另一种是排他性所指,即"我"+"他"/"她"/"他们",也就是叙述者+其他人。① 通过弗鲁德尼克的观点可以看出,无论是哪种所指,"我们"必须包含"我","我们"的叙述以第一人称叙述者"我"为核心并向外扩展。尤里·马戈林认为:"'我们'实际上处于叙述发出者角色(我)和第二人称、第三人称角色(非我)之间的一个中间位置。"② 布莱恩·理查森的看法和马戈林类似,"我们"的位置在第一人称和第二、第三人称之间。这三位学者的观点有共同性,"我们"中,首先包含了"我";然后是其他人,既可以加入和"我"共同进行叙述的说话者,也可以不参与叙述或叙述交流。而贝赫塔认为,"我们"的指代有三种情况。第一种情况是在第一人称单数叙述中,主要由"我"来叙述,有时会出现"我们",此时"我们"指代叙述者"我"和其他人。第二种情况是"我"和"我们"交替出现,时而叙述个体的想法和感受,时而叙述群体共同的想法和感受。第三种情况主要由"我们"进行叙述,"我们"作为叙述主体,指代整个群体。在贝赫塔看来,只有第三种情况才能被称为"我们"叙事。③ 也就是说,她将叙述主体是集体视为"我们"叙事的充要条件,而非第一人称叙述者"我"。

从以上几种代表性的"我们"叙事研究可以看出,研究者的共识在

---

① Monika Fludernik, "The Category of 'Person' in Fiction: You and We Narrative-Multiplicity and Indeterminacy of Reference", in Greta Olson, Monika Fludernik, eds., *Current Trends in Narratology*, New York: de Gruyter, 2011, pp. 100–141.

② Uri Margolin, "Telling Our Story: on 'We' Literary Narratives", *Language and Literature*, Vol. 5, No. 2 (May 1996), p. 116.

③ Natalya Bekhta, "We-Narratives: The Distinctiveness of Collective Narration", *Narrative*, Vol. 25, No. 2 (May 2017), p. 164.

于,"我们"的指代在"我"和"非我"之间滑动,处于中间地带。分歧则在于,有人认为"我们"叙事与集体密切相关,有人认为"我们"叙事首先要包含作为个体的"我",而集体性则或有或无。那么,当"我们"作为集体时,能否存在一种没有个体性只有集体性的"我们"叙事,也就是全然"非我"的叙事呢?

对这一问题的回答,与"我们"叙事的叙述逻辑的理解密切相关。当"我们"作为叙述者时,既要叙述"我们"的动作、行为、习惯,也要叙述"我们"的思想、感受、体验。对于读者来说,前者是非常自然的叙述,但后者似乎有越界之嫌,也就是热奈特所说的"赘叙"①。为什么当"我们"的叙述涉及心理活动、思想和感受的时候,会出现"赘叙"呢?

事实上,"我们"作为第一人称复数的叙述者,难免具有和第一人称叙述者"我"一样的局限性。马戈林认为:"在任何'我们'的心理行为描述中,都不可避免地将直接的第一人称内部知识与第二或第三人称推理知识结合起来。"② 由于我们无法看到他人的思想,对他人的心理活动只能根据他人的言行进行推断。不同于"我们走在路上"这类可以从观察点外部观察到的行为,也不同于"我们一贯喜欢退缩"这类根据经验总结出来的习惯,感受和思想是内在的,只能属于"我"以及"我"对群体中其他人的假设。因此,当"我们"以一种确定的口吻描述"我"和他人的内心世界时,必然会使读者认为叙述者叙述了本不该知道的内容。对于弗鲁德尼克、理查森等理论家来说,这种描述他人思想的"我们"叙事是非现实、非自然的,违反了自然叙事的逻辑。

---

① 热奈特在《叙事话语》中,提出赘叙这一概念,认为这是一种叙事中出现的违规现象,"提供的信息量比支配总体的聚焦规范原则上许可的要多"。赘叙往往发生于"在一般以外聚焦处理的叙述过程中闯入人物的意识……也可以表现为对非焦点人物的思想或焦点人物不可能见到的景象提供次要的信息。"[法] 热拉尔·热奈特:《叙事话语 新叙事话语》,王文融译,中国社会科学出版社1990年版,第133—135页。

② Uri Margolin, "Telling Our Story: on 'We' Literary Narratives", *Language and Literature*, Vol. 5, No. 2 (May 1996), p. 132.

但贝赫塔以一种不同的方式理解这类叙述他人内心世界的"我们"叙事。她反对将其视为"非自然"叙事，认为确实存在一种集体化的"我们"叙事，不会破坏现实的自然叙事规约，也不会形成对第一人称认知限制的越界或"赘叙"。同时贝赫塔也认为，形成这种情况的条件是很苛刻的："叙事要创造出这样一个完整的'我们'叙事者，而不是一个群体中的'我'叙事者，就必须在结构和主题方面为其诞生创造条件。"①事实上，贝赫塔的结论是有条件的正确：在人类叙事中，这种集体性的"我们"叙事确实是很少见的；然而，在非人类叙事中，"我们"叙事天然就形成了集体性叙述。

> 虽然我们在心里琢磨着别的事，根本不单单是为了聆听歌唱才保持悄然无声，有的听众根本不抬头看台上，而是把脸埋进邻座的毛皮里，约瑟芬像是在台上白费力气，但她的口哨声——这是不可否认的——必定还是多多少少钻进了我们耳中。②

在卡夫卡的小说《女歌手约瑟芬或耗子民族》中，常常涉及"我们"的心理活动。虽然小说中偶尔也会出现个体的"我"，但绝大部分时间是"我们"在叙述。如果将"我"视为"我们"的代言人，就会认为上面描述"我们"内心世界的话语形成了赘叙。因为"我"一旦成为代言人，就意味着"我们"被拆分成"我"和其他人，那么"我们"的叙述不过是第一人称叙述者"我"的一种扩大化，仍然是以"我"为核心的叙述。"我"的叙述涉及他人的心理活动，就越界形成了赘叙。但"我"真的是群体的代言人吗？

很容易看出卡夫卡选择"我们"进行叙述的原因："我们"这个耗子

---

① Natalya Bekhta, "We-Narratives: The Distinctiveness of Collective Narration", *Narrative*, Vol. 25, No. 2 (May 2017), p. 164.
② ［奥地利］卡夫卡：《卡夫卡小说全集（Ⅲ）·中短篇小说》，韩瑞祥等译，人民文学出版社2003年版，第115页。

民族在民族性上具有高度的一致性和从众性。"我们"民族具有如下特点："我们"的生活危机四伏，人口众多，我们生活得十分艰辛。"我们"既孩子气又暮气沉沉，既冲动又可靠务实，"我们"不适宜欣赏音乐，却对约瑟芬的口哨趋之若鹜。"我们"的行动高度一致，"我们"的思想也高度一致，"我们"不免怀疑约瑟芬的口哨是否真的是音乐，又绝不会公开质疑这一点，反而真心崇拜约瑟芬。然而，"我们"又不愿意承认约瑟芬的口哨是艺术。虽然"我们"死心塌地地崇拜约瑟芬，但约瑟芬不愿意唱歌后，"我们"又迅速将她遗忘。"我们"民族的习惯、性格、想法和行为都是集体化的和一致的。

作为偶尔出现在叙述中的第一人称单数叙述者"我"，则表现得毫无个性。"我常常思索，这种音乐究竟是怎么回事。我们根本没有音乐细胞；我们怎么会理解约瑟芬的歌唱，或者至少自以为——因为约瑟芬否认我们的理解——理解了。"①"可我认为完全不是这样，我没有这种感觉，也没有觉察到别的听众有这种感觉。我们私下里相互坦率地承认，约瑟芬的歌唱并无不同凡响之处。"② 这两处是文本中不多的第一人称单数叙述者"我"的现身。可以看出，"我"同"我们"保持了高度的一致，"我"的思索就是"我们"的思索，"我"的感觉就是"我们"的感觉。因此，在卡夫卡的这篇小说中，"我们"并不存在"我"这个中心，而仅仅是以"我们"的集体性为叙述主体的。

因此，在理解以上"我们"的心理活动时，不应将其视为越界或赘叙，而是由集体叙述者进行的合理叙述。在这种"我们"叙述中，"我们"作为集体被认识，具有集体性的知识、信仰和伦理观念，"我们"不需要被代表，"我们"就是以集体主体性的身份进行叙述。正如马戈林所说："显然，没有体现群体的个人，就不可能有群体，但群体可以而且确

---

① ［奥地利］卡夫卡：《卡夫卡小说全集（Ⅲ）·中短篇小说》，韩瑞祥等译，人民文学出版社2003年版，第110页。
② ［奥地利］卡夫卡：《卡夫卡小说全集（Ⅲ）·中短篇小说》，韩瑞祥等译，人民文学出版社2003年版，第110页。

实具有只属于整体层面的属性。"① 因此，如果将"我们"视为集体，当"我们"在想、在看、在感受的时候，叙事依旧是合理的，没有打破自然叙事的逻辑。

在朱利安·巴恩斯的《偷渡客》中，故事主体的叙述者也是"我们"。但这个"我们"的指代不似《女歌手约瑟芬或耗子民族》那样固定，而是不停地在主体间游移。"一天早上，我们醒来发现，法拉第的船从海平面上消失了，连同五分之一的动物王国一起消失了。"② 这里的"我们"指的是船上的所有旅客，包括人和动物。"接着，他们旋紧了舱盖，我们全都开始学着适应黑暗、禁闭和臭味。"③ 这里的"我们"指的是挪亚方舟上的所有动物。"我们就是这种情况，所以只好偷渡。"④ 这里的"我们"指的是木蠹。由于"我们"的指代不明，读者必须仔细分辨"我们"究竟指代小说中的哪些人物。可以说，作者故意模糊"我们"的指代，这让集体的边界也变得模糊。木蠹这个群体是最小的，挪亚方舟上的动物的群体包含了木蠹，而船上的所有旅客——挪亚、挪亚的儿子儿媳等人类和动物们——则包含了动物。作者将这三个集体放置在一个空间里，就形成了他们既有共同又有差异的命运。木蠹群体本没有上船的资格，由于它们体型小，它们偷渡上了船，藏在木头里目睹了一切，保全了性命。船上的动物群体挤在狭小的船舱里，受到挪亚一家的残暴统治，很多动物死于人类之手。船上的所有旅客群体都是在上帝的怜悯下，没有死于洪水而是保全了性命，在人类的美化下，形成了"患难与共"的宏大叙事，进入《圣经》流传至今。"我们"作为叙述主体，在

---

① Uri Margolin, "Collective Perspective, Individual Perspective, and the Speaker in Between: On 'We' Literary Narratives", in Willie van Peer, Seymour Chatman, eds., *New Perspectives on Narrative Perspective*, Albany & New York: State University of New York Press, 2011, p. 241.

② [英]朱利安·巴恩斯：《$10^1/_2$世界史》，林本椿、宋东升译，译林出版社 2010 年版，第 5—6 页。

③ [英]朱利安·巴恩斯：《$10^1/_2$世界史》，林本椿、宋东升译，译林出版社 2010 年版，第 6 页。

④ [英]朱利安·巴恩斯：《$10^1/_2$世界史》，林本椿、宋东升译，译林出版社 2010 年版，第 7 页。

这三个指称中流动，但始终没有脱离集体。

　　小说的开头部分，是由第一人称单数叙述者"我"进行叙述的，"我们"逐渐替代了"我"的位置。这种方式避免了给读者造成自己也是"我们"中一员的错觉，使读者自始至终都处在"我们"的受述者的位置上。这篇小说的受述者"你们"存在于话语中，和"我们"相对。"你们甚至不承认挪亚的真正本性，他是你们的元祖，虔诚的父王，坚定的保护主义者。"①"你们这一族也不太会说真话。你们老是健忘，或者装成这样。"② 由此可见，"你们"指的是挪亚以后的所有人类种族。正如苏珊·兰瑟所认为的，集体叙述的受述者和个体叙述的受述者不同，个体叙述的受述者是"一个作为虚构人物的叙述对象"③，集体叙述的受述者则是"一个在虚构故事'以外'的叙述对象，即被类比为历史的读者"④。《偷渡客》的受述者正是试图回溯历史，想要冲破历史的迷雾、探寻真相的人类。

　　由此可见，在非人类叙事的"我们"叙事中，"我们"所进行的叙述都是集体叙述。在叙述中，"我们"逐渐建构了一种主体性，不同于以往第一人称叙述者的个体主体性，而是一种集体主体性。"我们"具有共同的思想、感受、信仰、行为习惯和集体特征，我们面对共同的处境，进行共同的选择。"我们"中即便有"我"，"我"也不过是集体中的一员，"我"的一切都和"我们"保持一致，没有给"我"的个性化留出空间。在非人类叙事中，"我们"叙事是一种"非我"叙事，"我们"只作为集体而存在，这不仅仅关乎叙事策略，也同非人类叙事本身带有的集体性密切相关。

---

　　① ［英］朱利安·巴恩斯：《$10^1/_2$世界史》，林本椿、宋东升译，译林出版社2010年版，第25页。

　　② ［英］朱利安·巴恩斯：《$10^1/_2$世界史》，林本椿、宋东升译，译林出版社2010年版，第25页。

　　③ ［美］苏珊·S. 兰瑟：《虚构的权威——女性作家与叙述声音》，黄必康译，北京大学出版社2002年版，第17页。

　　④ ［美］苏珊·S. 兰瑟：《虚构的权威——女性作家与叙述声音》，黄必康译，北京大学出版社2002年版，第17页。

二 非人类作为第一人称单数叙述者"我"的集体叙述

事实上,要想在叙述中体现集体意味,并不一定总要由"我们"担任叙述者才能成立。苏珊·兰瑟在《虚构的权威——女性作家与叙述声音》中,将叙事声音总体上分为三类:"作者型声音"(authorial voice),指一种"异故事的""集体的并具有潜在自我指称意义的叙事状态"①;"个人型声音"(personal voice)指"有意讲述自己故事的叙述者"②;以及"集体型声音"(communal voice)指"或者表达了一种群体的共同声音,或者表达了各种声音的集合"③。兰瑟对"集体型声音"的探讨,开集体叙述研究的先河。

并非任何群体都是兰瑟语境下的"集体","集体"一般指的是在历史上或现今社会地位较低、较边缘化的群体。这是因为叙事中的声音其实是意识形态冲突的场所,和主体权威密切相关。叙述主体天然具有权威性,因而往往由男性和白人占据,这也使得叙述主体的声音具有这样一种意味。而当弱势群体(女性、被殖民群体、非人类群体等)占据叙述主体时,势必要采取一些手段确立自己的叙述权威、挑战传统白人男性的叙述权威,集体叙述就是手段之一。兰瑟进一步区分了三种集体型声音,分别是"单言"(singular),即叙述者是群体的代言人;"共言"(simultaneous),即由第一人称复数"我们"作为叙述主语;以及"轮言"(sequential),即同一群体中的个体轮流发言。从兰瑟的界定中可以看出,只有"共言"才由第一人称复数"我们"进行叙述,"单言"和"轮言"的叙述者都是个体。但"单言"和"轮言"的叙述者之所以不同于"作者型"和"个人型"的叙述者,是因为他们更具有集体化特征,

---

① [美]苏珊·S. 兰瑟:《虚构的权威——女性作家与叙述声音》,黄必康译,北京大学出版社2002年版,第17页。
② [美]苏珊·S. 兰瑟:《虚构的权威——女性作家与叙述声音》,黄必康译,北京大学出版社2002年版,第20页。
③ [美]苏珊·S. 兰瑟:《虚构的权威——女性作家与叙述声音》,黄必康译,北京大学出版社2002年版,第22页。

而非个性化特征,作者很多时候故意消除叙述者的个性,这使得叙述者身份明显与人物身份相分离。正如兰瑟所说:"集体型叙述者需要背离自身故事的叙事手法,这种偏离微不足道,但也十分重要。因为,叙述者固然保持'第一人称'叙事的句法,但她们的文本却避开以私人化声音为特征的个人性质标记,因此也就避免在叙述者和主人公之间划等号。"① 由于已有的个体化叙事话语大多以男性为中心,弱势群体也需要创造自己的叙事话语,增强凝聚力和集体性。因此,集体叙述既是对所处群体主体性的一种建构和强调,也是对男性中心主义、白人中心主义的反抗和驳斥。

继兰瑟之后,马戈林在《用复数讲述》一书中对集体叙事进行了界定:"如果一个集体叙述者担任主角,那么这个叙述就是集体叙事。因此,标准叙事与集体叙事的区别在于颠倒了个人与集体叙述者之间的通常比例。并不是每一个个体的集合(如左拉的《群众》)都有资格成为集体叙述者。集体必须作为一个多元主体或'我们'群体行事,能够形成共同的群体意图并共同采取行动,才有资格成为集体代言人。"② 因此,如果一个叙述者在行动上和集体保持一致、在行为意图上和集体保持一致、在叙述上叙述集体的故事,这个叙述者就可以被视为集体叙述者。由于人类长久以来的叙述传统都是将个体作为叙述的中心,这种一致性在以人类为中心的叙述中并不多见。但在非人类叙事中,很多非人类第一人称叙述者是集体叙述者。

石黑一雄的小说《莫失莫忘》采用第一人称叙述者"我",叙述了在黑尔舍姆封闭式寄宿学校中一群少男少女的命运。叙述者是学生中的一员,女孩凯西。叙述者细致入微地叙述了凯西和她的两个好友——露丝和汤米——三人间的友谊和情感纠葛,学生之间的矛盾、冲突和同窗之

---

① [美] 苏珊·S. 兰瑟:《虚构的权威——女性作家与叙述声音》,黄必康译,北京大学出版社 2002 年版,第 274 页。
② Uri Margolin, "Collective Perspective, Individual Perspective, and the Speaker in Between: On 'We' Literary Narratives", in Willie van Peer, Seymour Chatman, eds., *New Perspectives on Narrative Perspective*, Albany & New York: State University of New York Press, 2011, p. 591.

谊，学生和老师之间的崇拜—敌对的复杂关系，他们的课程和艺术活动，呈现了一个乌托邦式的校园生活。但随着叙述者叙述的推进，读者会发现，这些学生都是克隆人，他们生命的目的就是为人类提供器官。等到这些学生长大成年，如果受到召唤，就必须躺到手术台上献出自己的器官，生命也就宣告结束。正因为这样一种非人类的身份，小说虽然是以凯西为叙述者，但她并不是个人叙述者，而是克隆人集体的代言人。

在凯西的叙述中，呈现了他们总是进行集体性的活动：按时健康检查、展销交换活动、拍卖会、艺术创作等。离开了校园，他们也以集体的方式生活在一起。在捐献中心捐献器官的时间里，捐献者和护理员都是克隆人。他们的共同行动、共同生活增强了他们的联系，使他们紧密联结在一起成为一个群体。当然，叙述者也叙述了众多性格各异的人物，但这些人物个性只是增强了这个集体的多元性，而丝毫没有削弱集体性。因为形成集体性的关键，在于他们共同拥有"克隆人"的身份，这使得他们面对着同样的处境。叙述者无处不在暗示他们拥有"克隆人"这个共同的身份：学校不仅禁止学生吸烟，甚至禁止学生接触一切与吸烟有关的图片、书籍，因为他们必须确保内脏健康；学生对自己的未来会进行畅想，有的学生以后想当演员，有的学生想成为白领，有的学生想去超市工作，但被老师告知这些都无法实现，等等。在学生的身份和命运慢慢展露的过程中，每一个展现的时刻都是对集体性的一次建构。

让"克隆人"群体集体性呈现更彻底的，是穿插在叙述中的人类。当露丝以为自己见到了自己的克隆"原型"时，所有克隆人都产生了共同的想法，跟他们一样的人过着他们永远难以企及的生活，他们的一生都是为人类所准备的。而在凯西和汤米去申请延迟捐献时，校长艾米丽小姐告诉他们这个消息是假的："从来都不是真的。甚至在茂宁代尔丑闻爆发之前，哪怕在黑尔舍姆还被当成是指路明灯的时代，那时我们被看做是朝着更人道、更美好的方向前进的范例，即便在那时候，这说法也不是真的。这一点最好讲清楚。这只是一种美好愿望的谣言。仅此而已。

噢，亲爱的，是不是取柜子的人来了？"①艾米丽小姐的这段话打破了他们延续生命的最后希望，但即便在这样的时刻，她仍没有忘记有人要来取走她的柜子。而艾米丽小姐已经是人类中最人道、最关心克隆人命运的人了。这一叙述呈现了极大的讽刺性：对于人类来说——无论他们是否关心克隆人、是否了解克隆人——克隆人永远不是人类。正是人类对克隆人的态度界定了他们"非人"的本质，由人类所规划的边界，创造了克隆人的共同特征，将克隆人置于共同的处境之中，促生了克隆人共同的政治需求，建构了克隆人的集体性。

由此可见，非人类叙事中叙述者"我"的个体主体性和权威地位值得质疑，"我"应当是整个集体中的一员。如果将"我"视为个体，就失去了非人类叙述的意义和价值。非人类所进行的集体叙述，呈现了非人类的处境，自然提供了政治性的表达，也让读者参与到反思和批判人类中心主义的过程中。非人类叙述者对集体主体性的建构，打破了传统叙事中以个人主体表达为核心的叙事观念，将集体主体性置于叙事的中心位置。

三 人类叙述者或第三人称叙述者进行的非人类集体叙述

我们已经知道，由非人类叙述者进行叙述，无论是个体叙述者还是集体叙述者，都呈现出了一种集体叙述的面向。然而，除此之外，即便是由人类叙述者或第三人称叙述者进行叙述，在非人类叙事中，非人类也常常以集体的身份出现。

弗鲁德尼克提出，集体可以从三个叙事学维度进行探讨。第一个维度是行动（情节层面的群体行动）。第二个维度是思想或态度（持有共同观点和共同态度的群体）。第三个维度是叙述（作为共同作者和共同叙述者参与叙述的群体）。②因此，即便叙述者是人类或第三人称叙述者，只要在行动上和思想态度上体现出群体性，依旧可以认为具有集体意味。

---

① [英] 石黑一雄：《莫失莫忘》，张坤译，上海译文出版社2018年版，第290页。
② Monika Fludernik, "The Many in Action and Thought: Towards a Poetics of the Collective in Narrative", *Narrative*, Vol. 25, No. 2 (May 2017), p. 141.

在叙事中，作者以个性化为目的塑造人物，因此人类人物往往是个体化的；而非人类叙事中的非人类人物，则常常不自觉体现出集体意味。如吉卜林的《莫格里的兄弟们》中写到狼爸爸的动作："树丛的枝条簌簌响了起来，狼爸爸蹲下身子，准备往上跳。接着，你要是注意瞧他的话，你就可以看见世界上最了不起的事——狼在向空中一跃时，半路上收住了脚。"① 狼爸爸是个体的非人类人物，但对其动作的描述并不仅属于这个个体，而是属于狼族群共同的动作。尤其在引用的后半段，叙述者指称人物不再用"狼爸爸"或"他"，而是用"狼"这个指代整个种族的名称。这就使得在受述者那里，叙述者叙述的不仅仅是个体的"狼爸爸"的故事，而是具有代表性的狼集体的故事。其原因正如德勒兹所说："狼首先不是一个特征或一些特征，它是一个狼群。虱子是一个虱子群……等等。"② "任何动物首先就是一个集群，一个群体。与其说它拥有特征，还不如说它拥有的就是集群的模式，尽管仍有必要对这些模式进行进一步区分。"③ 也就是说，当我们看到动物或非人类个体时，我们所看到的特征其实是属于群体的。叙述者所叙述出的非人类特质，也是一种群体性特质，来源于集体经验。在非人类叙事中，有几种具体表现。

第一，叙述者以非人类的种族名称来称呼非人类人物。在非人类叙事中，叙述者常常不称呼非人类人物的名字，而代之以族群名称。如托尔斯泰的小说《霍斯特密尔》中的老马霍斯特密尔虽有名字，也仍然被叙述者称为"骟马"。有相当多的作者不给自己的非人类人物起名字，只称呼它们为"狗""熊"等，如卡夫卡的《一条狗的研究》、福克纳的《熊》。与此同时，非人类叙事中的人却始终保持着个人身份，如在海明威的《老人与海》中，老人名叫圣地亚哥，而鱼则是"大鱼"。

---

① ［英］吉卜林：《外国中短篇小说藏本·吉卜林》，文美惠、任吉生译，人民文学出版社2013年版，第160页。
② ［法］德勒兹、加塔利：《资本主义与精神分裂（第2卷）：千高原》，姜宇辉译，上海书店出版社2010年版，第336—337页。
③ ［法］德勒兹、加塔利：《资本主义与精神分裂（第2卷）：千高原》，姜宇辉译，上海书店出版社2010年版，第337页。

在布尔加科夫的小说《狗心》中，名字叫作沙里克的狗是叙述者之一。但当小说中的另一个叙述者——第三人称叙述者——的叙述涉及沙里克时，仍然称呼其为"狗"。因此，在狗叙述的时候，个体的狗难免被忽视，而将其视为狗族群。虽然狗的形象被塑造得十分鲜活，但其行为仍然饱含集体性："狗常常后腿直立，奉承地咬着他的上衣，狗还把菲利普·菲利波维奇的铃声琢磨透了，听到接连两下响亮的、有主人气派的铃声，便汪汪叫着飞一样跑到前室去迎接主人。主人一步跨进门来，玄狐皮大衣上闪耀着千万朵晶莹的雪花，浑身上下散发出橘子、香烟、香水、柠檬、汽油、花露水和毛料的气味，他的声音犹如通过指挥官的话筒一样立即传遍整套住宅。"① 这显然不仅仅是作为个体的沙里克的感受，而且传达了狗族群的表现和特质。然而，当狗被教授移植了人的脑垂体之后，对它的称呼就改变了，起初恢复使用沙里克的名字，后又称为"沙里科夫"。成为沙里科夫之后，他的语言、行为和思考模式都体现出个性化的特点：流氓、无赖、粗俗、好色。对于当前的社会改革，他既不同意教授的做法，也不同意无产者的观点，而是认为"把东西拿来，大伙匀着分分就妥了呗"②，他讽刺教授"一个人住七个房间，有四十条裤子"③，却不愿意承担他在教授家居住的花销，也不愿意赔偿他给教授家造成的损失。这鲜明地体现了沙里科夫作为人的个性化特征：他既不愿意成为像教授那样传统的知识分子，也不愿意成为真正的无产阶级，而是打着平均主义的旗号，两头占便宜。沙里科夫和小说中的其他人物一样，具有鲜明的个性化特征。一旦角色从非人类转变为人类，其集体化的色彩就消失了。

第二，叙述者在叙述非人类身体行为时，往往叙述的是非人类群体共同的身体行为。当叙述者在呈现数个非人类的身体行为时，常常呈现出一种身体的联动性："……看到三条庞大的黑野兽，又长又笨重，几乎

---

① [俄] 布尔加科夫：《狗心》，戴骢译，浙江文艺出版社2010年版，第125—126页。
② [俄] 布尔加科夫：《狗心》，戴骢译，浙江文艺出版社2010年版，第172页。
③ [俄] 布尔加科夫：《狗心》，戴骢译，浙江文艺出版社2010年版，第172页。

是圆柱形的模样,就像是黑的大油槽车,在飞快地穿过开阔的草原的另一头的边缘。它们飞快地跑着,脖子是直僵僵的,身子也是直僵僵的;它们伸出了脑袋飞奔的时候,他可以看到它们脑袋上那一对向上翘的、宽阔的黑犄角;脑袋一动也不动。"① 作者海明威用同样的语言描述这三头野牛,它们行动一致,拥有共同的身体行为,它们的外形、动作、姿态全都一样,充满了原始的生命力。它们生命结束的方式也完全一致:麦康伯和其助手威尔逊坐着汽车撵那群野牛,从车上开枪把它们打死,只是为了证明其勇气和男子气概。

第三,非人类叙述呈现出非人类群体的联结网络。德勒兹和加塔利曾在《千高原》一书中提出"根茎"的概念来说明集体的生态模式,当非人类集群运动起来的时候,根茎的样貌就呈现出来了。厄休拉·勒古恩在《比帝国还要辽阔,还要缓慢》中,描述了典型的根茎式集群——4470号行星上的森林。这个星球除了森林什么都没有,它们相互联结在一起,组成一个网络:"那些树枝,附着的藤蔓,树木之间相互连接的根须:它们肯定都能传递某种电化学冲动。更确切地说,这里并没有单个的植物。就连花粉都是这个网络的一部分,毫无疑问,依靠风力漂洋过海,传播信息。"② 当考察队降落到这个星球时,他们感到恐惧,尽管他们只接触了森林的末梢,却将这种恐惧经由末梢传递给了如同神经网络般的整个森林。于是森林形成了一个巨大的恐惧场,足以将一切进入其中的人类吞噬。这个非人类集群没有思考、理性、语言,只有情感、力量和强度。正如德勒兹所说:"集群,集团,麇集,种群,这些不是低级的社会形式,它们是情状、力量、缠卷,它们将所有的动物带入一种生成之中,此种生成与人和动物之间的生成一样有力。"③ 对于这样的集群

---

① [美]海明威:《短篇小说全集》上册,陈良廷等译,上海译文出版社2004年版,第34页。
② [美]厄休拉·勒古恩:《寻获与失落》,周华明等译,河南文艺出版社2022年版,第39页。
③ [法]德勒兹、加塔利:《资本主义与精神分裂(第2卷):千高原》,姜宇辉译,上海书店出版社2010年版,第339页。

网络而言，它们无法分离、无法孤立，牵一发而动全身，没有任何地方可以让人类躲藏。消除恐惧的唯一办法就是成为这个集体的一部分，因此，考察队中的共情者向森林"投降"，全然不抵触地接受森林的一切情绪，并投入其中，最终被森林所接纳，森林归于平静。

结　语

总体来看，非人类叙事是非人类"集体主体性得以想象、建构并赋予集体声音的场所"①。非人类集体叙述采用对抗、融合和区分的总体策略。在人称上，集体叙述通过复数人称"我们"来构建集体性，通过单数"我"来代表集体性，通过制造对立（我们／他们）来强调集体性。在话语上，集体叙述通过使用族群名称呼非人类个体来突出集体性，通过描述非人类身体的群体性行为和集群网络来呈现集体性。这种表述行为的群体性配置使得叙述脱离了个体主体性的领土，走向了集体，在联结中使集体的强度增大了。因此，无论是怎样的非人类叙事，都或多或少地传达了非人类集体的声音。

非人类叙事中之所以有如此丰富的集体意味呈现，是因为非人类叙事是一种"弱势文学"。德勒兹提出了"弱势文学"的三个特点："弱势文学不是用某种次要语言写成的文学，而是一个少数族裔在一种主要语言内部缔造的文学。"② 非人类叙事虽然叙述的是非人类的生活和故事，却是用人类语言写成的，包含在人类语言的内部。"弱势文学的第二个特点是一切均与政治有关。"③ 在非人类叙事中，由于非人类天然所处的"非人"处境，其谋求生存和生活的方式必然带有政治性。"一切都带上

---

① Natalya Bekhta, "We-Narratives: The Distinctiveness of Collective Narration", *Narrative*, Vol. 25, No. 2 (May 2017), p. 164.
② ［法］德勒兹、迦塔利：《什么是哲学》，张祖建译，湖南文艺出版社2007年版，第33页。
③ ［法］德勒兹、迦塔利：《什么是哲学》，张祖建译，湖南文艺出版社2007年版，第34页。

了群体价值，这是弱势文学的第三个特点。"① 非人类的弱势地位，使得一切都与集体性相关，即便是个体，也只有在集体中才能获得价值，个体间的差异并未让个体获得个体性，而是为集体提供了多元性。

  阅读非人类叙事，是一种成为集体性个体的方式。人往往被困于个体主体性的身份中，而非人类叙事是一种破坏"我"及其边界的方式，成为—非人类正是一种想象进入集体的方式。对于非人类来说，个体并非与群体对立，个体寓于集体之中，个体以集体的方式生存。因此，非人类叙事打破了"我"的个体主体性，打破了"我"与"非我"，主体与客体的二元对立，令"我"融入集体中寻获集体主体性，成为—他者，成为—非人类。成为—非人类，与其说是对个体主体性的放弃，不如说是对集体主体性的获得，身体的界限被打破，产生了流动，因此，成为—非人类是一个去领土化和领土化的双重过程。在这个过程中，旧有的人的个体化边界被打开，新的集体化、多元化领土形成。人类在理解非人类集体叙事的过程中，意识到非人类身上发生的事情就是人类身上发生的事情，非人类和人类之间的差异就是人类内部的差异，意识到人类内部的非人类他者，反思人类中心主义。

---

① ［法］德勒兹、迦塔利：《什么是哲学》，张祖建译，湖南文艺出版社2007年版，第34页。

区域与地方的对话

主持人语

主持人：张光芒

主持人语：

对于区域而言，地方是无法绕开的参照物，从某种角度而言，区域文学与文化就是需要不断与地方进行某种比较性对话，方能继续发展，进而不断前行。本栏目正是基于这种考虑，选择了四篇针对地方叙事的论文，试图深化有关对话。

张光芒、王冬梅的《忧患意识的凸显与"城乡中国"的心灵镜像——近期江苏长篇小说创作综论》对于2022年以来的江苏籍作家的长篇小说创作进行了宏观审视，从民族国家命运、城乡之间、个体价值等概述了这些长篇巨制的努力方向。田沂霖、金浪的《捍卫正常生活的空间书写——王安忆〈上种红菱下种藕〉的小镇叙事》通过分析王安忆的小说《上种红菱下种藕》中的小镇空间及其特殊性，展示了对于日常生活的特别肯定。

华海燕的《明清川东地区民俗信仰新探：以寺庙为中心》以寺庙的杂糅性为切入点，分析了川东地区在明清时期民俗信仰的特殊性，也即三教合一进而融通于世俗生活。

杜二敏的《记忆的区域化：童年乐园的回溯性书写——〈从百草园到三味书屋〉的空间记录分析》，不仅展示了记忆与区域的关联度，而且通过分析记忆在区域之中生成，为记忆研究的区域化研究带来了一定的启示。

忧患意识的凸显与"城乡中国"的心灵镜像*
——近期江苏长篇小说创作综论

张光芒　王冬梅**

内容提要：就近期江苏长篇小说而言，有相当数量的文本聚焦近现代中国命运的历史书写，它们集中关注辛亥革命以来的民族国家命运，透过城市创伤史、乡村革命史、英雄成长史等不同艺术路径深入开掘了近现代中国革命战争经验的丰富面向。与此同时，还有不少长篇小说作家在"城乡中国"的当代视野中对于作为民族文化根柢的乡土投去深情的一瞥：他们或者在城市化浪潮中重点观照改革开放以来的乡村经济结构转型及农民文化心理转型；或者以充满怀旧情绪的艺术后撤姿态去呈现传统村庄由衰颓而终至没落的阵痛过程；又或者以强烈的生态意识去反思城市文明急剧膨胀所带来的种种欲望化后果。在不断向内求的价值诉求下，对于个体心灵的关注，对于个体价值的肯定就构成了2022年江苏长篇小说的重要叙事方向之一，这些长篇小说文本要么以"向后转"的叙写姿态去发

---

* [基金项目] 国家社会科学基金重大项目"中国百年文学大系整理、编纂与研究（1900—2020）"（项目编号：22&ZD271）、江苏省社科基金一般项目"新世纪江苏长篇小说文化谱系研究"（项目编号：22ZWB006）。

** [作者简介] 张光芒（1966—　），男，博士，南京大学中国新文学研究中心教授、博士生导师，主要从事中国现当代文学思潮与文化研究；王冬梅（1986—　），女，博士，江苏第二师范学院副教授，主要从事中国当代文学思潮研究。

掘传统文化的当代情感价值，要么以"向内转"的叙事方向去重建时代洪流中的个体心灵价值。

关键词：江苏长篇小说；忧患意识；城乡中国；个体心灵

作为 21 世纪最为醒目的文学风景，长篇小说以其开放的文体意识将其他文学体裁的叙事优长都一一涵纳在自身之中，不仅建构起"多语体、杂语类、多声部"的恢宏语言景观，也在叙写历史的长度、发掘人性的深度以及回应现实的力度等方面释放出其他文体所难以企及的审美爆发力。纵观新世纪文学版图，江苏长篇小说不仅创造了独具地方文化意蕴的审美经验，也在江南文脉和现代文化的双重滋养下成为当代中国书写的中坚力量，更在"世界文学之都"的城市身份加持下一跃成为优秀民族文化对外传播交流的重要媒介。2022 年以来，江苏长篇小说创作主体涵盖了从"40 后"到"90 后"的各年龄层作家，其中尤以"50 后"作家和"70 后"作家的长篇小说创作最为突出，这支极具多元性和创造性的作家队伍依托长篇小说的话语体式去谱写文学审美之"诗"，通过建构"城乡中国"的丰富镜像去探究民族国家之"史"，进而在忧患意识的浸淫下缓缓开启现代文明和人性文化之"思"。

一 革命战争风云与民族苦难记忆的双向涤荡

别林斯基将长篇小说称为"我们时代的史诗"①，巴尔扎克则将小说视为"一个民族的秘史"②，不管是"时代"，还是"民族"，它们都潜在地决定了长篇小说内在的艺术规定性，那就是以总体性、宏大性、开阔性的艺术视野和长篇小说的诗性话语去探照历史记忆、时代经验、民族命运等重大课题。就 2022 年的江苏长篇小说而言，有相当数量的文本聚焦近现代中国命运的历史书写，它们集中关注辛亥革命以来的民族国家

---

① ［苏］别林斯基：《别林斯基论文学》，梁真译，新文艺出版社 1958 年版，第 179 页。
② 陈忠实在《白鹿原》扉页上引用了巴尔扎克的这句名言："小说被认为是一个民族的秘史。"陈忠实：《白鹿原》，人民文学出版社 1993 年版。

命运，透过城市创伤史、乡村革命史、英雄成长史等不同艺术路径而深入开掘了近现代中国革命战争经验的丰富面向。

叶兆言的《仪凤之门》（《收获》2022年第1期）和房伟的《石头城》（《十月·长篇小说》2022年第3期）不约而同地钩沉起民国南京的跌宕命运，在饱蘸人文忧思的城市挽歌中咏叹历史兴衰的沧桑之变。继《南京传》《南京人》等非虚构创作之后，叶兆言再度为"生于斯长于斯"的六朝古都南京谱写了一部跌宕起伏的《仪凤之门》，将独具南京历史文化底蕴和地域文化风采的明城门纳入审美范畴，并成功地塑造了仪凤门这座独具南京特色和南京风韵的审美地标。作为横贯古今、沟通中西的"历史中间物"，仪凤门不仅见证了近代革命风潮以来南京底层民众的唏嘘人生，也见证了现代飓风来袭之后南京城市命运的历次重大转型，而混杂着梦想、希望、困顿、痛感、忧虑的现代性体验则依托仪凤门这样一个包蕴万象的时空体喷薄而出。不管是六朝烟水汽氤氲下的个体人生，还是革命权力频频更迭下的城市命运，它们都在看似向上的生长路径中呈现出进化式的生命轨迹，却又都始终难以驱散来自传统与现代、东方与西方彼此撕扯时所带来的文化痛感。

相较于《仪凤之门》的"国都前史"书写，《石头城》则将叙事时间聚焦"国都陷落"这一重大民族历史时刻，以少年巽丰及其家族的起落沉浮去管窥民族国家命运。早在2007年，房伟就在纪实性作品《屠刀下的花季：南京1937》一书中关注了南京大屠杀这一民族历史悲剧中的童子军群体，通过这些花季少男少女的生命陨落来钩沉历史细节、控诉战争暴行、镌刻民族记忆。长篇小说《石头城》无疑是民族历史记忆与个体创作经验的又一次文学延伸，它以直面民族疮痍的叙述勇气为抗战中的南京树碑立传，也以独具个性的写作风格丰富了新世纪抗战文学的艺术谱系，同时还为当下日益盛行的"城市传记热"这一创作思潮增添了一个极具症候性的城市样本。《仪凤之门》《石头城》以敏锐的触角去探寻南京的历史源流，以日常生活的细枝末节去再现南京市民的心灵世界，并尝试以此抵达南京的城市精神："不是抽象的符号，不是概念化的归纳,也不是上层社会的高蹈,而是这种带有人间烟火气的烟水气质,构成了南京城鲜活生动的内在肌理。"① 此外,丁叶在近三十万字的《戏马》(江苏文艺出版社 2022 年版)中全景再现了近代徐州长达半世纪的革命斗争风云,不仅以充满质感的笔触勾勒了自清朝以降的城市政治历史影像,也以富含人文情怀的口吻慨叹着徐州底层民众的哀乐疾苦。

中国近现代革命的发生与现代工业城市的崛起有着天然的因缘,然而,革命火种得以形成燎原之势却是与广大乡村密不可分的,乡村革命史在中国革命经验史中占据必不可少的一环。作为乡村革命史的文学表达,张新科的《江山》(江苏凤凰文艺出版社 2022 年版)、施向平的《横沟纪事》(北京燕山出版社 2022 年版)、赵峰旻的《红滩涂》(北京燕山出版社 2022 年版)、朱璟秋的《茶洲记》(浙江工商大学出版社 2022 年版)等长篇小说展现了 20 世纪三四十年代江苏乡村民众在压迫中背负苦难、在革命中走向反抗、在斗争中拥获新生的历史浮世绘。在将乡村民众革命推向历史舞台中心的同时,这些长篇小说也特别注重民间视角与地方路径的融通与拓深,不仅透过鲜活生动的民间经验建构了"以人民为本位"的革命历史观,也依托丰富多元的地方路径开掘了江苏大地气韵丰饶的地域文化。由之,从苏北平原到东台滩涂、从阳羡茶山到太湖之畔都被统摄进江苏作家的审美视域之中,而这种极具地域风土人情的个性化写作试图建立起俯仰天地、气吞山河的时空美学,也在异彩纷呈的地域文学谱系中发掘着江苏历史文化的丰富内涵。

在这幅以近现代中国革命战争为核心旨归的文学全息图景中,不管是城市创伤史的深描,还是乡村革命史的嗟叹,都难以规避各式各样的革命英雄的形象塑造。作为家国危机语境中的理想人格化身,这些长篇小说中的革命英雄通常将救国利民奉为终极信仰,要么在大群小己的价值观念冶炼下主动化身为普罗大众的积极代言人,要么以杀身成仁的牺牲精神去全力实现"道成肉身"的革命理想。在王桂宏笔下,"上将军"

---

① 张光芒:《南京:南北交汇与文学之都》,《江苏地方志》2023 年第 5 期。

赵声也是这样一位具有典型意义的辛亥革命元勋，近六十万字的《赵声将军》（现代出版社2022年版）以小说笔法钩沉历史史实，依托丰富的民国生活细节和细腻的人物情感心理，巧妙实现了历史真实感与艺术生动性的融会贯通。

面对波诡云谲的民族革命战争，真正优秀的小说家自然不满足于沦为宏大历史的留声机或传声筒，而是致力于去发现只有小说才能发现的人性秘密，即在审美和人性的双重标尺下全面建构真正熔铸主体情思的历史现场。正是在回归审美、回归个体的艺术涓流中，"特别党员"这一人物形象序列才得以逐步浮出历史地表，不仅丰富了革命英雄的多元面孔，也诠释了革命精神的复杂内涵，进而以还原历史纵深的叙事姿态而超越了扁平又刻板的宏大历史叙述。不管是陈建波《天色将晚》（作家出版社2022年版）中的肖也，还是王琦《归队》（江苏人民出版社2022年版）中的黑五，都是迥异于一般共产党员的无名英雄，他们只能以隐匿身份的方式潜伏在敌人内部，然而日益严酷的政治斗争却常常将他们抛入无名化甚至污名化的苦难深渊。在《归队》中，被指认为国民党走狗的地下党员黑五不仅在1949年前遭到民众的唾弃和其他党员的鄙夷，而且在1949年后的历次重大运动中也反复遭到清算。地下党员黑五长达半世纪的归队之路所勾连而出的正是一部充满个体关怀的"人的历史"：它从政治断代史的封闭自足中破框而出，不仅以个体生命全史去反观民族历史长轴，同时也在超越意识形态的叙事追求下完成了对于政治历史的重构与反思。

二　乡土命运变迁与现代文明忧思的双向弥散

循着现代性的跨世纪召唤，现代中国无疑经过了一场漫长的革命跋涉，并在思想启蒙的驱策下逐步踏上制度现代化、经济现代化、文化现代化的民族探索之路，而极富本土文化底蕴的"乡土中国"镜像也在历经了一次又一次的现代性洗礼之后越来越多地显现出"城乡中国"的文化面孔。不过，随着现代城市文明的急剧膨胀，越来越多的作家开始以回望乡土、重返乡土的叙事姿态重建"城乡中国"的乡土命脉。如研究者所言:"在乡土中国发生深刻变化的当下,'新乡土文学'需要重新认识和反映乡土。前现代、现代和后现代的价值冲突在乡土中国表现得非常激烈,需要在中国式现代化理论中加以整合。"① 在2022年的江苏文坛上,就有不少长篇小说作家在"城乡中国"的当代视野中对于作为民族文化根柢的乡土投去深情的一瞥。总体说来,2022年江苏长篇小说作家在书写乡土命运变迁时大体有以下三种常见艺术路径:第一种是在时代主流话语中谱写当代乡村新气象,重点观照改革开放以来的乡村经济结构转型及农民文化心理转型,最终在当代视野中建构起新时代新乡村的蓬勃发展图景,如《源乡》《流转》《大湖儿女》《串场河》《明天会更好》等;第二种是以个体记忆、个体命运为主线,以充满怀旧情绪的艺术后撤姿态去呈现传统村庄由衰颓而终至没落的阵痛过程,如《独自生长的村庄》《槐》等;第三种则是以强烈的生态意识去反思城市文明急剧膨胀后所带来的种种欲望化后果,而作为自然化生存方式表征的乡村则由之被塑造成疗愈心灵危机、呵护精神家园、重建内心信仰的诗性空间,如《直溪》《寂静的太阳湖》等。

与前几年创作的《一叶知秋》相比,《源乡》(百花洲文艺出版社2022年版)在反映生活的深广度上显示出大踏步前行的足迹,实现了生命痛感、现代理性与历史真实的多元交融。仅从题目来看,季玉的《源乡》无疑带有强烈的"新乡土"写作的自觉意识,小说以"我"的成长过程为主体视角,围绕苏北平原一个村庄三代农民的命运浮沉,串联起20世纪70年代至当下这40余年的城乡变迁。小说以主人公的生命痛感体验这里发生的一切,以现代理性观照、思考这里发生的一切,以追根究底的现实主义精神挖掘这一切背后的真相,特别是真实背后的真实。经过一层又一层刨根问底式的挖掘,小说综合性地写出了在这个原始欲望与乡村伦理并存的世界中,人们的生命存在是如何的艰难和顽强,又

---

① 王尧:《乡土中国的现代化叙事——从乡土文学到"新乡土文学"》,《中国社会科学》2023年第9期。

是如何在麻木沉沦与自我改变中走向未来。

与《源乡》中的程家宝有着极为相似的经历，王清平《流转》（《钟山》2022 年长篇小说 A 卷）中的马大成也是在高考落榜后进城打工，有所区别的是，马大成在打拼成功后毅然放弃城市的优渥生活转而投身家乡牛毛山的旅游开发事业。《流转》以牛毛山脚下改革开放以来两代农民的生活为背景，以第二代农民工马大成等从留守儿童到高考失利再到往返于城乡之间打拼和成长为主线，颇有新意地反映了新时代农民思想情感的转型和嬗变。"流转"之语既出自土地流转政策，又凸显主人公在城乡之间奔波流转之意，更隐含着一代社会主义新人从"摆脱农民身份"到"下决心踩代"和反哺乡村的命运抉择。小说情节曲折紧凑，结构精巧严谨，人物鲜活丰满，富有浓郁的乡土气息和鲜明的时代性。

此外，陈进的《大湖儿女》（南京出版社 2022 年版）和蒋琏的《串场河》（《钟山》2022 年长篇小说 B 卷）也都将叙事重心聚焦到改革洪流中的山乡巨变之上，前者叙写了苏北淮阴天鹅湖畔普通农民朱守正一家两代人的成长、奋斗故事，而后者则在串场河流域撤县设市的时代背景下极具戏剧性地呈现了瞬息万变的人心浮动。作为为数不多的工会题材长篇小说，梁弓的《明天会更好》（江苏凤凰文艺出版社 2022 年版）同样高度关注着新时代"乡村振兴"这一重大命题，小说主人公桑向阳始终将大运河和宝林寺视为精神家园，青年干部李一鸣则因热爱乡村生活而甘愿扎根"桃源村"，他们笃行不怠的奋斗目标则在于通过建立乡村人才库来真正助力当代乡村振兴。由之，新时代的"桃源梦"已然被赋予全新的价值内涵，它像传统社会的"桃源梦"一样全力追逐怡然自乐的乡村生活，却又必须走出偏安一隅的区域阻滞和文化闭塞，而是以开放的文化胸襟、对话的文化姿态去全面促成人的发展。

如果说，"在突围中前进"式的当代乡村命运书写与时代主流话语构成同频共振的话，那么，极具个人化色彩、布满怀旧情绪的乡村书写则打开了另一种想象乡土中国的方式。周荣池的《独自生长的村庄》（《小说月报·原创版》2022 年增刊第 1 期）在长达百年的历史长河中去刻写库万年一家三代人飘忽不定的命运遭际，而辛禾的《槐》（上海文艺出版社2022年版）则以童年回忆的叙事视角再现了大别山麓张老庄近半个世纪的苦难命运。不管是《独自生长的村庄》中的南角墩，还是《槐》中的张老庄，它们都在历尽苦难和艰难蜕变之后一步一步走向被拆迁的历史命运，关于村庄的记忆在城市化浪潮的席卷之下也一点一滴弥散无踪，而在"消失的村庄"背后则凝结着作家对于失落的传统乡村文明所投注的无声伤悼与无限深情。诚如有研究者所指出的那样："对于失去田园牧歌乐园的低回惆怅风格的描写，我们应该站在抵御现代文明在其发展过程中留下的人性创伤的角度，去理解那种'沉思的消遣'者内心深处的精神高地，给这样的抒写留一片辽阔纯净的天空。"①

面对滚滚来袭的城市化浪潮，因"消失的村庄"而触发的怀旧情绪并不能阻挡村庄消失的进程，它的艺术触角更多地伸向过去，但在述及当下时难免流露出思想价值的疲软与无力。从这个层面上来说，举凡立足于当下城乡结构中的国民心理探微就显示出弥足珍贵的叙事意义，它在城乡文明的双重视野中反刍城市化浪潮所带来的种种欲望化后果，并希冀在回归乡土、重返自然的生态理想呼吁中重建人类的精神家园。代表性作品有储福金的《直溪》、姜耕玉的《寂静的太阳湖》等。

《直溪》（《钟山》2022年第5期）描绘了宋正明从省城到乡镇的外放之旅，这无疑是一场返璞归真的灵魂重生之旅，它不仅帮助主人公重建了"简单而实在"的生活形式，更使他在复归大地的自然空间中逐步恢复了作为城市困兽所全然丧失的原始生命感觉，而极具象征意义的"直溪"由此也被塑造成疗愈当代城市病的诗意空间。小说着力去刻画一位与时间同在的成长中的知识分子的心路历程，同时也是一位肉体在场的知识分子的心路历程，而通过这一"肉体在场"的知识分子的心路历程去探讨人的存在之谜，人的生命存在之谜。小说中有一个叙述关键词，即"封禁"，多次出现。"封禁"有禁忌之含义，包括个人禁忌、社会禁

---

① 丁帆：《面对乡土 如何选择——从作家对乡土文学的观念视角谈起》，《当代作家评论》2023年第1期。

忌，在小说中也带有柏拉图那个著名的"洞穴之喻"意象，那种遮蔽和被遮蔽、蒙蔽和被蒙蔽的哲学内涵。

在飞速运转的世界里，脆弱的生命与自然、孤独的个体与人类到底应该如何共处，这不仅仅是人们必须重新探讨的理论话题、哲学论题和时代性命题，也成为每个个体都必须重新追问的现实问题、生存问题和灵魂问题。也正是在这样的时代语境中，姜耕玉的《寂静的太阳湖》（青海民族出版社 2022 年版）应运而生。小说既写出了索南达杰理性觉醒的过程，也细腻地刻画了他精神信仰的生成过程。他理性地认识到可可西里藏羚羊群及整个生态是否能守好，是影响整个人类存在的重大问题，更重要的是他油然而生出一种无比神圣的敬畏感。小说以感人至深的笔触描写了他面对遍野尸体跪下，内心也随之产生了一种深深的"负罪感"，而这种负罪感更进一步赋予了主人公以"受难者"形象的内涵。从非虚构作品《可可西里，我为你哭泣》出发终于在《寂静的太阳湖》的审美世界中施展身手的艺术结构得以最终建构，一个被重新发现和创造的审美形象——"忧患之子"——得以诞生并屹立起来，而"可可西里在哭泣"的生态主题，随之也升华为更为深邃的生命意识和当代精神。

三 个体情感面向与时代精神谱系的双向询唤

当追逐现代性越来越多地被肢解为推崇速度、追逐效率，个体的欲望也随着现代社会的高速运转而急剧膨胀，不管是日趋物化的世界，还是愈显工具化的人，它们都隐含着工具理性之于价值理性的压倒性优势，而物性对于灵性的压抑也使得越来越多的当代人不自觉地陷入心灵危机。尤其对于后疫情时代的文学写作而言，凸显个体心灵、重建情感依恋，重构文化支撑的审美探索变得更加紧要而迫切。在不断向内求的价值诉求下，对于个体心灵的关注、对于个体价值的肯定就构成了 2022 年江苏长篇小说的重要叙事方向之一，这些长篇小说文本要么以"向后转"的叙写姿态去发掘传统文化的当代情感价值，要么以"向内转"的叙事方向去重建时代洪流中的个体心灵价值。前者试图借助传统器物为江南文化赋形，进而在道技之辩中重建个体心灵的道德律令，主要作品有《广陵散》《云步》《大唐琴缘录之歌吹广陵》等；后者则致力于在时代洪流之中凸显个体价值，在主流叙事之中彰显个体人心，主要作品有《深海夜航》《大博弈》《半级天梯》《西出》等。

  郭平的《广陵散》（江苏凤凰文艺出版社 2022 年版）虽为古琴题材，却又并非泥古之作，而是借助古琴这一独具江南文化气韵的重要物象来深度还原当下社会的内在缺失以及当代知识分子的心路历程。在小说中，不管是学院派，还是民间派，他们共同缺失的都是"性情的真挚"。对于当代学院派知识分子周明来说，朝向民间高人的寻琴、访琴之旅究其本质而言正是寻"情"、访"情"之路。发现、重读《明子日志》的漫长过程，也正是为了将琴谱背后所掩埋的那一段亘古情感托出历史地表，而由此所衍生的《琴史》的写作则是横贯古今的情感话语多方对话的直接产物。此外，抒写性灵、讴歌性情在葛芳的《云步》（中国言实出版社 2022 年版）中也得到了淋漓尽致的艺术再现，小说不仅虚构了同玄古镇这一极具江南文化韵致的诗意空间，也精雕细琢了一幅以古琴评弹、唱戏喝茶为日常旨趣的地域风情画，而在其背后则掩藏着以精致消解粗俗、以无为稀释功利、以性灵反抗物欲的叙事追求。一如"90 后"作家品章在《大唐琴缘录之歌吹广陵》（漓江出版社 2022 年版）中借助杜牧之口所反复叩问的"技道之辩"，小说中的杜牧一再告诫养女杜晓月不仅要苦练琴技，更要擢升琴道，这里所言之"道"不仅指向个人的道德品性与修为，也涵盖了博爱众生的人道主义情怀。毫无疑问，"道"乃是对一切技艺之人的最高要求，它以由外而内、推己及人的价值路径呼唤着器物与情感的统一、自我与他人的统一以及个体与世界的统一。

  结合上述小说来看，不管是"情"的凸显，还是"道"的要求，它们不仅指向对于个体心灵的内在重构，同时更主张借助内心道德律令的重建来重新恢复与生活、与他人、与世界的对话能力。除了发掘传统文化的当代情感价值外，还有不少作家始终坚守在书写当下的艺术道路上，要么立足于关注时代洪流中的个体命运，要么痴迷于在主流叙事话语中去发掘个体人心。

周梅森的《大博弈》（作家出版社2022年版）在工业变革的时代浪潮中放声疾呼着"中国制造"的民族梦想，不仅真实再现了民族机械工业在结构转型与产业升级的实际进程中所遭遇的种种挑战与考验，也成功塑造了新时代改革者孙和平这一动人艺术形象。不管是面对北机，还是置身汉重，孙和平都始终未能摆脱"深陷重围"的切身体验，毫不夸张地说，在改革的重大关头，他总是力排众议、力挽狂澜的孤独者和前行者。面对体制与市场，管理部门与工人群体之间的种种冲突或矛盾，他总是能够大胆突破禁忌、从不畏惧威权，从而显示出"敢为天下先"的叛逆者风骨。正是从这个意义上来说，孙和平堪称新时期以来改革小说人物画廊中独具魅力的"这一个"。徐建华的《半级天梯》（《钟山》2022年长篇小说B卷）同样带有强烈的行业小说特色，它将艺术的笔触伸向高深莫测的金融业，而银行行长、国际金融诈骗等博人眼球的元素也天然地带有挥之不去的新鲜感和吸引力。

作为对援疆群体的审美关注，老云的《西出》（上海文艺出版社2022年版）突破了一般官场小说的审美惯性，在援疆这样一个重要的时代场域之中充分挖掘个体的情感与价值。小说在充满边疆风情的话语氛围中细致再现了援疆人的日常生活、工作状态，同时也以"不溢美、不扬恶"的克制笔触完整勾勒了援疆人的复杂内心及情感需要。作为扬州第七批援疆干部，人到中年的周弈因与盐城少女小汐的忘年恋而陷入舆论旋涡进而被抹杀了一切援疆功劳，然而，两人却冲破世俗陈规勇敢相爱，并以扎根边疆支教的方式而无声诠释了何谓真正的援疆人。《西出》较可贵的探索之处在于，它在还原时代主潮和主流话语的话语进程中，既没有压抑个体的情感自由，也没有剥夺个体的选择权利，而是在个体与主流之间努力调和并找寻到第三种可能。

除了行业经验、群体经验之外，对于当代人普遍生存经验的关注同样具有不容忽视的叙事意义，朱文颖的《深海夜航》（《钟山》2022年长篇小说A卷）即在书写普遍生存经验的维度上显示出独特的审美价值。

小说起于一场"极端未知"的大流行病，蓝猫酒吧一众人等也在经历了惶惑、忧虑、恐惧、孤独、猜忌等种种情绪情感体验后最终分崩离析。原本统一、完整的外部世界图景在未知和恐惧的发酵下无声碎裂，而大流行病语境中的人们再度被抛向"混沌未开"的创世纪之初。小说中的欧阳教授喜爱抄写各类词条，与失序化的世界及空心化的个体相比，词条无疑表征着另一种截然相反的话语方式：它简洁、客观且富有理性。作为嵌套文本而存在的各类词条恰是欧阳教授试图在失序的世界中重建秩序，在麻木的个体心灵中重构生命感知，在摇摇欲坠的家庭结构中重建情感依恋的语言通道。作为后疫情时代的典型文本，《深海夜航》所展示的恰是当下社会的生存困境与心灵困境，它虽然既无法追溯灾难发生的缘由，也难以指明灾难化解的出路，却通过情感结构、家庭结构乃至社会结构的震荡与溃散将当代人的惶惑与迷失和盘托出。弗洛伊德在分析文明及其不满的时候，曾这样论及文明进程中的秩序："秩序是一种强制性的重复，当一条规则被永久性地确立时，秩序就决定一件事应在何时、何地以及如何去做。"[①] 这番话对于置身混乱失序的当代人来说不无启示意义，对于个体而言，心灵一旦失序便极易诱发情感危机，而对于人类来说，世界一旦失序则极易触动文明危机，重建秩序由此在个体和世界的双重维度上显示出不容忽视的价值意义。秩序的建立实乃源自人类文明缘起之初对于自然规律的模仿，而呼吁当代人重建秩序则意味着对于自然规律这一永恒法则的皈依，强调以合乎自然规律的本质理念来统领人类社会并由此获得行动的力量。

结　语

随着忧患意识的不断凸显，江苏长篇小说作家们愈加注重对于个体心灵的托举、对于情感价值的肯定以及对于生态理念的呼唤，这与《寂静的太阳湖》中的索南达杰所怀抱的忧虑和敬畏有着异曲同工之妙。如

---

① ［奥］西格蒙德·弗洛伊德：《论文明》，徐洋、何桂全、张敦福译，国际文化出版公司2007年版，第87页。

果说《孟子》所言"生于忧患，死于安乐"尚主要给人以政治道德的启迪，那么尼采《快乐的科学》中所谓"去同时面对人类最大的痛苦和最高的希望"，则道出了个体英雄之伟大的根源，而索南达杰们正是为人类而"愧疚"而"负罪"。可可西里的太阳湖终究回归寂静，但人类生命所依何去何从的追问，却不啻振聋发聩的"高原呐喊"。整体而言，2022年度的江苏长篇小说呈现出视点下沉、笔锋内转的叙事趋向，越来越多的作家意识到轻浮的语言炫技、空洞的形式实验、无根的想象狂欢都将大大贬抑长篇小说的艺术生命力，他们将叙事视点下沉到生活和时代的实处，穿透生活和历史的坚硬表面而直抵人心文化的柔软内核，最终在"下沉"和"内转"的叙事驱动下获得长篇小说话语的审美活力和思想光彩。

概言之，新世纪江苏长篇小说为当下文学创作提供了富有个性化、地域性和创造性的书写经验，这些风格迥异的长篇小说作家各自开凿出植根本土的地方路径，而这些千差万别的地方路径则共同建构起言之无穷的文学地理诗学。笔者曾在一篇文章中表达过这样的观点："文学创作中地方路径的文学史价值远远高于文本所蕴含的普遍价值或现代性意义，后者是概念化的，前者却是鲜活的；后者是可以想象和屈指计算的，前者却是细微到存在的每一个毛孔中去的，是不可复制的。"① 面对"仍在进行中"的新世纪文学，除了臧否审美价值之外，我们同样不能忽略这些文学文本的社会学意义以及思想文献价值。即是说，在"写得如何"这一审美价值评判之外，我们仍然需要进一步思考的是"写了什么"以及"为什么这样写"。如果说，"写了什么"维系着新世纪作家对于"当下"的理解和发现的话，那么"为什么这么写"则要求研究者能够拨开新世纪文学文本的纷繁表象而深掘时代思想的本质。唯有充分认识到新世纪文学的当代性价值以及现象学意义，才能在文学话语的抚慰或冲击下更为深刻地理解我们的生活以及我们的时代。

---

① 张光芒：《论地方路径与文学史的重构》，《当代文坛》2020年第5期。

捍卫正常生活的空间书写

——王安忆《上种红菱下种藕》的小镇叙事

田沂霖 金 浪[*]

内容提要：王安忆的创作呈现出鲜明的空间叙事特征。在其《上种红菱下种藕》中，连接传统与现代两种异质文明的中间地带——小镇空间，以殊异于城乡的强烈"过渡性"得到了关注和书写。作者将目光投向江南小镇的混融形态，通过秧宝宝的足迹将诸多子空间串联为兼容并蓄的"小镇统一体"，在空间叙事中描绘出农耕社会受工业文明初步冲击的特殊样态，并借由人与空间的互动展示了一种"合理"生活方式的形成。这种面向生活本身的艺术，乃是王安忆针对现实问题，通过文学传递出的一种思考路径与解决方案：回归"人"的需要，而非使生活成为"发展"意识形态的附庸。

关键词：王安忆；《上种红菱下种藕》；小镇；空间叙事；生活

引 言

时间与空间是人、事、物的基本存在形式，也是叙事现象的组成要素。自 19 世纪中后期到 20 世纪以来，现代科技和工业的进步刷新了人们

---

[*]［作者简介］田沂霖（2001— ），女，重庆大学中文系硕士研究生，主要从事中国现当代文论与文艺批评研究；金浪（1982— ），男，重庆大学中文系教授，主要从事中国现当代美学、文论与文艺批评等研究。

对物质和时空的认知，"距离"被不断缩短，越来越集中的空间划分着人们的生活。这种来自空间的影响特别反映在20世纪西方的现代主义文学作品中，"顺序"常常被"并置""同在"的空间所取代。随着空间意识的凸显蔓延到众多学科领域，自20世纪后期开始，批评理论也出现了"空间转向"。

在中国，到20世纪80年代，许多小说家也在线性叙事的基础上寻求突破，开始尝试空间叙事。王安忆的创作以独具特色的空间书写见长，空间不仅是背景因素，而且直接参与到叙事中，塑造人物形象，推动情节发展，甚至成为叙事的目的。她笔下最典型的空间应数都市上海，从空间角度出发的研究也多聚焦于此。相比《长恨歌》等作品，学界对《上种红菱下种藕》的关注并不多。这部作于21世纪初的小长篇，主体内容皆在描绘"小镇"，似乎是对城市书写的偏离。但王安忆提到，她的写作从最初以来就是两个地方，一个是其所熟悉的上海，另一个是不太熟悉的，插队落户的农村、生活过的内地小城，或者偶然去过的地方，等等，并没有突然而起的关心。[①]

当前已有的研究，主要评价《上种红菱下种藕》为一部"成长小说"[②]、"现代化"的寓言，认为细碎绵密的叙事之下是现代化过程中传统文明的湮灭[③]；或言成长疼痛后暗藏着对现代文明摧毁自然的担忧与无奈。[④] 王德威视该书为"前青春期的文明小史"，指出伦理的变动与地理的变动必须相提并论，小地方是对上海的迂回书写，显示出时间之外的空间视角。[⑤] 马静也以该书为例，对王安忆小说中的空间转换进行了阐

[①] 参见王安忆《王安忆说》，湖南文艺出版社2003年版，第251页。
[②] 参见王心君《新世纪王安忆小说的现代忧思与表述——以〈富萍〉、〈上种红菱下种藕〉及〈遍地枭雄〉为例》，《安徽文学》（下半月）2012年第5期。
[③] 参见蒋涛涌《现代化的一个寓言——王安忆近作〈上种红菱下种藕〉析》，《安徽农业大学学报》（社会科学版）2003年第4期。
[④] 参见孙姝、解亚珠《现代文明侵袭下的成长与疼痛——王安忆〈上种红菱下种藕〉简析》，《佳木斯教育学院学报》2011年第3期。
[⑤] 参见王德威《前青春期的文明小史》，《读书》2002年第6期。

述。① 然而，目前的相关讨论中，还罕有专以"空间"为切口关注"小镇"，经由空间意象分析，展开文本"空间性"研究的论述。这也是本文择此选题的重要原因。

其实，《上种红菱下种藕》空间叙事的核心意涵，于书名已可见端绪。留守在农村老屋的公公将"状元呑有个曹阿狗……买得个溇，上种红菱下种藕"②的歌谣传唱给世人，其背后所关联的正是广袤的农耕社会空间。"上"和"下"意指水土空间的方位，而"红菱"与"藕"被各依其本性安放在适存之处。那带着熟稔与亲密排布作物的手，是农民的手，更是精耕细作之经验的手。对万物和谐、物我相宜的体认与追求，早已在漫长的传承赓续中深深镂刻进人们心里，融合成一种源于自然和传统的生命哲学，即使在已部分脱离农业生产的小镇生活中，仍然构成了最核心的精神底色。值得关注的是，该书的写作主体是小镇，然而，小镇中很多的"溇"已经被污染得不能再"上种红菱下种藕"了。在工业化、城镇化、现代化的进程中，小镇是农村的未来，城市是小镇的未来，这样一部写当下与未来的书，却以一幅在一定程度上已经湮没于历史的农耕文明图景来命名。由此，自然与人文相互适应的"合理"空间结构及生活方式在城市化倾轧下的生存困境、在时代浪潮下的发展方向，便有待"回到空间"以寻求答案。

一 城乡之间的过渡地带：小镇空间的混融形态

空间既是可感知的实体空间，搭建起人物活动和情节发展的基底，也是一种可意象化的情感空间，承载着特定环境内人物与外界的互动及情感认知。在《上种红菱下种藕》中，不同空间的并置和嵌套，使叙事呈现出一种空间性结构。小镇包容着这些空间千形万状的物质形态，也涵蓄其中人与空间、人与人交往互动的社会联系与情感体验。

---

① 参见马静《王安忆小说中的空间转换——以〈上种红菱下种藕〉为例》，《青春岁月》2011年第12期。

② 王安忆：《上种红菱下种藕》，南海出版公司2002年版，第56页。

(一) 街道

华舍镇的街道有新老两种，而面貌截然不同。"……老街，破烂，朽败，又所剩无几，则隐约流露出原先的依水生存的面目。走进老街，眼前就换了画面，许多颜色都褪去了，褪成黑白两色。笔触呢，变得细和碎，而且曲折。"① 老街的店铺，多是剃头店或卖米、卖水靴的杂货铺；走过的人们担着桶去挑鉴湖水，有了河边的呼喊与水声，街道才略显热闹。可见，老街还能提供和承载的，唯有素朴的衣食所需和古老的劳作方式。

在此意义上，新街则满足着年轻一代对生活新的需求和欲望，见证着现代化建设的巨大力量。"新街显得不恰当的宽阔。平展的水泥路面，白森森的，没有一点遮阴，两边的房屋也因此变得低矮了。车辆轰隆隆地从新街驶过，车尾卷起一层层灰尘。……新街边上，有一些厂房，气派可是要比田间的那些大得多。"② 经过现代工业的锻造和雕琢，新街展现出工业化与市场经济下的全新图景。它才勃兴不久，勤勉之余，还带着些功利和浮躁的气息。工业进步，商业革新，外乡人带着异地文化涌入，小镇上的生活习惯与消费观念也不断转变。人与空间新的互动方式就这样逐渐形成。

老街自历史而来，又将隐没于新的历史之下；新的道路不断向现代、富裕铺展，却也不免被泛起的灰尘蒙蔽。其实，两条街道都是人适应和改造生存空间而开辟的，异质文明邂逅更迭的浪潮推动着它们相遇，争夺，交接使命，又渐行渐远。新街和老街所象征的现代空间和传统空间之间的张力是文本重要的叙事动力，主人公秧宝宝正是在这样新与旧的推拉中不断游走、探索。

(二) 工厂

除了新街上的大型厂房，小镇中更多的是水泥建构的田间工厂，往

---

① 王安忆：《上种红菱下种藕》，南海出版公司2002年版，第19页。
② 王安忆：《上种红菱下种藕》，南海出版公司2002年版，第7页。

往被作者排布在远景画面当中。因为只有站在更远的方位观察，才能愈加明晰地感受到，那些高度同质化、随处可见、昼夜不息的工厂，已经坚决而普遍地介入了小镇，成为一切劳动与休息的背景板，深刻影响着小镇的空间与生活。

工厂是现代工业力量征服小镇的成果，使小镇由原本偏向自然的状态向工业化、商业化和城市化的方向跃出了极大一步。社会形态的变化也带动了产业群体结构的变化，农业人口出走或转型，工商从业者持续增多，又基本局限于工厂和街道场域。于是在小镇中，人与土地的裂隙不断加深。

虽然利益当前，工厂对小镇生态的破坏却不容忽视。除了生产中的工业污染，经济效益在提升生活水平的同时，还致使大量白色垃圾堆积在小镇地区最常见的"断头河"——"溇"中，造成恶劣影响。触目皆是的污染成为一种警示，人与自然和谐共生的合理生活正在工业文明的倾轧之下走向破碎。而要重新找到适宜的方式，首先应"站远一步"，关注未曾注意或被习以为常的生活背景板，将被侵占和毁坏的空间悉数纳入眼中，从而对"发展的背面"有所意识。

（三）店铺

随着城镇化的发展，小镇的商业更加活跃，书中着意描述的店铺主要有两家，即"小小影楼"和"闪亮画廊"。小小影楼带来了"这小镇子古往今来首屈一指的摩登"，[①] 却只引起了短暂的轰动，于是又转而卖起小商品。可见，过分的新鲜与时尚，在小镇人民的眼中是华而不实的；对于大多数人来说，消费的目的仍是实实在在的生活需要。闪亮画廊也有着相似的命运。秧宝宝寄宿家庭中的女儿闪闪创业开店，但最初的热闹过后，生意依然不景气。那些"艺术品"并非生活的必需，且在逐新的氛围下，传统艺术更显得"不合时宜"。然而，闪闪开拓的新娘化妆业

---

① 王安忆：《上种红菱下种藕》，南海出版公司2002年版，第47页。

务却给画廊和影楼都带来了新的商机,人们先化妆再拍照,不厌其烦地穿梭于这两处空间,则是因其更好地满足了小镇人民心中对美的期待与追求,"这小镇子,其实是善感的,并不像它表面上那样务实"。①

发生在这两间店铺中的故事,深层的内核仍然是小镇及其居民真正的生活需要——不是太过超前的,也不是已经"过时"的,须在中间寻找一处微妙的平衡,同时能激发一点对生活、对自我新的热情。小镇的精神始终是踏实而又向上的。

(四) 镇碑

镇碑不仅是地理空间,更是一个典型的社会空间,是各种社会性元素的关系建构,物质与精神两个维度的交集与互动;既是一种产品,又是一种作用力。② 它不仅标志着小镇的存在,还演变成一个户外人群聚集地,给一切阶层、身份、年龄、地区的人们提供了交错相遇的场所,人们的生活和命运在这个公共空间得到连通与融合。

收工后的夏夜,打工人多到镇碑乘凉。在这里,"外地"是他们共同的来处。他们操着不同口音,讲述茶余饭后的奇闻轶事,分享惺惺相惜的隐晦情绪。白天标刻着小镇本土属性的石碑,在夜晚俨然成为外乡人群聚往来的"飞地",凝结着各个地区地理、历史和文化特征的因子,在这里都能找到痕迹,五湖四海的空间特别是乡土空间,由此有了一种隐秘而特别的联系。而当本镇青年一同加入时,小镇便在娓娓道来的故事述说中进一步向他们敞开了包容的怀抱。

镇碑是外来务工者获得社交温度与心理慰藉的重要空间,他们在唏嘘感慨中暂时卸去了疲惫和紧张,带着轻盈的心,与小镇本身构建起更高层次的精神联系,在这个对他们而言的"异乡"寻到了一种合理而有

---

① 王安忆:《上种红菱下种藕》,南海出版公司 2002 年版,第 234 页。
② 参见[美]菲利浦·E. 魏格纳《空间批评:地理、空间、地点和文本性批评》,[英]朱利安·沃尔弗雷斯编著《21 世纪批评述介》,张琼、张冲译,南京大学出版社 2009 年版,第 244 页。

益身心的业余生活。

（五）庙殿

宗教是民间尤其是乡村地区人民精神生活中不可忽视的一部分，宗教场所在小说叙事中亦发挥着重要作用。张溇的庙为菩萨戏提供了戏台和道具。菩萨戏是演给菩萨的谢神祈福戏，也是神人共乐的戏，融合着佛教意味与民俗文化，反映出小镇人民精神信仰的一个侧面。与之类似的还有包殿里的拜神活动。包殿供奉包公，"外面看起来黑洞洞的，里面却是红光融融的世界"，壁龛中的小神像"有八仙；有罗汉；有三国里的刘备，关羽；水浒里的宋江，晁盖；还有本地绅士徐文长，又有不知哪一路的五通神"①。很多非传统意义上的"神仙"，也如殿中的主神包公一般，因为"在人间做了这样多的好事"②而得到仙籍，领受祈愿。人们的祭拜于是也成为对向善精神的涵养。

即使在基督信徒身上，除了宁静与安详，也未有明显的宗教特征。小镇中的宗教空间及活动并不受严格的教规理论约束，其所蕴含的是高度融入民俗而契合当地人民生活与心理的宗教文化；异构的宗教终究归于同质，因为那只是小镇人民实现生活之善好的不同精神路径。对于他们而言，正是菩萨戏的民间演绎、包殿的敬香祈祷在潜移默化地塑造着心中的民族认同、历史领悟与价值导向。

社会主义现代化建设正在高歌猛进，但在其思想文化还无法浸透的最基层的乡镇，那些"信仰"形式下对历史的朴素认知、对幸福的虔诚祈盼、对向善的恳切追求，在世俗之上支撑起了小镇人民的生活指引和精神依托。人们在宗教空间中各得其意，又怀着真诚的心与生活中的一切和谐共处。

通过以上对街道、工厂、店铺、镇碑、宗教场所等一系列空间的分析，可以发现它们皆被和谐地统一于"小镇"这一整体之中，成为大空

---

① 王安忆：《上种红菱下种藕》，南海出版公司2002年版，第72页。
② 王安忆：《上种红菱下种藕》，南海出版公司2002年版，第69页。

间下一种"共时性"存在的小空间，共同丰富了小镇这一书写主体的意义层次。小镇不是笼统、模糊、抽象的，而正是各个空间相互依存、人与地理彼此适应，一点点建构起来的。在这里，传统与现代被兼收并蓄，建筑和环境、人和自然的协调与冲突也俱纳于其中，形成了"小镇"这一过渡性空间的独特形态。也正是在小镇中，变动的一切、那个"悸动的、不断改头换面的世界"，① 从此有了具体的现身场域。

在《上种红菱下种藕》的叙事中，由于被关注和描写的重心本身便是一处空间场域，思想内容也寄寓在空间的联结、重叠、并置、演变之中，空间便自然地成为该书最合理的组织方式和叙事手段，同时亦是研究其小镇叙事及现代化观感的重要路径。而空间的发现还需要人的在场，因此，小女孩秧宝宝的足迹构成了沟通各个空间的纽带，是将诸多空间组织在一起的黏合剂。

二 秧宝宝的成长漫游：小镇空间的叙述视点

空间的发现需要人的在场，《上种红菱下种藕》的主人公是一个九岁的小女孩夏静颖，因出生在出秧的季节而得名"秧宝宝"。她连面容都还未长开，却成为该书小镇叙事中不可替代的主角，其原因大致有三。

一是淡化时间概念，突出空间形式。作为追求生活美学的探索，《上种红菱下种藕》节奏舒缓，即使说有从一而终的情节主线，也隐没在日常生活的点滴之中。这样细腻的生活碎片，需要的不是时间上漫长的历史叙事，而是空间领域的场景停留与细节刻画。小女孩秧宝宝恰是上述叙事策略的最佳承担者。

儿童的世界没有多么严谨的时间观念，时间的流速往往以意识为尺度，而意识又常受到所处空间、场景的限定。虽然全书客观上跨越了一年时间，行文中的时间概念却因其在儿童视角下的不可信赖而显得单薄，于是唯一真实可感的似乎便是眼前的空间，读者的关注也就从时间的流

---

① 王德威：《前青春期的文明小史》，《读书》2002年第6期。

动集中到了空间的表现上。特殊叙述者带来的时间退场由此给空间叙事留下更多有待填充的空白。借助秧宝宝的角色，作者把本就不多的时间表述进一步弱化，转向空间、转向生活最直观的样貌。

二是心性适于抒写，足迹串联空间。以儿童为中心进行叙写，可以自然地减少价值判断，契合作者专注描绘生活场景与空间特征的写作重心。同时，在童年时期，相比同龄男孩，女孩的心理一般更加成熟，能够在场景中做出尽可能到位的观察。秧宝宝的敏感、细腻、执拗……所有性格特征集合起来形成了独属于小女孩的心性，不仅能提供叙事动力，还为作者意欲对小镇空间进行的观察和思考开辟了合适的抒写途径。她无时无刻不在用带有某种"睿智"的眼光以及敏感的心灵触角察看着整座小镇，甚至已经初步发现了这座小镇之下惊人的"合理"。

客观条件上，秧宝宝同样有与空间深度交融并将之勾连成"小镇统一体"的可能。"秧"属于农耕社会，秧宝宝天生就是农村与土地的孩子。然而，她在书中最主要的活动背景却是小镇，因为充裕的课余时间、活泼好动的新同伴、借住身份下严格管束的缺失，秧宝宝走街串巷，跑遍了小镇的各个角落，又独自返回乡村、闯荡大城镇柯桥，用脚步串联起层层空间，甚至在和外来务工者的相处中与更广泛的他乡建立起了某种遥远的联系，使所有空间在形式上相互关联，统一于小镇乃至更宏观的城镇化进程。

三是人与空间具有内在相似性。"夏静颖"是主人公的学名，"秧宝宝"则是亲密关系中称呼的小名，象征着她与农耕的特殊缘分。在农村老屋中，"夏静颖"隐没于"秧宝宝"的身份之下。当她进入学校、小镇，"秧宝宝"与"夏静颖"共存。可以想见，走向绍兴之后，"秧宝宝"会更深层次地蜕变为"夏静颖"，根植于传统社会的血脉联络也将在城市化的流动中逐渐断裂。小说整体呈现出一部"离乡"叙事，但也可视为在发展中寻找新生活方式的过程。

小镇本就是介于城乡之间的过渡性空间，沿着从乡村到小镇再到城市的轨迹，秧宝宝的身心都发生了巨变。在小镇的生活中，秧宝宝由被动跟随、四处乱逛到主宰自己的行动，由杂乱无序、漂泊无定的心理状态到坚韧、勇敢、独立，心性更加稳定成熟。秧宝宝的变化与小镇交相呼应，并由此见证着城乡的发展变迁。站在过渡的阶段，对于进步或"文明"的价值判断、对于方向和未来的衡量定位，都无法立时得出一个准确的答案。更何况，不只是小镇，从宅院、乡村、小镇、城市，到取景框之外的大都市乃至全国，一切空间都处于变动不居的发展之中，都无法摆脱某种关于未来的茫然未定性。小镇身处其间，更加深切地感受着传统与现代两种文明的交锋激荡，却又无能为力。秧宝宝在华舍东奔西走，她的身不由己，她的流转不定，她的难以预测的未来，其实是时代之下每一层空间、空间之内每个人所共同面对的处境，小镇是这种处境最鲜明的空间体现，秧宝宝则是这种处境最特别的人物象征。

秧宝宝的角色特质，与本雅明在《发达资本主义时代的抒情诗人》中描绘的"都市漫游者"有相通之处。那些人在街道漫游中成为城市的要素，又经由沉浸与游离的间隙将城市的种种面貌尽收眼底；他们是19世纪资本主义发达时代都市的产物和结晶，以自己独特的生活和思考方式在人群中巡视张望，对现代性作出了特殊回应，在稍纵即逝的过程中清晰地捕捉着都市深处的秘密。①

这种"漫游性"，在秧宝宝身上也体现得相当明显，她将小镇开放空间中的石墩、栏杆、柜台等直接当成作业桌之举，甚至与上述人群如出一辙。这个小女孩敏感细腻，却并没有多么复杂的人生阅历或格外丰富的生命层次，虽然在某种程度上与小镇这一空间主体内在呼应、共同成长着，但在她的人物性之外，更为突出的是一种功能性：其在文本中所承担的更大作用，主要是以童真的眼睛与灵活的脚步，带领读者一起在街头巷尾"闲逛"，去"看见"空间，或为诸多子空间搭桥建联。然而，这位年幼的"小镇漫游者"，又无时无刻不在召唤人们从小镇的空间表征中逐渐发现深藏其后的、与生活紧密相洽的"合理"。

---

① 参见赵嘉程《漫游者形象与都市现代性书写》，《名作欣赏》2021年第35期。

三 "书写正常生活里的力量":小镇空间背后的"合理"生活

小镇的每一处空间都是其整体意义上的组成部分。它成长为混融形态并进入人们观察视野的历程,或许要回到"小城镇"的概念来认识。20世纪80年代,费孝通先生率先从社会学角度将城乡之间的"小城镇"剥离出来,用于指称乡镇、市镇和县城等,《上种红菱下种藕》中的小镇大约相当于乡镇。他指出,小城镇是一种层次高于农村社区,又与后者保持着不可缺少之联系的社会实体。① 在中国的现代化进程中,它为现代文明与传统文化的对话提供了窗口。前者对后者的浸淫,后者对前者的回应与阻击,以及两者交融冲撞所带来的文化心理和社会风气的变迁,使小城镇成为浓缩两种异质文明形态的符号,显示出宗法社会在工业文明初步波及下的特殊状态,只有研究小城镇才能看清中国由传统向现代转型的轨迹。②

在费孝通的研究中,小城镇的意义不仅在于揭示了中国城市化的特点,更在于其在乡村发展和城乡关系中的地位。小城镇凝聚了中国经济社会结构变动中的各种矛盾,如改革带来的农业发展对商品经济的要求、商品经济引致的农村产业结构变化与大量剩余劳动力等。乡镇企业的异军突起为化解矛盾提供了希望,奠定了小城镇发展的基础,实际是中国乡土社会现代化转型同一过程的两个方面。③ 而这一转型历程的现实反映,便是如雨后春笋般涌现的工厂、企业、商店……然而,小城镇仍与周围农村保持着不可断绝的联系,广阔的麦田、古朴的老街、传统的宗教场所也在其中留有一席之地。它其实是上海这样现代化都市的发展基底与前身形态,对小城镇的书写也就是对上海之内核的一种迂回表现。

于是,《上种红菱下种藕》以秧宝宝为观察主体,带领读者漫游小

---

① 参见费孝通《小城镇大问题》,《费孝通选集》,天津人民出版社1988年版,第325—326页。
② 参见李莉《中国现代小城镇小说研究》,武汉大学出版社2017年版,第10页。
③ 参见丁元竹《"但恨年迈我来迟"——1980年代费孝通对乡镇企业发展的探索》,《群言》2019年第4期。

镇，感受永恒的变动与宁静之下跃跃欲试的蓬勃气息。但在全书的结尾，叙述者站在上帝视角"走出来，离远了看"，发现这座小镇"是那么弯弯绕绕，一曲一折，一进一出，这儿一堆，那儿一簇。看起来毫无来由，其实是依着生活的需要，一点一点增减，改建，加固……它忠诚而务实地循着劳动，生计的原则，利用着每一点先天的地理资源"——那是一种"惊人的合理"，"就是由这合理，达到了谐和平衡的美。也是由这合理，体现了对生活和人深刻的了解"。① 原来，在永恒的变动之下，作者真正关注的，实则是变动中的永恒。

　　从对小镇叙事的分析，到对价值判断的解读，可以发现，王安忆想要借助空间表现的那种永恒的力量，实际是一种微妙的、合理的、物我相宜的生活方式，是"劳动、生计的原则"。在现代化进程中，城市工业文明的确倾轧了乡村空间与农耕社会，也演化出和小镇一般的过渡性空间。作者显然对后二者倾注了更多的感情，但她所赞美的，却不仅是自然质朴的传统生存空间和古老时代的文明，更是生活于其中的人们那种忠诚而务实的与空间的磨合。人与空间的双向塑造最终导向物我相宜的良性发展，反映出人类生活需要的本真。正如"上种红菱下种藕"所描绘的农耕生活中的"合理"，人和物在各自适宜的空间中安居、劳动、生长，于是再平凡不过的生活，却涵养着一种充实、向上、生机勃勃的精神。

　　空间与人"彼此相知，痛痒关乎"② 的生活方式在小镇中延续，使我们能够看到一种希望：或许并不囿于农耕社会，人能够在不同生存空间实现合理的生活，关键在于认识、心性及对待外界空间的态度。作者以包容的眼光观察着形形色色的人的生活，因为无论乡村、小镇还是城市空间，终究是由人在历史中积累而成的生活方式所维系的。这是作者选择这样一个可以同时勾连乡村与城市的小镇空间的原因，也是"上种红菱下种藕"的真正含义，无论身在何处，人都应能凭借意志和行为，以

---

① 王安忆：《上种红菱下种藕》，南海出版公司2002年版，第282页。
② 王安忆：《上种红菱下种藕》，南海出版公司2002年版，第282页。

最合理的方式在所处的空间中安然生长，与物为宜，与人为善。

在现代化建设与探寻新生活方式的过程中，矛盾的产生是必然的，小镇也不免"被挤歪了形状，半埋半露"，① 发展的代价问题成为书中的冲突所在。随着人和外界的同时发展，人们需要在变动中找到新的平衡。王安忆指出："我描写的那个小镇，渐渐在现代化的强大模式中崩溃、瓦解，这大约就是所谓的现代化崇拜的力量。在这强劲的冲击下，大城市似乎还有一些抵抗力，而小的、弱的，像乡镇这样的地方，便不堪一击。它们容量比较小，必须在有节制的消长交替中方可保持平衡。"② 立身于现在的历史维度，没有人能轻易解答"这'挤压'的过程是否是历史的必然""所付出的代价能否得到回报"以及"最后争取到的是不是我们真正需要的生活"③ 的问题，但过度失衡带来的必然是灾难。如果说这本书所蕴含的意图除了呼唤在飞速发展的浪潮中回到人和生活之需要本身，找到合理生活方式之外，或许就是要帮助人们直面生活，记住正在消逝的美好，提醒人们在舒展欲望的同时，还应牵挂着自己赖以生存的空间，包括更广泛意义上的——自然与社会，并为实现它们的良善付出行动。这也是在拯救人类自己。

王安忆之所以视"物我相宜以合生活所需"的生活方式为永恒的原则而大加表现，首先与其创作理念相关："在浮泛的声色之下，其实有着一些基本不变的秩序，遵守着最为质朴的道理，平白到简单的地步。它们嵌在了巨变的事端的缝隙间，因为司空见惯，所以看不见。然而，其实，最终决定运动方向的，却是它们。在它们内里，潜伏着一种能量，以恒久不移的耐心积蓄起来，不是促成变，而是永动的力……它们，便是艺术尽力要表现的。"④

---

① 王安忆：《上种红菱下种藕》，南海出版公司2002年版，第282页。
② 王安忆：《王安忆说》，湖南文艺出版社2003年版，第243页。
③ 王安忆：《王安忆说》，湖南文艺出版社2003年版。
④ 王安忆：《我看96—97上海作家小说》，《我读我看》，上海人民出版社2001年版，第335页。

在《长恨歌》之后，王安忆意欲书写的就是"正常的生活里的力量"，① 是那常态化的、恒定性的、生活的密码。对于生活而言，最为恒久的便莫过于生活本身；而永动的力，即是维系生活的力。早在20世纪80年代创作的《流逝》中，王安忆就已流露出了这样的理念。面对"人活着究竟为了什么"的问题，欧阳端丽的回答是："为什么？吃饭，穿衣，睡觉。"② 人的衣食住行永远寄寓在一定的空间之中，于是，生活本身的需要将空间改造成最宜居的形态，空间与人可以实现双向契合。而若改造超越真正的生活所需，就会堕入"现代化"的矛盾和陷阱：本是为了让人更好生活的努力反而加剧了对生活的破坏。这是小镇在书中最后的结局，也是作者呼唤合理生活方式复归的原因和起点，对"生活场景"的细致描摹，每一处与劳作、生计相关的空间书写，正是她搭建的纸上世界。

这种视"正常生活里的力量"为生活密码与问题良方的理念，或许需要追溯到80年代，于历史的脉络中究其缘由。王晓明指出，80年代是一个"浪漫主义"的时代，物质和精神规范开始松动，整个民族都渴望自由、富足、拥抱新生活，文学成为这种思想的先锋表述者；而同时，80年代也是"浪漫主义"被迅速收编的时代，社会"从耽于理想的呐喊转向实际功利的计算"，"从朦胧模糊的多样转向明确响亮的单一"，文学也开始有些盲目地追求"现代主义"，从实在的生活中抽离出来，迷恋纠缠于"不确定性"的书写。③

然而，这些现象指向的所谓"发展主义"，实则是一种意识形态，一种认为经济增长是社会进步的先决条件的信念，它以经济增长为主要目标，依据不同的手段，产生出不同版本的发展主义学说。④ 当人们冷静下来面对现实时，却发现改革与发展带来的问题不断真实地暴露在眼前。

---

① 王安忆、张新颖：《谈话录》，译林出版社2019年版，第343页。
② 王安忆：《流逝》，四川人民出版社1983年版，第127页。
③ 参见王晓明《从"淮海路"到"梅家桥"——从王安忆小说创作的转变谈起》，《文学评论》2002年第3期。
④ 参见许宝强、汪晖选编《发展的幻象》，中央编译出版社2001年版，"前言"第1页。

于是，进入90年代后，文学在无措与试错中挣扎着努力回应现实生活的巨大变动，要挖掘巨变的历史因缘，重返当代中国人的生存现实，开辟能据此深思我们的现在、将来和过去的精神思路。[①] 王安忆所进行的尝试，就是转向"生活"，回到都市文明的前身，发现潜藏于人与其生存空间互动中的"合理"，即契合真正生活所需的真谛。这种"合理"、这种"物我相宜"被破坏的张力拉扯，正是引发人们思考过去、现在和未来的契机与路径。

王安忆的尝试，实际上在《富萍》的"梅家桥"中已经可见雏形。而《上种红菱下种藕》则是把内在于上海的棚户区书写，延伸到上海以外的整个江浙地区市镇，通过一个更广阔、复杂、多元的空间，完成对"芜杂琐碎的营生下面"那种"踏实，健康，自尊自足"[②]的生活状态更细腻的观察与描绘。这里既有对现代化的崇拜，也有与传统生活割舍不断的血脉联系，人们在一处处契合生活需要的空间内追求着心中的渴望。小镇让我们看到，历史与现在中的某些"和谐"如何在发展的意识形态下走向消解，同时又展示出一种重压之下的反拨，指引我们就此思索未来可能的方向。

最后，以王安忆自述的写作缘由作结："那是和上海的市民绝然不同的，可以说是清醒的人生。因为它和自然贴近，懂得生存的本来面目。我一直在想'人究竟需要什么样的生活'这样的问题，它便试着回答我。近些年来，我比较多地去江南水乡，我看见那些水乡小镇的体貌如何地服从人的需要，就像一件可体的衣服，那么体恤与善解人意，在人口密集、水网密布、道路逼仄的地方，温暖地养育着生计和道德，这是人性的生活，这是我写作《上种红菱下种藕》的初衷，也是农村生活给我的启迪。"[③]

---

① 参见王晓明《从"淮海路"到"梅家桥"——从王安忆小说创作的转变谈起》，《文学评论》2002年第3期。
② 王安忆：《富萍》，湖南文艺出版社2000年版，第230页。
③ 王安忆：《王安忆说》，湖南文艺出版社2003年版，第242页。

结　语

《上种红菱下种藕》没有跌宕起伏的情节发展，淡化了客观上的时间概念，以身处城镇化浪潮中的江南小镇华舍为书写中心，跟随秧宝宝的脚步，刻画了一系列特征鲜明、含蕴深刻的空间，展现出小镇的风土人情与移易迁变。小镇虽小，却契合着人们一切生活所需，又勾连着从乡村到城市的广阔天地。在不同的场域内，秧宝宝遇到了各样的人和故事，也最终完成了在这一成长阶段的身份转变。小说的构成可以说是被秧宝宝不断流变的所处之地、所行之事来标刻的，空间成为进入小说核心的重要途径。

据此，分析《上种红菱下种藕》所描绘的"小镇统一体"，研究多重空间的存在意义，或许可以帮助我们走近该书的思想意旨所在：人与空间互动的背后，正是一种基于根本需要的"合理"生活方式。这种"面向生活本身"的写作艺术，乃是王安忆面对现实问题，通过文学传递出的一种思考路径与解决方案——回归生活真正的需要，而非使之反成为"发展"与"现代化"意识形态的附庸。

基于上文，如果力求进一步认识和理解空间视域下王安忆的写作，则充分对比小镇与王安忆笔下的其他各色空间，于作者的宏观写作历程中为之标注出更加准确的定位，进而理解王安忆包括"上海书写"在内的空间叙事背后，其整体性观照究竟如何，以及把小镇书写置于更漫长宏大的文学史脉络中进行考量等，都将是有必要继续深入研究的方向。

明清川东地区民俗信仰新探：
以寺庙为中心*

华海燕**

内容提要：明清时期，地方志纂修繁盛。多数方志对当地的坛庙、佛寺、道观、俗淫祀庙宇记载详尽。从寺庙的数量、管理者和崇祀对象的变化，可见川东民间信仰的源流嬗变，以此窥见明清时期川东地区独特的民俗信仰。方志所载寺庙的兴废改置，反映了明清时期川东的社会文化现象，以及宗教与民俗信仰的相互影响。

关键词：川东；地方志；寺庙；三教融合

明朝设置四川上东道和下东道①，清朝设置川东道，所辖范围大体相同，包括重庆府、夔州府、绥定府、忠州直隶州、酉阳直隶州、石砫直隶厅，② 即今重庆直辖市，湖北利川、恩施，四川达州、定远、广安部分地区。明清地方志所载寺庙主要包括祠庙和寺观。祠庙大概可分为正祀、通祀、私祀。其中由官方主持的为正祀和通祀，正祀，即国家颁布封号的，官方行为进行祭祀的，且有专门庙宇和祭祀要求的，如天神庙、文

---

* [基金项目] 2019 年国家社会科学研究基金一般项目"川东新发现佛教文献整理与研究"（项目编号：19BZJ025）研究成果之一。

** [作者简介] 华海燕（1981— ），女，重庆师范大学文学院副研究馆员，文学博士，主要从事地方文献、佛教文献研究。

① （清）张廷玉等：《明史》卷七十五，中华书局 2011 年版，第 1843 页。

② 赵尔巽等：《清史稿》卷六十九，中华书局 1977 年版，第 2211—2239 页。

庙（孔庙）、关帝庙、社稷坛、神祇坛、先农坛、真武庙、乡贤祠、忠义祠、文昌宫等，各州县均有。"神之格思不可度思，奕奕新庙谁其作之，功德所存，馨香是报。礼在则然，视斯祠庙志通祀。"[①] 通祀神祇为民间崇奉，规模亦较大，官方未曾为其所祀神祇颁布封号，但是默认其祭奠的行为。一般州县有，所祭祀的神祇多是为地方做出贡献的人，地域性较为明显，所祀如川主、东岳大帝、灵官等。目前学界对此关注较多，但多集中某一时某一类信仰，如李奕燇《川江流域江神信仰研究》（西华师范大学2023年硕士学位论文）、谭光月《清代重庆民间信仰研究》（重庆大学2010年硕士学位论文）；或是历史、地理视角进行展示，如林移刚《清代四川民间信仰地理研究》（西南大学2013年博士学位论文）。本文以明清时期的川东地区佛教寺院、道教道观和民间俗祀、淫祀、私祀庙宇为考察范畴，聚焦实物文献如它们所供奉的神祇、所立的碑文等，在儒、释、道三教思想融合视域下探讨民间信仰与寺庙、僧人与道士之间的交互影响，试图借此更为全面地展示明清川东地区人民信仰特有的地域性，以对此课题有所补益和推进。

一 寺庙概况

据《清通礼》："凡御灾捍患诸神于民有功德者，直省所在皆加封号，立专祠，《会典》所载尤详。巴县旧有八省会馆，各所奉之神即本于是。"[②] 除了自然神祇，凡于民有功者，皆得到祭祀，所以当时庙宇尤多。今将地方志所载佛寺、道观、私祀庙宇作一简单梳理，可以发现城市以祠庙和外省会馆为多，乡间则佛寺道观居其大半。具体变化如下。

其一，明代新建庙宇最多，清代废寺较多。明末四川遭遇多重兵燹，寺庙毁损严重，清代对部分明代寺院进行重修、补修和扩建。晚清民国

[①] （清）王麟飞等修，冯世瀛、冉崇文纂：《（同治）增修酉阳直隶州总志》，《中国地方志集成·重庆府县志辑》第22册，巴蜀书社2016年版，第640页。
[②] 朱之洪等修，向楚等纂：《（民国）巴县志》，《中国地方志集成·重庆府县志辑》第4册，巴蜀书社2016年版，第178页。

时期提倡庙产兴学，复兴和新修了部分寺庙以开办学堂，普及教育。如夔州府治所奉节，乾隆五十四年（1789）在观音堂添修文昌祠。①

其二，与明代相比，清代庙宇总体呈现减少趋势。但佛寺数量变化不大，减少的主要是道观，特别是玉皇观。以《（民国）巴县志》《（民国）长寿县志》《（道光）忠州直隶州志》《（道光）夔州府志》为例，佛教寺院占总庙宇的80%以上，其他则为道教和俗祀庙宇。横跨潼南、合川的龙多山，道观数量相对较多。潼南道观有34座②，合州道观有6座③，而所辖区域更广大的巴县，道观仅有12座。④ 这与地方传说与信仰有密切关系，龙多山传说是道士冯盖罗、李丹阳炼丹飞升之所，因而历代方志多有记载，是为道教名山。但是到宋时，道观维持就已非常艰难。明清时期，因为信众的供给不如佛寺，许多道观难以维持，只能通过祈雨、打醮等获取微薄的收入。而寺庙所崇祀供奉的对象也不再是单一的宗教神祇或自然神祇，而是以释道宗教信仰为核心，辅以宋元时期名人贤达作为崇拜偶像、行业信仰神、自然神崇拜的综合信仰。

其三，佛教造像、佛教宗派发源地的佛寺数量相比川东其他地区为多。大足、潼南、合川、忠州、梁山等地佛教寺院众多。如《（光绪）大足县志》载大足有佛寺139座⑤，潼南有佛寺133座⑥，这与当地的佛教造像兴盛有关。唐代玄宗、僖宗入蜀避乱，不仅带来了大批中原的工匠，还引入了中原的佛教文明。唐末五代至两宋时期，密宗、禅宗、净土宗在巴蜀的传播进入繁荣时期。佛教石窟、摩崖石刻的开凿亦兴盛，安岳—潼南—大足—合川沿线石刻的开凿，不仅丰富了艺术审美，也给人

---

① （清）恩成修，刘德铨纂：《（道光）夔州府志》，《中国地方志集成·重庆府县志辑》第27册，第272页。
② 王安镇等修，夏璜纂：《（民国）潼南县志》，《中国地方志集成·重庆府县志辑》第16册，第262—284页。
③ （清）张乃孚修：《（乾隆）重修合州志》卷四，《中国地方志集成·重庆府县志辑》第9册，第279页。
④ 《（民国）巴县志》卷二，《中国地方志集成·重庆府县志辑》第4册，第74—86页。
⑤ （清）王嘉德修：《（光绪）大足县志》卷三，《中国地方志集成·重庆府县志辑》第7册。
⑥ 王安镇等修，夏璜纂：《（民国）潼南县志》，第262—284页。

们的思想信仰带来变化。变化之一就是佛教驱逐道教，改观为寺，以僧代道，或僧道共同管理。如峨眉山本为道教寺观聚居地，但到唐宋以后却演变成佛教名山，为普贤菩萨道场。明末清初，川东产生了两大著名禅派，以忠州聚云寺为发源地的聚云禅派和以梁山双桂堂为发源地的双桂禅派。特别是破山海明创建的双桂禅派在川东弘法，从明崇祯至今，培养了大量僧才，因而在他们的维护下，该地区佛寺数量庞大。因而忠州有佛寺188座①，梁山有佛寺130座②。

二 信仰的特点及变化

宋以前，儒、释、道大多时候处于对立、相互排斥的状态。宋元以来，三家加强交流与相互借鉴。全真道祖师王重阳创教过程中逐步融儒摄佛。他说："儒门释户道相通，三教从来一祖风"，他选用三教最精练的经典《般若心经》、《道德经》、《清净》以及《孝经》作为全真道人的学习经典。③ 明代王守仁更是援佛、道以推进儒学的进步，使儒学发展到一个新的高度——创新性地阐释了影响明代思想界、文学界、艺术界的"心学"。而佛教的宗派之一——禅宗，本就是佛教中国化的典型体现。宋元明以来，禅宗独盛，其他宗派诸如天台、沩仰、法眼等难以接续。"明心见性""大彻大悟"成了参禅的终极目标，参禅方法也从"看话""默坐"等回落到日常生活中，如穿衣、吃饭、睡觉等。这与明代新儒学提倡的"百姓日用即道"不谋而合。他们虽呵佛骂祖，却又严格遵循传统的孝养忠义伦理道德。许多僧人是贯通三教的大师，憨山德清著《道德经解》，蕅益智旭著《周易禅解》《四书蕅益解》。他们都善于利用儒学、老庄道家学说来阐释佛教智慧，也是对儒、释、道三教融合事实的承认。"由于三教长期接近融通，其思想从精英逐渐下移为民间信仰，形

---

① （清）吴友篪修：《（道光）忠州直隶州志》卷三，《中国地方志集成·重庆府县志辑》第33册。

② （清）符永培纂修：《（嘉庆）梁山县志》卷八，《中国地方志集成·重庆府县志辑》第35册，第448—452页。

③ 牟钟鉴：《儒道佛三教关系简明通史》，人民出版社2018年版，第343页。

成一种广阔的社会信仰文化，人们或三教共信，或三教中偏信于一教、二教，三教边际日渐模糊，三教更多地成为民俗，进入人们的日常生活。这个过程起于宋代，兴于明代，盛于清代。"① 三教合流的思潮下沉到民间，表现之一则是寺庙所祀神祇不唯一以及神、众神共享歆香的局面。

（一）以儒家思想为指导的自然神灵与鬼魂英雄崇拜

川东地区山地丘陵居多，一直以来对于自然神灵较为崇拜山王、土地。如山王庙，在城内及诸市镇多附祀于各庙，在山间乡僻处多建专祠，如彭水"邑所祀之山王则三首六臂，貌极狰恶"②。酉阳州山王"而州并属山神最灵，亦最奇。其像三面六手，中一面当中一目如仓圣。然其六手以两手捧两太极图，两手执日托月，两手执铜牙与铁爪"③。酉阳和彭水的山王还是原始人类模样，较为凶恶。酉阳的山王捧太极图，已加入了宗教文化元素。巴县山王庙主祀山王，旁祀观音、太上老君、牛王，此山王装扮则与官员相类："披肩巾，着长袍，腰系宽带，右足蹬于猛兽之上。"④ 披肩巾为清代官服，长袍宽带则为明代官服。山王庙各山皆有，只是形态各异。彭水山王三头六臂，类似山妖，而巴县山王温文儒雅，与常人无异，虽山王均为清代造像，但可看出自然神祇也向儒家士人装扮靠拢的迹象。

鬼魂英雄崇拜在宋元以来盛行，自然神崇拜也逐渐向鬼魂崇拜靠拢。如荣昌的庆云寺，明代重建时塑金仙像（释迦牟尼）、文殊、普贤、罗汉等佛教造像，同时也保留了之前塑的农神祖师像二尊。⑤《清通礼》规定：

---

① 牟钟鉴：《儒道佛三教关系简明通史》，人民出版社2018年版，第394页。
② （清）庄定域修，支承祜纂：《（光绪）彭水县志》卷二"祠庙"，《中国地方志集成·重庆府县志辑》第23册，巴蜀书社2016年版，第160页。
③ （清）王麟飞等修，冯世瀛、冉崇文纂：《同治增修酉阳直隶州总志》卷九，《中国地方志集成·重庆府县志辑》第22册，第649页。
④ 道坚编：《巴国佛踪——巴南区佛教遗址碑拓辑录》上册，四川大学出版社2015年版，第88页。
⑤ （清）文康修，施学煌续修，敖册贤续纂：《（光绪）荣昌县志》卷十七，《中国地方志集成·重庆府县志辑》第16册，第89页。

"凡御灾捍患诸神于民有功德者，直省所在皆加封号立专祠。"① 国家典礼未作出规定之前，民间对于鬼魂英雄崇拜也流行已久。此类信仰所祀神祇既有历史真实人物，亦有传说中的人物，但皆是于民有利，受到民众敬仰的。他们都受封于历朝历代的帝王，有的甚至多次受到敕封，或为儒士形象，或为将士形象，最终形成了官方承认和民间认可的神祇。

明清时期流行的土主信仰就是典型的鬼魂英雄崇拜。而川东地区的土主崇拜又体现出明显的地域交叉性和本土性。"川东是巴文化繁荣地，受荆湘文化影响更突出。"② 川东靠近楚地的区域，多有祀禹王的寺庙。靠近湖南的区域，则更多祀璧山神、飞山神。璧山神在璧山、合川、忠州、酉阳、彭水等地都有祠庙祭祀。《（光绪）彭水县志》："即以赵延之为璧山神，亦不过御灾捍患耳，所以职同城隍，司人生死者。"③ 璧山神、飞山神都是地方神祇，即方志所谓土主，各地所祀土主多有不同。《（同治）增修酉阳直隶州总志》载：

> 土主庙：案：邑梅杨氏家谱祠堂祭约云：土主庙祭湖耳青草公……考：湖耳，地名，在贵州黎平府。《杨氏家谱》载唐诚州刺史杨再思生十子，其次正滔居罗蒙，由湖耳子孙相继开辟土宇……正滔以其初启邑平等地，故尸而祝之，谓之土主。苐青草之名又不知其何义也。庙在秀山县之平茶里，杨氏子孙所祀。州及黔彭无。④

秀山因临近湖南湘西地区，土主信仰亦受其影响。《酉阳直隶州志》卷九载："飞山庙：祀唐诚州刺史杨再思，宋封威远侯，湖南靖州有威远侯庙。邑梅《杨氏家谱·广惠王年表》载元祐六年敕封诚州飞山威远广

---

① 朱之洪等修，向楚等纂：《（民国）巴县志》卷五，《中国地方志集成·重庆府县志辑》第4册，巴蜀书社2016年版，第178页。
② 段玉明：《西南寺庙文化》，云南教育出版社1992年版，第193页。
③ （清）庄定域修，支承祜纂：《（光绪）彭水县志》卷二，第160页。
④ （清）王麟飞等修，冯世瀛、冉崇文纂：《（同治）增修酉阳直隶州总志》卷九，《中国地方志集成·重庆府县志辑》第22册，第651页。

惠王庙……故黔、楚、粤、蜀郡邑村社率多构祠,名曰飞山庙。每岁春秋,郡邑皆入庙举祭。酉阳州和秀山县有庙,黔彭无。"① 杨再思乃唐靖州飞山蛮,后受招降为诚州刺史,在湘黔等地多有祭祀的祠庙。秀山靠近湘西,旧有祀杨再思的习俗,飞山庙、土主庙都是祀飞山蛮杨再思。或许当地百姓也曾受过他的保护,或者是湘楚之地杨姓移民至此,建祠追思。

忠州的土主则所祀不同,土主庙又名忠贞祠,据清吴世彦《土主庙常住记》:"从来功在社稷,泽被苍生,皆可以血食千秋,奉祀勿替,我州巴曼公者……与严将军后先辉映,因改临江为忠州,共戴为土主。"② 可知忠州土主庙所祀为忠烈之将巴曼子和严颜将军。

云南土主崇拜也是登峰造极,明君贤臣、文儒武弁、风流俊逸、家神野鬼各自登堂入室,独霸一方。所崇祀的神祇亦不尽相同,昆明土主庙祀佛教护法神摩诃迦罗,赵州(凤仪)土主庙祀张儒生,蒙化(今云南巍山)土主庙祀南诏隆舜。③ 滇南有的土主庙,因相传为观音示现,教当地人耕作,土人感其功德在土,尊为土主也。④

川东地区土主信仰出现较晚,在明末以后才大规模出现,此种现象可与移民会馆的信仰相对立看。移民带来了信仰神祇,而当地土人亦塑造本土神祇与之相对应。其中各地所祀虽各有不同,如璧山、铜梁土主庙(或称普泽庙)祀唐刺史赵延之,巫山土主庙祀李镇修,四川彭县土主庙祀韦皋,这都是本土的鬼魂崇拜,而潼南的移民会馆——帝主宫,所祀神祇是湖北黄州的土主李神君⑤,李神君是管辖水域的水神,则土主信仰具有极大的本土性。

---

① (清)王麟飞等修,冯世瀛、冉崇文纂:《(同治)增修酉阳直隶州总志》卷九,《中国地方志集成·重庆府县志辑》第22册,第646页。
② (清)吴友篪修:《(道光)忠州直隶州志》卷三,第202页。
③ 段玉明:《西南寺庙文化》,第5页。
④ (清)吴大勋撰:《川主庙碑记》,《(同治)增修酉阳直隶州总志》卷九,第640页。
⑤ (民国)王安镇等修,夏璜纂:《(民国)潼南县志》,《中国地方志集成·重庆府县志辑》第16册,第275页。

总体来看，土主信仰在西南地区较为普遍，但均与本地的宗教和民间信仰关系密切。川东地区土主虽有祀儒官的，但以祀武将的居多，特别是赵延之。土主为一地之神主，护佑一地平安，虽区域色彩浓烈，但均是为人民所景仰的本土的忠烈之士。

（二）以佛教神祇为主，单一向多元，专祀向兼祀的转变

佛教自东汉传入中国后，不断吸纳玄学、儒学、道家、道教思想，改进自身的不足，僧人逐渐增多，达到了佛寺遍地的状况。《（乾隆）巴县志》载仁里白莲寺，原为嫦月宫，明天启中易名"白莲寺"。原玉皇观，清乾隆年间重修，易名"兴福寺"。即便如此，这些由僧人管理的寺庙所祀神祇并未全部改换为佛、菩萨。大多是在原有的玉皇殿、嫦娥宫等的基础上增配观音殿、地藏殿等。①

随着宗教逐渐朝世俗化、民间化方向发展，佛、道皆面临信仰的危机。佛寺和道观不得不增加大量俗祀信仰神祇以兴旺寺观的香火，亦有将佛寺道观改建的。如《（光绪）大足县志》卷三载：宋时古刹东禅寺，在清乾隆时改建为龙王庙；题桥寺，康熙四年改宝善宫，后改禹王宫。②昔日古刹皆顺应时代而更改为龙王庙、禹王宫。由于宗教发展式微，缺乏德高望重高僧的引领，僧人道士饮酒食肉，豢养鸡豕，甚至骗取信众钱财、出售常住灯田，这些行为导致民众对佛道虔诚的信仰削弱。同时，为顺应民众对多神的崇拜，佛寺亦增设其他神祇。如綦江佛子寺，在明嘉靖时初建为佛寺，清乾隆十一年（1746）建玉皇、观音上下二殿，嘉庆四年（1799）又建灵官殿。佛教寺院增加了道教神祇，玉皇、观音、灵官同处一寺。著名佛寺西禅院，清顺治十年（1653）创建，在雍正年间僧绍续改建下殿，祀关圣帝；乾隆四十九年（1784）僧戒远将关羽像

---

① （清）王尔鉴、熊峰纂修：《（乾隆）巴县志》卷二，《中国地方志集成·重庆府县志辑》第3册，第395页。
② （清）王嘉德修：《（光绪）大足县志》卷三，《中国地方志集成·重庆府县志辑》第7册。

从下殿移上殿。据邑人王后《改修下殿序》可知，佛寺祀关帝，时人多有非议，认为不妥。但寺院僧人认为西禅寺和附近的大兴寺均近大道，关帝和佛祖皆可以震慑路途中抢劫行凶之人。① 大足祖关通禅师创建的妙高寺，也是共祀释迦牟尼佛和玉皇大帝，且玉皇在佛祖之下。②

明清时期观音信仰在全国极盛，川东地区观音阁、大士阁、观音庙等极多，《（光绪）彭水县志》卷二载："大士阁，南门外，旧本玉皇阁前院，今自为一庙。"③ 大足观音洞同时刻观音像和古文《孝经》④，体现出儒释在民间的合流。《（民国）潼南县志》卷一载："梓潼宫主祀文昌，坿祀各神。清乾隆十二年（1747）僧人秋月住持其间，修葺观音殿等。"⑤ 道教神祇文昌信仰在民间极盛，有专门的梓潼宫祭祀，然而僧人秋月住持文昌宫后增修观音殿，将当时极受崇奉的文昌和观音同处文昌宫。此时的文昌宫虽名为道教宫观，实质上是佛道一体的庙宇。

儒释道神祇同处一庙甚至同处一殿在明清寺庙中比比皆是，《周顺禄等培修川主、观音像等镌记》载大足老君庙在光绪十九年（1893）培修川主、观音、牛王、送子神像四尊⑥，道观同时祭祀佛教、民间信仰的神祇。巴县石龙镇宝庆寺（甘子寺）上殿供奉佛教的释迦、二十四诸天，下殿供奉关帝、鲁班、山王、牛王、石雕猪王菩萨。⑦ 接龙镇观音阁亦供奉有石雕猪王菩萨。⑧ 猪王菩萨是民间专门护佑猪和其他牲畜平安长大的神灵。外形为猪儿作伏地状，或一菩萨像坐于猪身，有石雕、木雕等。云南建水县碗窑村至今仍有祭拜猪王菩萨之俗。念《猪王菩萨经》："佛

---

① （清）宋灏修，罗星纂：《（道光）綦江县志》卷九，《中国地方志集成·重庆府县志辑》第5册，第507页。
② （明）雷孔文撰：《建玉皇阁记》，龙显昭、黄海德编《巴蜀道教碑文集成》，四川大学出版社1997年版，第243—245页。
③ （清）庄定域修，支承祜纂：《（光绪）彭水县志》卷二，第160页。
④ （清）王嘉德修：《（光绪）大足县志》卷三，第519页。
⑤ 王安镇等修，夏璜纂：《（民国）潼南县志》卷一，第275页。
⑥ 重庆大足石刻艺术博物馆、重庆市社会科学院大足石刻艺术研究所编：《大足石刻铭文录》第三之三，重庆出版社1999年版，第368页。
⑦ 道坚编：《巴国佛踪——巴南区佛教遗址碑拓辑录》下册，第543页。
⑧ 道坚编：《巴国佛踪——巴南区佛教遗址碑拓辑录》上册，第245页。

说猪王菩萨观世音，你在天宫做错三件事，观音菩萨打你下凡间。抬盆米汤度你命，加把米糠养大你，养你养到三百五百斤，官家养你尝滋味、百姓养你配婚姻。南无猪王菩萨摩婆娑……"①《猪王菩萨经》在各大藏经中并未被收录，且佛教丛林清规规定释门不能豢养牲畜。此"经"乃是民众所创。猪王菩萨信仰在四川、重庆、云南一带较为流行，这与当地普遍的养猪习俗密切相关。从中可见，佛菩萨、自然神灵、历史人物、民间动物等在寺庙里和谐共处，接受百姓的祭奠，这也是儒、释、道思想和下层朴素的民间信仰交互融合的明证。

明末清初，四川战乱频仍，生灵涂炭。《蜀乱》《蜀故》《蜀碧》《蜀龟鉴》等书都有大量翔实的记载。在此情况下，从清康熙、雍正一直到乾隆时期，都有移民填川和"川人回川"政策。后虽官方停止了移民政策，但仍有大量移民涌入四川。这些移民来到四川，为缓解自己的思乡之愁，同时也为团结同乡，在城、镇中相继组建了各自的会所，选择家乡的神祇作为祭祀对象。由此移民的民俗信仰也在这时进入了四川，并且和当地信仰进行融合。巴县曾有著名的八大会馆，其中如湖广会馆祀大禹，江西会馆万寿宫祀道教神祇许真君（许逊），福建会馆天上宫（帝主宫）祀掌管水域的"天后"林默娘，广东公所南华宫祀禅宗六祖慧能。随着大批移民从最初的被迫迁入到主动涌入，川东地区保持了土人和移民和谐杂居的状态。移民神祇诸如许真君、天后、大禹等，也随之进入，并与本土神祇如川主、璧山神等相融合，形成了众多佛寺、道观兼祀各路神祇的局面。

（三）以道教为主的水神神祇系统庞大繁杂

川东乃江河汇流之地，长江、嘉陵江、岷江、涪江等多条主流支流贯穿其中，有靠船为生的商人，更多是赖河流为生的农人和贩夫走卒。他们仰仗各路水神护佑平安，因此该地掌管水域的神祇众多。几乎各地

---

① 马佳：《碗窑村中的猪王会》，《中国摄影家》2013年第4期。

均有川主庙、二郎庙掌管该地水域。川主庙普遍来说祀李冰父子。二郎庙则各地所祀神祇稍有不同，有的祀李冰次子二郎，有的祀二郎神杨戬，有的祀唐刺史赵延之，但所祀都是曾治水有功、保护民众的英雄式人物。随着移民的迁入，川东地区的水系神祇扩大，如祀大禹的禹王宫，祀杨泗将军的王爷庙（镇江庙），斩蛟龙、除水害的许真君。细分起来，则川主主管河水不泛滥，田地不干旱；而镇江王主要管理渔民多打鱼、不翻船等。以上神祇初为民间信仰，后或受朝廷敕封，大多被道教纳入神祇系统。

三峡是出入川渝的必经水路，特别是水路险峻的巫山一带崇祀巫山神女。《（道光）夔州府志》卷三十五载："神女庙：即凝真观，在县东三十里，十二峰南，飞凤峰之麓。《元统志》唐仪凤元年置，宋宣和四年改曰凝真观，绍兴二十年封妙用真人。"① 关于神女的传说在宋马永卿《神女庙记》、明范守道《记》都有溯源，两"记"根据《禹穴纪异》及杜光庭《墉城集仙录》，述神女乃西王母之女云华夫人，管治巫山，助大禹治水有功。辩其乃道教神祇妙用真人，并非宋玉所谓神女，宜将神女庙改为云华夫人庙，以免被人视为淫祠而亵渎之。

> 且未知神女治水有大功于斯世，而巫峡之民受赐尤多，自当庙祀以报其功者，何可假宋玉赋而比之淫祠之列也。按《集仙录》云：云华夫人，王母第二十三女，名瑶姬，受炼形飞化之道。尝东海游还巫山，流连久之。时大禹理水，驻山下。因与夫人相值，拜而求助。即敕侍女，授禹策召鬼神之书，因命其神狂章、虞余、黄魔、大翳、庚辰、童律等，助禹断石疏波，以循其流。禹拜而谢焉。夫人或倏然飞腾，散为轻云，油然而止，聚为夕雨；或化游龙，或为翔鹤，千态万状，不可亲近。禹疑其狡猾怪诞，非真仙也，问诸童律。律言："夫人昔师三元道君，受《上清宝经》为云华上官夫人，领教童真之士，隐见变化，盖其常也。所受宝书亦可以出入水火，

---

① （清）恩成修，刘德铨纂：《（道光）夔州府志》，《中国地方志集成·四川府县志辑》第50册，巴蜀书社1992年版，第639页。

啸叱幽冥，收束虎豹，召呼六丁，颠倒五星，久视存身，与天相倾也。"因命侍女陵云华出上清宝文以授，禹拜授而去，遂能导波决川以成其功。①

清人余廷勋对《神女记》提出异议，认为神女乃瑶姬，是宋玉赋所谓神女，并非云华夫人。瑶姬乃赤帝女，未行而卒，葬于巫山之阳。为神女，建庙以祀，因《太平广记》所载错误，以致以讹传讹。②楚之宋玉曾有《高唐赋》《神女赋》，云："'妾（神女）在巫山之阳，高丘之阻，旦为朝云，暮为行雨。朝朝暮暮，阳台之下。'旦朝视之，如言。故为立庙，号曰朝云。"③巫山神女的传说即源于此。只是到晚唐杜光庭《墉城集仙录》将神女附于云华夫人纳入道教神祇。宋高宗时云华夫人又被敕封为妙用真人，而《太平广记》沿用《墉城集仙录》的说法。因此一直以来有神女是云华夫人或非云华夫人之辩。但无论何种附会，神女也好，云华夫人也罢，均是对巫峡人民有功德的神祇，且能护佑过往舟船，所以理当祭拜。"归舸行艓，上下呵护。当属何物，夫非神之庇欤？幻之则神女也，昭之则云华也。总山灵江精，融结变换，而不可穷诘。神禹凿通以后水妖震荡，云华底定，功亦不在禹下。水阴精也，神女夫人阴属也，江水之灵也，故祠以祀其佑。此雄关险峡，俾舫舻安澜者，不必辨为神女为夫人也。"④

巫峡十二峰，山石耸立，历来险峻，且因水汽蒸腾，云山雾绕。过往船只行人认为当有仙人居此，期望此神能护佑行程平安，所以才有神女崇拜。而楚历来有祭奠云华夫人之俗，且传说类似，亦是王母之女，

---

① （清）恩成修，刘德铨纂：《（道光）夔州府志》，《中国地方志集成·四川府县志辑》第50册，巴蜀书社1992年版，第641—642页。
② （清）连山、白曾煦修，李友梁纂：《（光绪）巫山县志》卷三十二，《中国地方志集成·四川府县志辑》第52册，巴蜀书社1992年版，第497页。
③ （战国）宋玉：《高唐赋》，吴广平编注《宋玉集》，岳麓书社2001年版，第50—51页。
④ （明）李一鳌：《神女庙记》，（清）恩成修，刘德铨纂《（道光）夔州府志》卷三十五，第642页。

助大禹治水。则巫山神女当来源于此，巫山与楚地相接连，则其信仰交互影响。到清时，巫山神女庙已破败，改为祭祀同样管理水域的龙王。龙王庙在中国各地均有，龙王、龙女管理水域有佛教信仰的因素，亦是中国本土信仰的传统。因而龙王信仰亦是外来宗教和本土民间信仰融合的体现。

三 寺观和僧人在民间信仰中的职能

三教合流思潮的下沉，表现在另一方面即僧道职能的改变和扩大。明清时期寺院道观已不再是单纯的宗教信仰之地，僧道在维护寺院的同时，还以寺观为中心，承担了诸多的世俗"任务"以满足民众的需求。

（一）寺观成为俗祀信仰的祈禳之所。

古人在面对自然灾异如瘟疫、天旱、洪涝水害等时，经常采取各种祈祷吉祥的仪式，即为祈禳。在他们看来，祈禳不仅可以超度亡灵，还可以消除灾异和不祥。明隆庆年间，黄凤翔谓："窃见都城寺观，丹碧荧煌，梵刹之供奉，斋醮之祈禳，何一不糜内帑。与其要福于冥漠之鬼神，孰若广施于孑遗之赤子。"①可见当时寺观建醮祈禳之盛。寺观除了在本教特定时间举行斋醮外，如主持丧礼、超度亡灵的水陆法会、盂兰盆会等，还要承担民间俗祀的祈禳之事。如铜梁在清明节"城中市民相率为张襄宪公扫墓，饮福于襄宪祠，是月城乡俱延僧建道场，扮纸龙船及方相等人物，沿门扫荡，曰打清醮"②。张襄宪在明代曾为铜梁大司马，百姓延请僧人建道场祭奠他，并认为可以驱灾免难。

旱涝也是官员和百姓常遭遇的灾害，而祈雨祈晴是寺观的僧人和道士必须掌握的生存技能。宋赵楸《龙多山至道观记》："一日旱甚，余摄邑。命道士祷焉，期之曰：'若祷而雨，当助汝。'始夜，月如昼，道士

---

① （清）张廷玉等：《明史》卷二百一十六，中华书局1974年版，第5700页。
② （清）韩清桂、邵坤修：《（光绪）铜梁县志》卷一，《中国地方志集成·四川府县志辑》第52册，第616页。

以其法噀水布气，拜跪伏地，汗洽背。俄顷，风从西北来，吹云满空。夜分，雨沛然下，连日雨。秋遂大稔，余以万钱予之，施者云集。"① 道士祈雨有功，才得到官员助捐，使道观得以重修。明胡尧臣《圣水寺记》："至万历元年（1573）六月旱，本县官民祈请未应。予抱杞忧，彷徨靡宁，爰诣城隍，陈词恳祷。以初十日鸡鸣时束衣敛衽出郭，偕我二弟及同志诸君冒炎蒸，触溽暑，徒步至寺，命彼住持僧封瓶如法。未访旧规先谒龙女像位，而遽临江之浒，督属从者撑舟载瓶，投之潭下，几至十次，而点滴无所得。予觉茫然，将谓前说之诬也，于时僧人始以未谒龙女告，因令往祝之。"② 铜梁圣水寺重修于明成化年间，常祈雨有应。但是胡尧臣在此次祈请未应，遂重至该寺，请住持僧封瓶后去河边投瓶，仍然没有成功，原因在于祈雨之前没有向该寺所祀龙女谒请。祈雨之时，应当由圣水寺住持僧封瓶，先祈于龙女，而后至江中投瓶汲水，才得祈雨成功。则祈雨既需主管施雨的龙王龙女，亦需僧人加持才可成功。

（二）寺观兼具儒学学堂

寺观是僧道修行之所，环境清幽，许多士子常借寺观读书，如贫寒之士王冕、范仲淹等。而家境富裕的钱谦益和堂兄也曾住在家宅附近的破山兴福寺读书备考。在乡野之地，缺乏学堂，部分民众又有延师授学的需求，因此，处于山野之间的诸多寺观承担了学堂的任务。如《儒林外史》第二回则记载了薛家集的人请时为童生的周进到观音庵开馆讲学，吃住均在寺院里。"集上的人家，凡有公事，就在这庵里来同议。"③ 则此观音庵不仅充当学堂，还是乡民议事之所。《（民国）大足县志》记载嘉庆帝师刘天成曾在大足白云寺、青山院读书，后在青山院借寺院教学，归乡后在此撰著。④ 青山院即青山禅院，先有宋时开凿的摩崖石刻，于清

---

① （清）张乃孚修：《（乾隆）合州志》卷十二，第381—382页。
② 龙显昭、黄海德：《巴蜀道教碑文集成》，四川大学出版社1997年版，第253—255页。
③ （清）吴敬梓：《儒林外史》，人民文学出版社1958年版，第15—17页。
④ 郭鸿厚修，陈习删等纂：《（民国）重修大足县志》卷五，《中国地方志集成·重庆府县志辑》第8册，第436页。

康熙三十七年（1698）建寺，咸丰二年（1852）培修。① 青山禅院在建成后即有"青山书院"，一直有学生于此读书，该寺清时声名甚显，与刘天成关系颇深。巴县跳蹬乡（今重庆市大渡口区）金鳌寺也是历来文人读书之所："先辈卿大夫诸生时多下帷于此，有十载金鳌九进士之谣。"② 金鳌寺始建于元，明万历、崇祯时皆有扩建培修，今日尚存。聚云禅派名僧三山灯来未出家时亦常年在垫江六和寺、石坎庙等寺院开客馆授学孺子。③ 稍具规模的寺院不仅能提供办学场所，而且寺院一般有灯田，所以在此教学的老师、读书的诸生能免费享用寺僧供给的饭蔬。

（三）僧人管理非宗教性祠庙

明清时期各种庙宇寺观极多，大多数庙宇延请僧人进行管理，其中与宗教信仰并无关系。如大量存在的城隍庙、关帝庙、孔庙（文庙）、璧山神庙等，僧人在庙宇中除了管理日常香火供奉外，还要承担一些民间的祭祀习俗，并能从中谋取一定利益。

代表一地文运昌盛的文昌宫，历来是官民崇祀的地方。潼南文昌宫由僧人秋月住持；忠州李凯《重建文昌宫记》曰："为殿宇增培修，为僧人筹常住"④；而万福塔更是忠州乐施好善的名僧志宽所捐修。清吴友篪《新建万福塔记》：

> 甲申仲秋，余集绅耆劝捐书院膏火，两里二十甲乐输者听其自便，而庵观寺院不与，不欲以释门参儒教也。杨家寺僧志宽少读书，雅好善，居石宝寨修桥以利行旅，舍地以厝浮棺，力行善事而不息，盖有年矣。平生誓愿于山阳建一塔以完善果，而未知适从，因偕僧正司续绅等同请于余……建塔为阆州之福，……于是饬僧正司续绅

---

① 郭鸿厚修，陈习删等纂：《（民国）重修大足县志》卷五，《中国地方志集成·重庆府县志辑》第8册，第385页。
② （清）刘道开：《金鳌寺碑记》，《（民国）巴县志》卷二十，第623页。
③ （清）释性统：《高峰三山来禅师年谱》，《嘉兴藏》第29册，第760页下栏。
④ （清）吴友篪修：《（道光）忠州直隶州志》卷三，第195页。

传众僧于二月二十二日集治平堂会议,余捐钱百缗为之倡,续绅继之,志宽复继之。……

是役也,不假手于吏胥,不假手于绅士,以佛门修佛事,无外人干与。司银钱出入者为续绅、志宽、德盛。监工者单月则清泰、道参为一周,双月则偲位、应空为一周,双单月常川监工者则始违终顺之。万周也,塔成,即于塔旁建万福禅院三楹,美始基也,中奉无量寿佛像,志长久也……①

此塔并非佛塔,而是为培儒学文教而建的,以祈忠州士子科举考试夺魁。知州吴友箎起初并不愿意僧人参与一地的文教,但在僧正司的劝说和支助之下,并被义僧志宽善念所动,终在清道光年间建成万福塔。同时建万福禅院,塑无量寿佛,还请僧人管理禅院和万福塔。

最初由移民自己管理会馆,随着大量移民会馆建立,后逐渐延僧管理。《(民国)潼南县志》卷一载,禹庙自两湖迁来者创建,道光十四年(1834)因负债交僧管理……咸丰八年(1858)庙僧真桂始去旧立小房,重建大殿,同治二年(1863)、六年(1867)续建歌台及花园客厅,光绪三年(1877)落成。② 据林移刚《清代四川民间信仰地理研究》统计,从清康熙至光绪,在四川各地城镇、场镇、乡间皆有分布。在管理方面,除会首、客长、首事等人员外,多由和尚主持香火,看护宫祠。作者据此得出结论,认为"会馆只是以宗教名义建立起来的移民整合组织和信仰组织"③。此话偏颇,明清时期的民间信仰已经不再是单一的信仰,而是更"功利"地融合了宗教和民间俗信仰的综合信仰。移民会馆建立之初并不单纯是信仰所驱,更多的是移民为思乡,为团结乡人、商议决策所设立的处所。其所供奉神祇亦是有所选择的,除了寄托思乡思亲之情,

---

① (清)吴友箎修:《(道光)忠州直隶州志》卷三,第209—210页。
② 王安镇等修,夏瑸纂:《(民国)潼南县志》卷一,《中国地方志集成·重庆府县志辑》第16册,第275页。
③ 林移刚:《清代四川民间信仰地理研究》,博士学位论文,西南大学,2013年,第211页。

也考虑了当时巴蜀地区的本土信仰,如《(民国)巴县志》卷五载:"山西、陕西、浙江、江南诸馆皆祀关帝。清代祀关极崇封号,直省府州县皆有关帝祀典,故遍于山、陕、两江。而山西解州又为关帝故里。浙江馆旧名列圣宫,疑先祀吴大夫伍员,吴越王钱镠等,清初皆加封号立祠,载在会典,后乃专祀关帝。江南馆初为准提庵,亦后改祀。"① 浙江会馆最初是祀浙江当地神祇伍员和钱镠,江南会馆初祀准提观音,后随着关帝信仰盛行,因而全改祀关帝。所以会馆所祀神祇也随着迁移地的信仰而融合改变,并非一成不变。

会馆延请僧道进行管理,只是聘用关系,僧人、道士在会馆只是承担了相关工作,与会馆的信仰并无关系。如福建会馆祀天后,江西会馆祀许真君,湖广会馆祀大禹,均是祀治水有功的神祇,与宗教信仰并无关系。到清末民国初,先前的移民已逐渐本土化,对会馆失去了情感依托和需求,遂致没落。

结　语

明清时期寺庙改置、信仰神祇增减变化情况明显。佛教寺院、道教宫观、俗祀庙宇祭祀的神祇从单一向多元方向演进,神祇的功能也逐渐走向宗教与世俗相结合。俗祀信仰和儒学敕封的神祇更多被纳入道教、佛教系统,佛、道系统的一些神祇亦与本土信仰相融合。从中可以看出川东地区的民俗信仰是以儒、释、道三教合流为核心的,但是又极具地域特色,如水神体系的庞大、土主信仰的本土性和交叉性。而寺院道观亦不再只是单纯的宗教信仰之地,僧人道士承担了大量本职工作之外的其他职能,参与当地的儒学教育、民众日常生活,与世俗结合更为紧密,宗教与世俗的融合,才使寺观能顺应时代要求,在明清时期有增无减。

---

① 朱之洪等修,向楚等纂:《(民国)巴县志》卷五,《中国地方志集成·重庆府县志辑》第4册,第17页。

记忆的区域化：童年乐园的回溯性书写
——《从百草园到三味书屋》的空间记录分析*

杜二敏**

内容提要：童年经验是作家创作的重要源泉，一些作家的童年书写表现出记忆区域化的特点。在《从百草园到三味书屋》这篇具有传记性质的回忆性散文中，鲁迅以生命成长作为统摄议题，将记忆锚定在百草园、三味书屋与书屋后面的小园之上，在空间转换中进行聚焦，书写了童年生命中熠熠生辉的乐园、学园与憩园，呈现出童年自我持续生长过程中的独特生命样态，是对自我主体生命的诗性追寻，纾解了中年鲁迅芜杂的心绪，可作为童年书写的范式，具有美学观照和史料研究双重价值。

关键词：童年书写；记忆的区域化；童年乐园；回溯性书写；空间记录

引言：童年书写的区域化锚定

对作家而言，"童年的生命记忆无论是在当时就很重要，还是受到之后关键事件的影响才显示出其重要性，留驻在记忆中的童年生活都是最

---

* [基金项目] 2019年教育部人文社会科学研究青年基金项目"基于核心素养理论的统编本语文教材研究"（项目编号：19YJCZH266）、2021年四川省哲学社会科学重大项目"中学卓越教师学科专业素养研究——以语文学科为例"（项目编号：SC21EZD037）。

** [作者简介] 杜二敏（1978— ），女，重庆师范大学文学院副教授，主要从事语文课程与教学论研究。

有意义的因素"①，童年书写因此成为不少作家创作的重要内容。在进行童年书写时，作家往往会将他们的精神乐园寄托在特定的物质载体之上。园子，成为不少作家的重要选择，已经发展成为重要的文学意象。作为童年书写的区域化锚定，园子承载着作家独特的生命记忆，记录着他们身体自我、智力自我和精神自我的持续成长，经由回溯性书写，作家将其才情投注到童年时光上，重塑了早年生命时空中的多重自我，是个体童年和人类童年相互交织而成的生命样态，蕴含着丰富的文化意涵。从物质园子的出现到意象园子的形成，再到精神园子的构建，经历了时空逻辑、因果逻辑、情感逻辑的交汇融合。在一个人的生命成长过程中，始终存在理解孩子的人们，主观有意或者客观无意为孩子建造或大或小的园子，供其舒展自我，无拘生长。随着年龄渐长，孩童慢慢走出自我的小小世界，主动向外探索，发现了物质之园。长大之后，人们难免怀念童年时光，作家则秉笔书写深情记录一个个园子中发生的故事，"纸上之园"就此"诞生"。对曹雪芹来说，是安放他青春岁月的大观园；在泰戈尔心中，是开满金色花的园子；在萧红的生命里，是边地小城中带有祖父温暖与关爱的后花园；在许钦文笔下，则是伫立于故乡之中那座父亲的花园；对史铁生来说，是承载他叩问命运的地坛。置身属于自己的园子中，一个又一个孩子敞开自我，嬉戏玩耍，自由无拘，纵然挥汗如雨，亦是乐此不疲。园子中的童年时光，任由其随意挥霍，因此，少年们得以享受到身体、心理连同精神"舒展到说不出的大"所带来的多重愉悦。这是因为作家曾经年少，所以他懂得孩子，理解童年时光里的自己，明白一个人不但需要拥有梦想，而且需要能够发现属于自己的园子，以承接生命的阳光雨露，在其中挥汗如雨，纵情成长，享受生命的主动敞开和自由舒展。扩而言之，在特定区域的童年时光中，每个人都有独属于自己的生命小园，任其尽情嬉戏，快乐学习，依时成长，发展出健康的身体自我、健全的智力自我与丰盈的精神自我。

---

① ［奥地利］西格蒙德·弗洛伊德：《论文学与艺术》，常宏译，国际文化出版公司2001年版，第255页。

一 交相辉映的生命乐园

《从百草园到三味书屋》完成于1926年9月18日，是鲁迅在45岁时运思执笔所完成的一篇具有自传性质的回忆性散文，基调舒缓明丽，在自由联想与无拘想象中，中年之"我"将此时此地的生命样态与童年时光进行连接，搭乘由文字建造而成的时光机器，返回童年的故乡，穿梭于百草园和三味书屋之中，在童年的时空中悠然漫溯，实现了对少年之"我"的亲切拥抱。在鲁迅的童年生命世界中，那里是丰富的玩乐之地与学习之所，能够放置回忆性书写中的自我。借助生命成长核心议题的统摄，鲁迅将记忆空间锚定在百草园和三味书屋，前者置于"我家的后面"，后者设在私塾之中；一是私人化区域，另一为公共性空间，共有三个园子：百草园、三味书屋以及三味书屋后面的小园，构成了少年鲁迅两个成长时空中的生命乐园。

在中年鲁迅回忆之镜的映照中，儿时嬉戏玩耍的百草园朝暮之景不同，四季之象各异，犹如一座"大观园"，林林总总的生命成长在这里：碧绿的菜畦，光滑的石井栏，高大的皂荚树，紫红的桑葚，金黄的菜花，缠绕着的何首乌藤和覆盆子藤，相互依偎；叶间长吟的鸣蝉，伏在菜花上的黄蜂，浅吟低唱的油蛉，拨弄琴弦的蟋蟀，翻开断砖遇见的蜈蚣，一如其所是，均对少年鲁迅有着迷人的吸引力，为他纵情玩耍提供了物质基础。在百草园中，少年鲁迅是一个热爱自然、灵动张扬的孩子，他有一双善于观察的眼睛，看到花草树木的竞相生长与鸟兽昆虫的喜怒哀乐；他打开倾听的双耳，迎接天籁的到来；他对万事万物充满好奇，将何首乌根牵连不断地拔起来，看看能否找到像人形的；他以主动敞开的生命样貌，如饥似渴地汲取新知；他拥有敏锐细腻的心灵，用于捕捉动静之间的美好事物。在少年鲁迅的眼中、耳内、心里，百草园一年四季风景各异：春日绿园中的生意盎然，夏日星空下长妈妈的故事讲述，秋日丰园中的果蔬累累，冬日荒园里的万籁俱寂，待到白雪纷沓而至，欢乐自然蕴藏其间。大概在1892年，鲁迅相继结束了跟随三位"叔祖辈"

塾师周玉田、周花塍、周子京的学习生活，在依次完成开蒙，最初的读书，以及刚接触"四书"不久后，转入三味书屋学习①，开启了新的生命体验：恭敬拜先生，好奇问怪哉，静心学写字，挑战对对子，师生齐诵读，课上偷画画，这是知识世界向少年鲁迅发出的热情召唤，也是他生命敞开之下的主动吸纳；多元化的学习活动反过来又促使鲁迅潜心向学，《幼学琼林》《论语》《周易》《尚书》等典籍的浸润，"夯实了他的国学基础"②。在三味书屋内，不但有具身沉浸投入学习的书生鲁迅，而且有能玩会玩、好（hào）玩好（hǎo）玩的顽皮少年，他们共同构成了鲁迅的童年自我。三味书屋后面那个很小的园子镶嵌在私塾之中，就其规模而言是具体而微的百草园，为少年鲁迅玩中学提供了新的空间。作为休憩之地，小园对学习之余的孩童发出了新的召唤与邀请，少年鲁迅欣然接受，他曾与同伴相约偷跑出去，在小园中攀折蜡梅花，捉了苍蝇喂蚂蚁，这里成为藏息相辅教学原则的实施场所。从功能上来看，鲁迅童年生命中的三个园子可以描述为：作为乐园的百草园，作为学园的三味书屋，作为憩园的三味书屋后面的小园；就其性质而言，它们无疑都是中年鲁迅回忆中不可或缺的精神乐园。在中年鲁迅笔下，置身乐园的少年敞开自我，凝视万物之姿，倾听自然之声，洞悉知识之美，品味生命之感，汲取成长所需的琼浆玉液，滋养出更新的自我。

从鲁迅的生命成长史来看，他17岁告别家乡前往南京求学，自此离开百草园和三味书屋，随着年龄增长，走向更加辽阔的外部世界，在童年乐园中度过的时光一去不复返，不过，两个记忆空间中的三个生命之园具有包孕性，在鲁迅审视、回味生命历程之时，成为定格在悠长时光中的珍贵镜头。沉浸其中的少年鲁迅在凝视，在倾听，在触摸，在欣赏，在体验，个体自我与外界他者进行着充分交流与积极互动，是玩中学与学中玩的完美融合，进而发展出玩中创与创中玩。彼时的鲁迅拥有这份

---

① 周作人：《鲁迅的青年时代》，中国文史出版社2020年版，第7—8页。
② 陈思和：《作为"整本书"的〈朝花夕拾〉隐含的两个问题——关于教育成长主题和典型化》，《杭州师范大学学报》（社会科学版）2021年第1期。

欢喜，持有这份好奇，一切都因充分的感受，具身的体验，在自我与他者之间建立起连接关系。敞开自我的少年鲁迅，主动打开了通往外部世界的大门，实现了少年生命的自由舒展，进入生命成长的新天地，体验到不同的生命样态，这是舒展生命的优质副产品。鲁迅用自己的早期成长诠释了：每一个生命主体均需要葆有好奇之心，随时随地打开自己，接纳自我，朝向他者；如果缺乏这种意识，不具备该项能力，关闭了通往开放自我、朝向他者的开关，就比较容易陷入相对制式、过于雷同的生活圈层之内。从当下来看，"不断敞开自我，在自我与自我、自我与他者之间建立深度连接关系"①的成长理念与发展实践，自童年以来便逐渐内化于鲁迅的生命中，促使他源源不断地学习新知，提升思维，优化审美，扩充体验，熔铸成为日日新又日新的青年鲁迅，走向饱满且有力量的中年鲁迅，既成为他日后童年书写的原初智力支持与素材源泉，又成为他生命持续建构的支持系统与不竭动力。

二　空间转换的童年书写

在书写本文时，鲁迅的中年之"我"向少年之"我"靠近，并以时光为线串联起早年生命中的粒粒珍珠。完成这样的活动，需要鲁迅主动打开自我，自由切换不同时空中的独特自我，并将自我生命成长史主动朝向外界敞开，为此，沉睡在记忆深处的人、事、物苏醒过来，在鲁迅的回溯性书写中摇曳生姿，一种对于生命存在自然如是的博大胸怀，一种对于万事万物的亲近包容，都在鲁迅的笔下铺展开来。鲁迅运用五彩的笔，创绘出自己的童年生活画卷，在其中，"他毫不粉饰，也不遮盖，敞开自我的生命世界，让我们察看，供我们倾听。那是他最熟识的世界，也是我们最生疏的世界，我们天天过活，自以为耳聪目明，却因未曾书写，永逝了曾经的生活"②。相反，鲁迅早年生命中的那些景、那些人、

---

①　武志红：《深度关系》，九州出版社2023年版，第216页。
②　张定璜：《鲁迅先生》，李宗英、张梦阳编《六十年来鲁迅研究论文选》，知识产权出版社2010年版，第32页。

那些事,从纷飞的雪花里复现,在吹散的大风中聚拢,重构出童年之美,成为他无法抗拒的精神诱惑:"曾见过北方的黎明,也走过异国的雪景,却终究难抵旧年蝉鸣。"① 梦中的故园源源不断地滋生出"思乡的蛊惑",如潮水般奔涌而至,一发不可收,文字从记忆中涌现,跃然纸上,仿佛"从记忆中抄出",酣畅淋漓地成就了这篇回忆童年生活的文学传记,字里行间洋溢着少年鲁迅温怡平和的知足与中年鲁迅纵情书写的飞扬。百草园中的花草虫鸟,三味书屋内的朗朗书声,小园里的放飞自我,连同少年鲁迅所具有的自由联想与不羁想象令人心驰神往,形塑出鲁迅清新活泼的童年生活世界,建构出他多元立体的早年生命图景。对少年鲁迅生命成长不可或缺的主体还包括他人,将记忆定格在三个乐园的中年鲁迅,款款走进童年世界,诚挚邀请他生命成长过程中的重要他人——登场:母亲的替代者——慈爱的长妈妈,父亲的替代者——广阔的闰土父亲,以及文化之师——融极方正、质朴、博学于一身的书塾先生寿镜吾,他们曾出现在少年鲁迅的生命中,以母爱、父爱、师爱慷慨地赋予鲁迅身体发育、技能提升与精神开阔所必需的"奶、蜜和盐",倾其所有来养育、去关心、施教化,滋养了他的身体自我、智力自我与精神自我。时隔多年,他们穿过长长的岁月,在中年鲁迅的文字中复活,与少年鲁迅欣然重逢,实现了生命与生命再次相遇,成为鲁迅童年乐园不可或缺的建设主体。

从文字风格来看,在记录百草园这一成长空间时,鲁迅在文章开篇即不避行文繁复,运用比喻、拟人、排比等修辞手法,加以色彩美学的渲染,深情描绘了百草园中的动物、植物,以及在百草园中纵情玩乐的个体生命,给人以浓墨重彩之感,这与童年鲁迅恣意畅快的生命节奏、充满好奇的生命体验密切相关,中年鲁迅敏锐捕捉到了这种感觉与体验,将童年自我对自然风物的流连忘返,以及对逸闻趣事的兴味盎然书写下来。当进行学园与憩园两个空间书写时,中年鲁迅的笔调发生转向,变

---

① 周作人:《鲁迅的故家》(封底),江苏人民出版社2018年版。

得平实而舒缓。同样是写园中嬉戏,在憩园中运用了这样的文字表达:

> 三味书屋后面也有一个园,虽然小,但在那里也可以爬上花坛去折蜡梅花,在地上或桂花树上寻蝉蜕。最好的工作是捉了苍蝇喂蚂蚁,静悄悄地没有声音。①

文字简约平实,节奏舒缓,娓娓道来。书写风格变化的原因主要在于:当生命渐渐长大,少年鲁迅进入书屋学习,他观察事物、思考问题、体验生命的范式发生了变化。随着心智发展,他置身的区域不同,心境发生变化,文字风格也必然呈现出差异。不过,三个乐园内"变"中始终贯穿着"不变"的核心:在童年乐园中,少年鲁迅始终葆有着自得其乐的生命状态。当中年鲁迅进行童年乐园书写时,记忆的闸门主动打开,个体感受与生命经验得以唤醒,乐园中的一草一木、一虫一鸟,以及亲人师友从沉睡的记忆中苏醒,向中年鲁迅挥手示意,经过他的文字加工,形成了对童年乐园的个性化书写。本文是清新活泼的,也是富有生命活力的,有着神奇的衍生力,"既散发出人类生存永恒芬芳的泥土气息,又混合着源于传统与现代人性的美善,构成了《从百草园到三味书屋》的神异之处"②,再次证明了个体乃至人类的早年生活始终是艺术灵感的不竭源泉。

反观鲁迅书写时启动的个体感受与独特经验,是他将自我生命放置于庞大的政治体系、经济体系、文化体系运作时所产生一切影响的综合体验,这种体验来自活泼泼的现实生活世界,因此,也更细腻、更生动、更独特。自由无羁而纵情玩耍的少年鲁迅,在童年的百草园里、书屋内、小园中嬉戏求知;冷峻理性但不乏温情的中年鲁迅,透过现实生活世界拥抱童年时空中的自己,因受触动而秉笔书写那段时光。在中年鲁迅看来,童年生命中真实存在的乐园、学园、憩园交相辉映,活力与魅力皆

---

① 鲁迅:《鲁迅全集》第2卷,人民文学出版社2012年版,第290页。
② 郜元宝:《鲁迅六讲》(增订本),北京大学出版社2007年版,第89页。

备，对身处困境的他发出召唤，于是他借助文字游走于童年与中年的时光通道里，穿梭在北京、厦门、绍兴等地理空间内，徜徉在现实世界、回忆生活与文学想象的三度时空内，并在其中实现自由切换，以文学之笔描绘出留驻在他生命中熠熠生辉的三个园子，建构出童年生活世界中的多重自我。童年鲁迅的独特生命样态经由中年鲁迅的深情凝视与沉浸倾听，被他看见与听到，由他书写出来，《从百草园到三味书屋》就此诞生。其诞生既离不开鲁迅细腻的感知力、深刻的洞察力与充沛的体验力，又与他向精神空间不断拓展密不可分，多种因素综合作用促使鲁迅将童年生活从无序、离散之态提升至逻辑缜密、情感沛然之境。

三 主体生命的诗性追寻

"散文，兼具'自我'与'个性'，最适合抒写个体生命的主观情感和心灵世界"[1]，相较于其他文体，散文中的"我"与作家有着更高的契合度，"作家当创作之际，则表现着最纯真、最不虚假的自我"[2]，具有自传性质的回忆性散文尤为如此，是作家生命之真与文学之诗的彼此镶嵌，成为他自我生命诗性追寻的有力证明。对鲁迅而言，那些逝去的岁月，在回忆之时，令他无限思念，倍加珍惜；这些写出来的文字，既印刻着岁月的痕迹，又带有时光的温度，还伴随着生命的惆怅。纵观鲁迅的童年生命成长史，可知进入三味书屋不久，他此前所拥有的自由自在、快乐无拘的童年时光像流星划过天际般短暂，无情地弃他而去，现实生活世界中的阴霾步步逼近，遮蔽了他生命的光芒：祖父身陷囹圄，父亲罹患重疾，周围人异样的眼光，以及无法避免的窃窃私语。这些遭际，让少年鲁迅从天堂堕入地狱，心理上经历了极大的落差，他过早地承担起成年人的重担，同时也将那个童年时期的自己安放在一个美好而隐秘的角落，时时回望。童年的乐园终将失去，但写下它并用心珍藏，是作家永久留驻生命的不二法门。在本文中，百草园和三味书屋对鲁迅均有着

---

[1] 刘锡庆：《中国现当代散文欣赏》，《中学语文教学》2001年第1期。
[2] ［日］厨川白村：《苦闷的象征》，鲁迅译，人民文学出版社2007年版，第86页。

重要意义,是中年鲁迅追忆童年生命时情不自禁跃入脑海的两个成长空间,它们共同塑造了少年鲁迅,自此之后的生命成长可以从童年这两个区域化空间中寻找到源头,汲取到最初也是最具源头性的力量:百草园和三味书屋俨然已经成为中年鲁迅慰藉受伤心灵的精神港湾,在这里,鲁迅遇见自然,经历人事,享受自然风物带来的快乐,体验重要他人给予的温暖,童年时光里物、事、人的存在为中年鲁迅带来温暖润泽。在百草园中亲近自然,在三味书屋中学习新知,鲁迅一直都是个性独特的、充满活力的生命主体,正是拥有这样多维体验的童年生活,并一直葆有对自我生命的主动敞开,对外界他者的积极关注,鲁迅不断地汲取,滋养出饱满充盈的少年生命。这有助于释放他天真无邪的童心,丰盈他的精神世界,养成纯朴善良的人性,促使他成长为强健有力的生命个体。终究有一日,鲁迅开始吐纳,持续书写,创作出包罗万象的文章,在抒情中遇见自己,在讽刺中窥见生活,在批评中蕴含幽默,这既是优秀作品的诞生机制,又成为鲁迅的创作心理。因为在艺术的世界中最可贵的就是赤诚的人性与纯真的童心,从某种意义上来说,这颗童心成为鲁迅能够进行可持续创作的活水源头。

在《从百草园到三味书屋》的创作中,根据时空变化,鲁迅对记忆进行了区域化书写,在空间转换中聚焦童年乐园,避免了因记忆的跳跃性、非连续而导致的细碎化,防止了书写内容"一地鸡毛"现象的发生。它具有一定的难度,主要原因在于:"在生命的早年岁月中,个体心智尚未发育成熟,因而缺乏连续性的记忆,这是一个事实。在隔着长长岁月的印象中,至多存在一些星星点点的记忆之岛,仿佛无尽黑夜之中的孤灯或者发光物体。"[①] 鲁迅之所以能够完成这篇散文,正在于他将童年生活世界放置在"回忆"这一蒸馏器里,非连续化的生命细节在其中"被蒸馏出了'诗意',成为'深度瞬间',它是对童年生命体验的提纯与升

---

① [瑞士]卡尔·古斯塔夫·荣格:《未发现的自我》,张敦福、赵蕾译,国际文化出版公司2001年版,第173页。

华,完成了对记忆中生命的纯化,照亮了困顿中年生命的暗夜"①。以回忆视角审视童年自我并进行书写,既不是对童年自我生命的忠实记录,也不是对其进行复制粘贴,而是熔铸童年之我与中年之我所完成的诗意建构,最终催生出新的自我。《从百草园到三味书屋》就是中年鲁迅将当下自我的生命记忆植入童年书写活动中:他乘着时光机器,暂时离开现实生存困境,到童年世界中快哉畅游。在文字世界中,鲁迅舒展精神,打开感官,以优质的感觉现身:视觉深邃,听觉绵密,嗅觉敏锐,触觉细腻;从心理品质来看,鲁迅博闻强识,耐力持久,韧性十足,这使得本文散发出童年的活力,生发出打通不同生命阶段的力量,富有攫取人心的魅力。借助文字所进行的心灵之游,鲁迅捡拾起生命历程中绽放的"朝花",这得益于他彻底解放自己的身体,彻底解放自己的心灵,彻底解放自己的精神,以开放自我、贯通天地的大生命体验进行书写,形成了独特而温暖的鲁迅式的异境想象。在鲁迅对童年乐园的回溯性书写中,我们看到了完全生命世界中自由自在、无拘无束的鲁迅,因为童年生活赋予他前行的力量,令他隐退了中年生命的孤愤与沉重。真实童年生活的文学化书写,借由回忆滤镜的自动过滤,洋溢着诗情画意,给人以轻松、幽默、欣慰与天真之感。鲁迅立足中年回望童年创作而成的舒缓、明丽、温暖之作,可以视为身体疲惫、心理困顿、精神彷徨的"精神界之战士",行进在传统与现代、彼时与此时的道路上,朝向自己"童年的永恒韶光"所投去的深情一瞥,纾解了鲁迅孤愤苍凉的心结,与充满批判性的战斗檄文一道共同创绘出饱满而深邃的灵魂自画像。从这层意义上来看,"与其说鲁迅有着中国现代文学史上最痛苦的灵魂,不如说他有着中国现代最善于领略生命大欢喜的一颗最充实的灵魂"②,借以不断实现对自我生命主体的诗意追寻。

---

① 谈凤霞:《"人"与"自我"的诗性追寻——中国现代文学中的回忆性童年书写研究》,博士学位论文,南京师范大学,2007年,第98页。
② 郜元宝:《鲁迅六讲》(增订本),北京大学出版社2007年版,第89—90页。

四　记忆区域化童年书写的完成溯源

文本的诞生有其时代境遇与主观机缘。解开《从百草园到三味书屋》的问世之谜，需要返回鲁迅的写作现场，还原他当时所处的社会现实，以及他个人的生命样态。借助史料可知，1926年"三·一八"惨案之后，鲁迅被北洋军阀列入50名过激教授和"智识分子"名单，并遭到通缉，他无法公开与北洋军阀作斗争，在朋友林语堂的引荐下接受厦门大学的聘请，离开北京。1926年9月4日，鲁迅抵达厦门大学时正值暑假，学生尚未开学，经过辗转流徙，他心绪芜杂，与现实生活世界存在不少冲突，心理上与之疏远。加之，"人到中年，前途渺茫，不知道如果再离开厦门大学，该往何处走，有时甚至还感到了一点世界的苦恼"①。从文化背景上看，当时新文化运动处于落潮之势，在鲁迅心头投下了浓重的阴影，厦门大学也处于寂静与沉闷的笼罩下，他感到"目前是这么离奇，心里是这么芜杂"②。风雨飘摇的社会现实与退潮低回的文化处境落在个体鲁迅身上，吞噬着他的斗志，"荷戟独彷徨"的鲁迅自然也无法始终保有高涨的情绪：《呐喊》《彷徨》式的现实兴趣减退了，《野草》中所呈现的逼视内心、穷追不舍的生命劲头也难以持久，创作《华盖集》时"收获"的灵魂的荒凉和粗糙亦需另外的补偿。在政治、经济、文化洪流的裹挟之下，想要遗世独立的鲁迅难以完全超拔出来，生命陷于旋涡的他感到孤寂落寞，蜗居一室，"躲进小楼成一统，管他春夏与秋冬"，成为"笼中困兽"的鲁迅无法实现身体的自由奔跑，此时的他"不愿意想到目前，于是回忆在心头出土了"③。所幸的是，人的精神终究是囚禁不住的，鲁迅的心灵深处始终保有辽阔苍茫的大地与无限高远的天空，任其自由奔跑，纵横驰骋。这种状态是鲁迅韧性生命一以贯之的表现。1907年，鲁迅曾在《摩罗诗力说》中发出这样的呼告："今索诸中国，

---

① 鲁迅：《鲁迅全集》第4卷，人民文学出版社2012年版，第19页。
② 鲁迅：《鲁迅全集》第2卷，人民文学出版社2012年版，第290页。
③ 郜元宝：《鲁迅六讲》（增订本），北京大学出版社2007年版，第88页。

为精神界之战士者安在？有作至诚之声，致吾人于善美刚健者乎？有作温煦之声，援吾人出于荒寒者乎？"① 在现实世界中，最终能够"作至诚之声"，以及"作温煦之声"帮助鲁迅走向善美刚健者，乃至走出荒寒者，寻遍茫茫人海，让他充满期待的那个人却是他自己。作为"精神界之战士者"，纵然堕入困境，中年鲁迅依然主动敞开自我，凝视自我，连接自然，贯通他人，创绘出《从百草园到三味书屋》这朵温暖而明丽的"朝花"，其诞生正契合了"生命受了压抑而生的苦闷懊恼乃是文艺的根柢"② 之创作理念。

在这篇回忆性童年书写中，鲁迅不断寻找自我来路，这是人到中年的鲁迅在生命陷入困顿之际，于孤独中寻求慰藉与再次前行的力量，使充斥生存焦虑的灵魂获得短暂的纾解，它成为中年鲁迅对置身生命困境自我的主动拯救。在鲁迅的笔下，首先映入我们眼帘的是"我家的后面有一个很大的园，相传叫作百草园"，对童年鲁迅而言，它是生命中永远在场的"精神乐园"。值得一提的是，在和鲁迅有着共同生命记忆的兄弟周作人看来，"百草园的名称虽雅，实在只是一个普通的菜园，大概可能有两亩以上的地面"③，与鲁迅的文字"其中似乎确凿只有一些野草"相呼应，可推测出百草园当时的实际样貌，在中年鲁迅的回忆中以及文学化的书写下，百草园焕发了活力，她敞开宽广而博大的怀抱，向少年鲁迅发出温暖而热情的召唤，一跃成为他的生命乐园。一段泥墙根，几丛杂草，数块断砖，甚至连蜈蚣、斑蝥这些大煞风景的小毒虫，也可以为少年鲁迅尽情把玩儿，带给他遇见的惊喜，富有神奇的乐趣。回忆时，中年鲁迅清晰地记得每一个有趣的场景，他书写的是印刻在他生命中的童年时光。作为乐园的百草园、作为学园的三味书屋、作为憩园的小园，不仅带给少年鲁迅一个声色交汇的物理空间，而且成为中年鲁迅消解压抑心理、安放孤独灵魂、走出生命泥淖的精神乐园。童年生命的主动敞

---

① 鲁迅：《鲁迅全集》第 1 卷，人民文学出版社 2012 年版，第 91 页。
② ［日］厨川白村：《苦闷的象征》，鲁迅译，人民文学出版社 2007 年版，第 22 页。
③ 周作人：《鲁迅的故家》，江苏人民出版社 2018 年版，第 11 页。

开与自由舒展，构成了鲁迅早年生命中的温暖底色，或显性或隐性地影响了他的生命成长取向，促使他走出绍兴，进入南京，走向异域，来到日本，最终走到了"和世界同步的前沿上，他开始放眼世界，认识世界了"①，鲁迅的精神自我因而变得强健而辽阔。当生命陷入困顿之时，中年鲁迅回望精神高地，以期从早年生命中寻求前进动力。正如现代发生学所认为的，一个人在他童年时期所遇见的人、所经历的事、所体认的物，总是会潜移默化地影响着他的价值取向、思维路径、言说样貌与行为方式。尽管风雨飘摇的社会，令中年鲁迅生发出"不知该往哪里走"的迷惘之感；不过，在超越了青春的躁动、经历了岁月的沧桑之后，中年鲁迅在童年时光中寻求到了挣脱羁绊、冲破桎梏的神奇密码，逃离迷失自我的陷阱，开启了冷静而理性的生命范式，臻于生命的成熟之境。

结语：记忆区域化童年书写的价值

童年是个体与人类生命的源头所在，由此不断生长出更新的生命，由于成年之我知情意行的参与、审视、加工与重构，彰显新的意义，为一代代作家所书写。"几乎每一个伟大的作家都把自己的童年经验看成是巨大而珍贵的馈赠，看成是取之不尽、用之不竭的创作的源泉"②，而童年书写可以"重塑少年时光中的自己，与苍白的生命相抗衡，与失败的生活相抗衡，与永逝的时光相抗衡"③。那么，作家如何书写自己的童年生活，最终能够创作出怎样的童年生命样态？这既与作家的感知能力、知识储备、思维互联、生命体验、写作才情等因素息息相关，又离不开当下之"我"与童年之"我"的密切联结。中年鲁迅在进行回溯性书写时，暂时离开书写之时的芜杂心绪，将目光聚焦并以成长为着力点，从百草园切换至三味书屋和小园，三个生命乐园中留下了少年鲁迅的生命

---

① 陈思和：《作为"整本书"的〈朝花夕拾〉隐含的两个问题——关于教育成长主题和典型化》，《杭州师范大学学报》（社会科学版）2021 年第 1 期。
② 童庆炳：《作家的童年经验及其对创作的影响》，《文学评论》1993 年第 4 期。
③ 莫言：《四十一炮》，春风文艺出版社 2003 年版，第 444 页。

印迹。这样的书写具有记忆区域化的特点,表现出特定空间中的独特生命样态,其重要目的在于:中年鲁迅从童年乐园中汲取勇气和力量,萌生出对未来的希望,以对抗现实的寂寞与荒凉。本文植根于鲁迅早年生命蓬勃成长的肥沃土壤,笔笔摇曳生姿,散发出沁人心脾的芬芳。更重要的是,借助记忆区域化的回溯性书写,中年鲁迅不断实现了对自我生命存在的深度追问,进行着"我是谁?我从哪里来?我向哪里去?"的本源性思考,成为童年生命书写的一种范式,直接或间接影响着后世作家的童年书写。就其价值来看,作为具有自传性质的回忆性散文,《从百草园到三味书屋》让鲁迅的童年世界浮出历史地表,被一代代读者阅读、鉴赏、评价,既形成了对鲁迅回忆性散文的美学观照,又成为研究他生命成长极为珍贵的史学资料。

区域与共同体文艺

主持人语

主持人：刘　琴

主持人语：

共同体，作为区域新兴的重要对话者，对于区域文学与文化研究而言，极大地拓展了相关研究的视野，有望成为区域文学与文化研究的新的学术增长点，因而有着特殊的重要性。

李祖德教授的文章《"人民文艺"思想的生成与确立——从"四十年代"到国初的话语考察》通过对于"人民文艺"在20世纪40年代的生成发展乃至最终确立，从而展示了"人民文艺"思想与"区域的""局部的"或"地方的"经验的复杂互动。

刘琴的《重塑"附近"：社会美育与感觉共同体建构》通过具体案例分析了借助社会化美育实现共同体建构的可能，由此"附近"就在感觉的美育化之中得以实现乃至重构。

乔越、刘阳军在《中国性与世界性，地方性与全球性——简述朱立元对马克思主义美学的创新探索》一文中探讨了中国当代美学家朱立元先生的实践存在论美学对于马克思主义美学的发展及其对于中国当代美学的巨大贡献，因此展示出实践存在论在中国与世界之间的交流之中，所实现的地方与全球之间的对话。

"人民文艺"思想的生成与确立[*]
——从"四十年代"到国初的话语考察

李祖德[**]

内容提要：作为20世纪50—70年代中国文学的核心思想观念，"人民文艺"生成于"四十年代"多元的历史与文学时空。在"革命"、"抗战"与"建国"的多重主题之下，除了来自解放区、延安文艺的主要和直接经验，"四十年代文学"的其他"区域"经验也为"人民文艺"思想的生成、汇聚和最终确立奠定了历史的基础。从"四十年代"中"人民文艺"思想的生成，到第一次"文代会"之后的整合，再到新中国成立后第二次"文代会"其地位的确立与话语建制，显示出在20世纪中期中国新文学变革中"人民文艺"思想的普遍性、必然性与连续性。

关键词："人民文艺"思想；"四十年代文学"；生成；确立；建制

---

[*] ［基金项目］：2019年国家社科基金重大项目"中国现当代文学思想史"（项目编号：19ZDA274）。

[**] ［作者简介］李祖德（1975— ），男，重庆师范大学文学院教授，主要从事中国当代文学和中国现代诗学研究。

引　言

　　无论是在特定学科意义上的"中国当代文学"[①]中，还是在进入了20世纪50—70年代的"当代历史"进程中的中国文学里，"人民文学/文艺"毫无疑问都是处于核心地位的思想或观念。"人民文学/文艺"话语不仅长期支配和规约着当代中国文学、艺术的知识（再）生产和审美经验的（再）生产，还作为"意识形态国家机器"深度参与到当代中国的政治、社会意识形态的生产中，甚至在相当程度上形塑了当代中国人的"文化—心理"结构和"情感结构"。

　　在20世纪50—70年代，无论是国家文艺部门、国家领导人，还是文艺理论与批评界，在阐述新中国文艺指导思想、文艺政策及其他相关规章制度中，使用得更多的是"文艺"或者所谓的"大文学"概念，而不是现代（西方）文学理论和文体分类学中的"文学"概念。在概念、范畴的层级关系上，"文艺"一词自然纳并、含括了"文学"，但术语的替换不只是视野和范围的扩展，还体现了"文艺"一词"概括了对文化及其生产过程的一次大面积重新定义"[②]。也即是说，"人民文艺"不仅涵盖当代的狭义的"文学"，还包括当代的戏剧、音乐、美术、电影、舞蹈、戏曲和曲艺等多种艺术样式。"人民文艺"体现了文学、艺术门类、语言材料、传播方式的多样性和丰富性，但其重要意义并不在于此，而在于"文艺"一词打破而且重组了"五四"新文学以来由精英知识分子/文学家主导的"文学界"，也超越了其"文学/文字/书写中心主义"和基于资本主义印刷文化的启蒙主义文学观念，从而使"文学"，包括更广泛的各种"文艺"类型样式，才有更大的可能建构起并体现出广泛而充分

---

　　① 从学科史和概念生成的历史来看，"中国当代文学"特指1949年以后的中国文学，而且是指发生在特定的"社会主义"历史语境中的文学，它是基于时代政治和特殊意识形态需要建构的产物。参见洪子诚《"当代文学"的概念》，《文学评论》1998年第6期。另参见洪子诚《中国当代文学史》（修订版），北京大学出版社2007年版，第3页。
　　② 罗岗：《论"人民文艺"的历史构成与现实境遇》，罗岗、孙晓忠主编《重返"人民文艺"》，上海人民出版社2019年版，第4页。

的"民主性"和"人民性"。无论是基于"中国当代文学"历史中已存在的这些概念、话语本身,还是出于话语考察和分析的需要,只有在"文艺"一词的指涉范围内才能更充分地析出"人民文艺"的内涵。

20世纪50—70年代的"人民文艺"思想,无论在概念、术语,还是在主要内涵上,都主要和直接来源于40年代解放区和延安文艺实践中的"工农兵文艺"思想。但在20世纪中期较长时段的历史进程中,"人民文艺"思想也内在于40年代特殊而多元的历史时空以及充满复杂张力的"四十年代文学"。也即是说,解放区、延安文艺亦是"四十年代文学"一种独特的"区域"形态和"地方"经验。在40年代"革命"、"抗战"和"建国"的多重时代主题和文学主题下,其他"区域的"、"局部的"或"地方的"经验也同样为"人民文艺"思想的生成、传播与最终汇聚提供了多元的空间。由此,40年代不再是一个单纯的时间段落,作为20世纪上、下半叶的交汇处,"四十年代"①已成为多重现代性问题交叠的历史时空,并由此成为一个富有问题性的研究领域。作为整体的,但同时又内在地包含了政治、文学文化区域分化的"四十年代"和"四十年代文学",为"人民文艺"思想的生成及其在新中国成立后的确立与话语建制奠定了历史基础和条件。

一 "四十年代"区域经验与"人民文艺"思想的生成与汇聚

(一)解放区与"人民文艺"思想的生成

首先可再次简要回顾"四十年代文学"中解放区、延安文艺这一面的历史。无须赘言,"人民文艺"思想集中体现在毛泽东《在延安文艺座谈会上的讲话》(以下简称《讲话》)这一经典的思想与理论文本中。此前,"人民文艺"思想的部分内涵虽然已在"五四"新文化运动及后来一系列文艺大众化运动中有一定的体现,尤其在"平民文学""普罗文学""革命文学""左翼文学"中获得了"普罗"、"大众"、"底层"或"革

---

① 学界一般将"40年代"作为纯粹时间概念,"四十年代"作为文学与文化意义上的时间概念。

命"、"阶级"等观念和经验,但真正明确起来,还是到了1942年《讲话》发表之后。

作为"四十年代文学"的一种"区域"经验,《讲话》主要面向延安、解放区的文艺工作者传达"文艺为人民"这一基本观念,意在指明文艺工作的"工农兵方向",同时也为知识分子思想改造指明方向。《讲话》把文艺的全部问题都集中于文艺"为什么要",以及如何"为人民""为群众"的问题。在"引言"部分,《讲话》从革命斗争力量、阵营和战线的划分,阐述了文艺工作的"立场问题"、"态度问题"和"工作对象"。《讲话》旨在表明:文艺属于人民;文艺也是为人民服务的,而且首先是为工农兵服务;文艺也必须符合人民喜闻乐见的"中国/民族"趣味与风格。围绕"文艺为人民"这一中心问题,《讲话》广泛涉及文艺与人民大众生活、文艺与革命目标、知识分子与人民之间的情感关系等诸多方面,其思想、理论已经具有相当程度的体系性和完整性。这标志着"五四"新文学以降,直至延安时期,"人民文艺"的思想才真正明确起来。

《讲话》发表之后,延安的理论阐释者周扬,依据《讲话》的精神及其中一些文艺观点编辑了《马克思主义与文艺》[①] 一书,分别从意识形态与文艺、文艺的特质、文艺与阶级、无产阶级文艺、作家批评家等角度编选了一些体现马克思文艺思想与理论观点的论著。编者周扬在"序言"中这样阐述了《讲话》的意义:"很好地说明了马克思、恩格斯、列宁等人的文艺思想,另一方面,他们的文艺思想又恰好证实了毛泽东同志文艺理论的正确。"[②] 周扬认为,革命的文艺只有把为现实政治斗争服务放在优先的位置,才能符合人民群众的利益和愿望,从而有利于实现人民的解放。在"人民文艺"的话语谱系中,周扬这篇序言更重要的理论意义在于凸显文艺与人民的关系的问题,使"人民文艺"的思想和观念得

[①] 周扬编:《马克思主义与文艺》,解放出版社1944年版。另见周扬《马克思主义与文艺》(第二版),大众书店1946年版。

[②] 周扬:《马克思主义与文艺·序言》,《解放日报》1944年4月8日。

到了普及与推广。这一点也得到了"讲话者"毛泽东本人的肯定:"把文艺理论上几个主要问题作了一个简明的历史叙述,借以证实我们今天的方针是正确的,这一点很有益处。"①

同时,时在延安的中共中央宣传部、文艺部门也进一步对《讲话》及其"人民文艺"思想进行了强调和阐发,并进行了具有方针化和政策化的引导,认为《讲话》不但具有理论意义,而且具有创作实践的指导意义:"文艺为人民服务"是具有"普遍原则性的,而非仅适用于某一特殊地区或若干特殊个人的问题。无论是在前方或后方,也无论已否参加实际工作,都应该找到适当和充分的时间,召集一定的会议,讨论毛泽东同志的指示,联系各地群众各个人的实际,展开严格的批评与自我批评"。对此,中共中央宣传部还做出要求:"内容上反映人民的情感意志形式上易演易懂的话剧与歌剧(这是熔戏剧、文学、音乐、跳舞,甚至美术于一炉的艺术形式,包括各种新旧形式和地方形势),已经证明是今天动员与教育群众坚持抗战,发展生产的有力武器,应该在各地方与部队中普遍发展。"②虽然在此时的延安及其他解放区,中共中央宣传部门及其领导的文艺界还未直接提出"人民文艺"的口号,使用得更多的是"群众文艺"等类似概念,但《讲话》中已然明晰的"文艺为人民"的核心思想已经可以统摄和涵盖"群众文艺"等概念,也可以统摄和涵盖第一次"文代会"和新中国成立后仍然频频使用的"工农兵文艺""大众文艺""群众文艺"等口号。

从《讲话》的精神及解放区、延安文艺界的阐发可以看到,"人民文艺"的思想的核心问题在于如何理解和处理文学艺术与人民的关系。其中包含了以下几个重要的文艺思想、立场与方法等问题:第一,文艺是为人民服务的,这是思想立场问题;第二,文艺如何为人民服务,在表述上这主要体现为方法论的问题;第三,文艺属于人民,"人民文艺"要

---

① 毛泽东:《致周扬》,《毛泽东书信选集》,中央文献出版社2003年版,第228页。
② 中共中央宣传部:《中共中央宣传部关于执行党的文艺政策的决定》,《解放日报》1943年11月7日。

创造的正是属于人民的文艺，这一问题既包含了思想立场与方法，也包含了"人民文艺"的目标和愿景。自《讲话》发表以来，第一个问题无论是在解放区、延安文艺界，还是在国统区左翼文艺界以及其他进步文艺家、理论家的阐释中，都得到了广泛的接受和认可，也一直被强调和重申。第二个问题，除了《讲话》中强调的"普及""提高""政治标准第一，艺术标准第二"等具体"方法"之外，还隐含着一个更重要的问题，那就是知识分子的思想改造、审美经验转换和立场、情感转变问题。这也是新中国在成立后一直致力解决的一个社会政治命题，从而成为一系列文艺批判运动的关键所在。而第三个问题则意味着"人民文艺"是"人民的"文学与文艺，即人民是文学艺术的主人，人民拥有文学艺术的所有权和领导权，不能由资产阶级和精英知识分子垄断文艺，包括文艺思想、观念、经验和方法。"人民文艺"的宗旨在于建构和塑造"人民"这一新的文学艺术主体和现实政治主体。

除了"抗战"这一时代语境与文学主题，《讲话》以及解放区、延安文艺主要在"革命"的主题下建构了"人民文艺"的思想话语与问题结构。相对而言，国统区和其他"区域"的左翼和进步文艺界主要在"抗战"与"建国"的时代主题和文学主题下，进一步阐发了"文艺为人民"的思想，从而在一定程度上丰富和深化了"人民文艺"思想的内涵和问题性。

（二）其他"区域"经验与"人民文艺"思想的传播

在"四十年代文学"的"区域"构成中，长期被忽略的是来自其他"区域"的经验也对"人民文艺"思想进行了多向度的阐释与发掘。这些阐发在主观或客观上对《讲话》精神及其"人民文艺"思想的传播和普及都起到了重要的推动作用。值得注意的是，在一种"整体"的视野中，"四十年代文学"的其他"区域"经验显示出了在"抗战"和"建国"的时代语境下中国新文学的思想观念在方向上已呈某种趋同性甚至"一致性"。

1944年，身处国统区的胡风在论述现实主义文学的基本问题时，将"五四"新文学的传统尤其是现实主义文学传统"为人生"和"改良人生"的主张都视作"文艺为人民"的一种重要体现，他说："'为人生'，一方面须得有'为'人生的真诚心愿，另一方面须得有对于被'为'人生的深入的认识，所'采'者、'揭发者'就要有痛痒相关地感受到'病态社会'的'病态'和'不幸人们'底'不幸'的胸襟。这种主观精神和客观真理的结合或融合，就产生了文艺底战斗的生命，我们把那叫做现实主义。"① 胡风自然是认为在文学艺术与人民结合中只强调客观的现实生活内容远远不够，因而尤为强调作家的"主观战斗精神"或"受难"精神的重要性，从而显示出其强烈的启蒙立场。虽然在"文艺（家）与人民群众"的关系问题上，胡风的立场与《讲话》精神存在巨大的思想和逻辑差异，但在"文艺为人民"的思想、问题旨归上是一致的。冯雪峰1946年从"人民力量"的"主观"与"客观"的辩证关系，阐述了革命文艺只有站在人民的立场，真实反映人民群众变革的现实生活、思想情感和要求愿望，才能激发革命文艺的"主观战斗力"："人民的力量，对历史和社会的客观本身及其变动上的其他的客观条件说，是人民的主观的力量；但对作家或文艺的主观说，它是客观。人民的力量又是怎样来的呢？来自历史的现实的矛盾斗争中。正惟这客观的人民的斗争和力量，才是文艺的思想力，艺术力，作品或作者的一切主观战斗力的源泉。"② 胡风和冯雪峰主要从"表现人民群众"和"动员人民群众"角度阐发了"文艺为人民"思想的部分意旨，但也都从"文艺（家）"的"主观"这一层面丰富了"人民文艺"思想的维度。

20世纪40年代，更明确地提出"人民文艺"口号的是同样身处国统区、大后方的郭沫若。1940年后，随着毛泽东《新民主主义论》的传播和"民族形式"问题讨论的展开，郭沫若就已经在思考知识分子和人民

---

① 胡风：《现实主义的今天》，《胡风选集》第1卷，四川人民出版社1995年版，第370页。
② 冯雪峰：《论民主革命的文艺运动》，《冯雪峰选集·论文编》，人民文学出版社2003年版，第210页。

群众如何结合，如何创造"人民的文化"的问题。1945年，郭沫若正式提出了"人民本位"的文学立场和"人民文艺"的概念："人民的文艺是以人民为本位的文艺，是人民所喜闻乐见的文艺，因而它必须是大众化的、现实主义的、民族的，同时又是国际主义的文艺……它和一切变相的帝王思想、个人主义、法西斯主义、侵略主义等是完全绝缘的。"①而对于为什么要创建人民的文艺，郭沫若创造性地从"时代"甚至"世纪"的意识和视野提出了他的观点："今天是人民的世纪，我们所需要的文艺也当然是人民的文艺。"② 之于20世纪中正走向"现代/民族国家"，寻求"现代性"的中国和中国新文学而言，这个"时代"与"世纪"就是"抗战"与"建国"的，也必然是人民大众的"时代"与"世纪"："人民至上在今天是人类的认识所达到的最高阶段。在以人民为对象之下，一切都是工具，一切都得为人民服务。"③

1946年，郭沫若还在多家刊物如《太岳文艺》、《生存》、《天下文摘》、《唯民周刊》、《文艺生活》（桂林）发表了《走向人民文艺》一文，广泛传布其"人民文艺"观。从郭沫若的论述可以看到40年代"抗战"与"建国"的时代潮流是如何导引了文学和文艺的思想、观念和主题。他甚至从文学艺术的"起源"与"滥觞"阐述了"人民文艺"的正统性和合法性："文艺从它滥觞的一天起本来就是人民的，无论哪一个民族的古代文艺，不管是史诗、传说、神话都是人民大众的东西。它是被集体创作、集体享受、集体娱乐。"④ 郭沫若对"人民文艺"和"人民立场"的阐述与认同，显示了在新的时代语境下中国新文学知识分子、文艺家的文艺思想立场的变动和自我调整："今天衡定任何事物的是非善恶的标准，便是人民立场——要立在人民的地位上衡量一切。我们要坚定这人民立场，严格地把握着人民本位的态度。举凡有利于人民的便是善，有

---

① 郭沫若：《人民的文艺》，《大公报》（重庆）1945年4月29日。
② 郭沫若：《人民的文艺》，《大公报》（重庆）1945年4月29日。
③ 郭沫若：《人民文艺（代发刊词）》，《新文艺》1947年第1期。
④ 郭沫若：《人民的文艺》，《大公报》（重庆）1945年4月29日。

害于人民的便是恶。遵守人民本位的便是是，脱离人民本位的便是非。"①

"五四"以来新文学知识分子、文艺家们在思想观念上的变动和调整，也源于他们所感受到的新的时代经验和文学经验。对于新的时代，需要确立何种新的历史任务，文学家、文艺家们也有了新的感知与体认，其中，作为进步人士和"民主战士"的朱自清，其感受和"感言"具有一定的代表性："我们现在抗战，同时也在建国；建国的主要目标是现代化，也就是工业化。目前我们已经有许多制度，许多群体日在成长中。……这些制度，这些群体，正是我们现代的英雄。我们可以想到，抗战胜利后，我们这种群体的英雄会更多，也更伟大。这些英雄值得诗人歌咏；相信将来会有歌咏这种英雄的中国'现代史诗'出现。……但现在是时候了，我们迫切的需要建国的歌手。"②"抗战"与"建国"，作为时代主题和文学主题，让文艺家们敏锐地感受到：一种新的历史（民族/国家）和新的历史主体（人民/民族）正在生成，要记录和表现这一过程，需要"史诗"，也需要"歌手"。可见，"人民"主体和"人民文艺"，在"四十年代"，也在"四十年代文学"中已成为新的召唤对象和叙述动力。

除了这些来自其他"区域"的经验以及对"文艺为人民"思想立场、观念的阐发，一些文艺刊物的创刊也显示了在"抗战"和"建国"的时代语境下"人民文艺"思想生成的某种普遍性和客观性。1946年1月，在北平创刊了由人民文艺社编辑的《人民文艺》，编者在"创刊词"中开宗明义地表达了其"人民文艺"的思想立场："文艺是文化工作的一部分，不能否认的，每一个文艺写作者要倾诉出人民的声音，表达出人民对自由民主的愿望和意志，成为真正国民精神的代言人！""以文艺的各种各样的形式与内容，表达人民生活的具体现象，对于争取民主的实践而奋斗！"③另外，1946年在东北由人民戏剧社编辑的《人民戏剧》、

---

① 郭沫若：《坚定人民的立场》，《解放日报》1946年7月23日。
② 朱自清：《新诗杂话·诗与建国》，朱乔森编《朱自清全集》第2卷，江苏教育出版社1996年版，第351页。
③ 人民文艺社：《在胜利以后——代发刊词》，《人民文艺》1946年1月创刊号。

1946 年由晋冀鲁豫军区政治部人民画报社编辑出版的《人民画报》和1948 年由苏北扬州行政区人民画报社编辑出版的《人民画报》创刊，虽然这些刊物历时不长，但也充分显示了随着政治、军事形势的变化，随着"抗战"与"建国"的时代和文学主题的不断深化，"人民文艺"思想广泛传播，不断朝向某一"历史关节点"汇聚的大趋势。

在 40 年代的延安和解放区，《讲话》中"人民文艺"思想和方向的确立，在理论上得到了较为系统和深入的阐释与建构，直接引领和推动了解放区、延安"人民文艺"实践的发展，并积累了丰富的"区域"经验，也为 50—70 年代的"人民文艺"和"中国当代文学"提供了直接的思想资源与历史经验。在"四十年代"和"四十年代文学"的"区域"与"整体"的视野中，延安之外的其他"区域"有关"人民文艺"的思想与理论阐述，一方面显示了对《讲话》精神直接或间接的"呼应"甚至"接受"；另一方面也显示了在"抗战"和"建国"的时代、文学语境和主题下，20 世纪中国新文学到了某个"时代"的节点而呈现的某种共同旨归。从"四十年代"的"区域"和"地方"视野追溯 50—70 年代"人民文艺"思想的生成和来源，并不意味着降低《讲话》和解放区、延安文艺的历史地位和奠基意义，而是说在"四十年代"特殊的"时代"和特殊的"20 世纪"视野中，"人民文艺"思想、观念和经验具有某种共通性和必然性。即是说，"人民文艺"思想的生成不仅仅是《讲话》宣传、导引的结果，而且是在"抗战"和"建国"的时代潮流和文学主题中，由共同的经验与意识汇聚而成。进而言之，"人民文艺"的思想既是导源于《讲话》和解放区、延安文艺的一种"文化政治"，也是一种源于"四十年代"和"四十年代文学"的历史本身的经验与意识。

二 新中国成立初期"人民文艺"思想与话语的汇聚与整合

新中国成立之初，为配合现实社会、政治形势的发展，文艺界于 1949 年和 1953 年相继召开了第一次（1949）、第二次（1953）"文代会"，并在其间开展了一系列文艺讨论。不过，此时的"中华人民共和国"还只是一个概念,是一个未完成的政治实体或"现代/民族国家"的"意象",它的历史尚未充分展开,正在"土地改革"、"社会主义革命"、"社会主义改造"和"抗美援朝"等现实政治实践中展开。"人民文艺"这个"想象的共同体"与作为有待完成的现实政治实体——"人民共和国"——形成了一种相互嵌入、建构和相互表征的关系。

在第一次"文代会"上,中共中央向大会发来贺电,希望全国范围内的一切爱国的文艺工作者进一步团结起来,进一步联系人民群众,广泛地开展"为人民服务"的文艺工作,使"人民的文艺"蓬勃发展起来,以配合新中国对人民群众的教育工作及其他文化工作,也配合新中国的社会、经济建设。周恩来在《政治报告》中指出:"文艺工作者首先去熟悉工农兵,因为工农兵是人民的主体,而工农兵又是今天在场的绝大多数所不熟悉的或不完全熟悉的",[1] 他还指出:"文艺工作者是精神劳动者,广义地说来,也是工人阶级的一员。"[2] 新中国成立前夕的第一次"文代会"就已着眼于"建国"的总问题以及"改造旧文艺"等问题,使"人民文艺"的思想和主题得到了极大的彰显。

会上几个专题报告从不同方面集中但又具体体现了在新的现实环境下"新的人民的文艺"的思想。大会主席郭沫若在其总报告《为建设新中国的人民文艺而奋斗》中再次明确提出了"人民文艺"概念,并将其确立为新中国文艺的发展方向和奋斗目标。报告总结了"五四"新文化运动以来文艺发展的历史经验和教训,将其概括为"为艺术而艺术"和"为人民而艺术"两条路线的斗争。这份报告认为,自延安文艺座谈会召开以来,在思想、理论和实践上都已经解决了"文艺为人民"的根本问题,文艺作品从内容到形式都发生了极大的变化。新中国文艺的根本任务就是要创造出无愧于新的时代和新的"民族/国家"的文艺作品,满足

---

[1] 周恩来:《在中华全国文学艺术工作者代表大会上的政治报告》,《中华全国文学艺术工作者代表大会纪念文集》,新华书店1950年版,第27页。

[2] 周恩来:《在中华全国文学艺术工作者代表大会上的政治报告》,《中华全国文学艺术工作者代表大会纪念文集》,新华书店1950年版,第25页。

人民对于文学艺术的要求，完成用文艺引导和教育人民的历史使命。

周扬代表解放区以《新的人民的文艺》为题，总结了解放区文艺运动的成绩和经验，将其归结为《讲话》提出的"人民文艺"方向的指导作用，同时也为未来的中国文艺提出了新的总任务和总目标："现在全国革命已取得基本胜利，中国正迈入一个广泛地从事经济建设、政治建设、国防建设和文化建设的新历史时期。我们的文艺工作者必须继续深入群众、深入实际，积极参加人民解放斗争和新民主主义各方面的建设，并通过各种艺术形式更多地更好地来反映这个斗争和建设。"① 周扬以此重申了《讲话》的方向性意义："规定了新中国的文艺的方向，解放区文艺工作者自觉地坚决地实践了这个方向，并以自己的全部经验证明了这个方向的完全正确，深信除此之外没有第二个方向了，如果有，那就是错误的方向。"② 第一次文代会和周扬对《讲话》意义的重申，确立了毛泽东文艺思想和"人民文艺"思想作为未来中国文学指导思想的地位。同时，因为新中国政府的工作中心即将从农村转移到城市，周扬也及时地指出："和以往有多不同，在新的环境下应该多写工业生产和工人阶级的作品。"③ 茅盾则代表国统区进步文艺界以《在反动派压迫下斗争和发展的革命文艺》为题作报告，他主要总结了国统区革命文艺运动的成绩和经验，显示了国统区进步文艺在特殊的政治文化环境下不同于解放区的风貌和特点，但他同样指出遵循"人民文艺"方向、向"人民文艺"靠拢的重要性。除周扬、茅盾外，还有傅钟代表部队作了题为《关于部队文艺工作的报告》的专题报告，也表达了一致的观点和立场。

从第一次文代会上周扬、郭沫若和茅盾等人的专题报告中可以看到，在"抗战"与"建国"的历史使命即将完成之际，"人民文艺"思想随

---

① 周扬：《新的人民的文艺——在全国文学艺术工作者代表大会上关于解放区文艺运动的报告》，《中华全国文学艺术工作者代表大会纪念文集》，新华书店1950年版，第89页。
② 周扬：《新的人民的文艺——在全国文学艺术工作者代表大会上关于解放区文艺运动的报告》，《中华全国文学艺术工作者代表大会纪念文集》，新华书店1950年版，第70页。
③ 周扬：《新的人民的文艺——在全国文学艺术工作者代表大会上关于解放区文艺运动的报告》，《中华全国文学艺术工作者代表大会纪念文集》，新华书店1950年版，第89页。

着现实社会、政治形势的发展已汇聚到一个新的历史关口。第一次"文代会"自然意味着文艺界为迎接"新中国"的到来而举行的"大会师",但它更意味着一个新的文学艺术"共同体"即将诞生,还意味着对来自"四十年代"和"四十年代文学"不同"区域"经验、思想的整合:大会以决议的形式提出,将"文艺为人民服务并首先为工农兵服务"作为新中国文艺的基本方针,"自此,开导了新中国人民文艺的主潮"①。"文艺为人民(服务)"是这些来自不同"区域"的思想和经验的共同部分,而"首先为工农兵(服务)"则意味着《讲话》精神、毛泽东文艺思想和解放区、延安文艺的传统在"新的人民的文艺"中的正统性和主导性。

第一次"文代会"召开前夕,后来成为"中国文联"机关刊物的《文艺报》已于1949年5月在北平创刊,在会议召开之后即成为具有指导思想地位和理论风向标意义的刊物。第一次"文代会"召开后,于1949年10月,新中国第一份综合性文学刊物《人民文学》随即创刊,由郭沫若题写刊名。主编茅盾在发刊词中写道:"通过各种文学形式,反映新中国的成长,创造富有思想内容和艺术价值,为人民大众所喜闻乐见的人民文学。"② 此后,一系列以"人民"命名的文艺报刊和机构纷纷涌现,如《人民音乐》《人民美术》也于1950年相继创刊,1951年3月又成立了人民文学出版社,为"新的人民的文艺"的发展准备了充分的制度和环境条件。其他非文艺刊物和机构如《人民教育》、人民教育出版社也于1950年创刊和成立,这些以"人民"命名的"行业"和"机构"从另外的侧面说明:在新中国成立之初,建构一个更高、更大的文化"共同体",是"人民的"文化事业,包括文学艺术、教育等,是各行各业共同努力的目标。

但在文艺实践方面,要加深对"人民文艺"思想的理解,自然需要一个深入学习的过程,因此需要确立学习的样本和典范。在第一次"文

---

① 朱寨主编:《中国当代文学思潮史》,人民文学出版社1987年版,第25页。
② 茅盾:《发刊词》,《人民文学》1949年第1期。

代会"召开之前，周扬已主持编辑了"中国人民文艺丛书"，集中展现了解放区"人民文艺"的经典作品，并分发给第一次"文代会"的与会代表，为会议营造学习氛围，也为"人民的文艺"的思想与主题助兴造势，同时也起到了一种引导、示范作用，激励文艺家们朝着"新的人民的文艺"的方向不断努力。第一次"文代会"之后，为更广泛地倡导"人民文艺"思想和"文艺为人民服务"的宗旨，"全国文联"于1949年又编辑出版了"中国人民文艺丛书"，包含延安文艺和解放区文艺时期的一些重要作品，如丁玲的《太阳照在桑干河上》、赵树理的《李有才板话》及新歌剧《白毛女》等。这套丛书既是对延安、解放区文艺创作成果和实践经验的总结，也是为"人民文艺"思想的进一步确立和建制确定历史的经验和资源。另外，第一次"文代会"之后，为体现新中国成立初期贯彻"工农兵文艺"方向已经取得的成绩，《文艺报》组织了"文艺建设丛书编辑委员会"，并于1950—1952年编辑出版了"文艺建设丛书"，收录了50年代初反映"工农兵"生活的重要作品，共计30种，其中有柳青的《铜墙铁壁》、孙犁的《风云初记》等重要作品。[①] 这些丛书的出版对50—70年代"人民文艺"思想进一步展开话语建制和生产实践具有"铺垫"、"示范"和"典范"的意义，在"社会主义革命和建设"的现实语境中，当然也具有很大程度的"规范"意义。

在文艺理论与批评和文艺接受方面，新中国成立初期的文学艺术家、理论家需要针对《讲话》中的"人民文艺"思想进行深入的理论学习和探讨，并运用于批评实践。其中，丁玲的观点最具代表性："今天以劳动人民为主体的、写新人物的这些作品，还不是很成熟的，作品对于他们喜欢的新人物，还没有古典文学对于贵族生活描写的细致入微，这里找不到巴尔扎克，也没有托尔斯泰。甚至对于这些新的人物虽然显出了崇高的爱，却还不能把这些人物很好的形象起来，给读者以很深的印象。也还不能把一些伟大的事变写得更有组织，有气氛，甚至不如过去一个

[①] 参见朱寨主编《中国当代文学思潮史》，人民文学出版社1987年版，第28—29页。

时期知识分子写知识分子的苦闷那么深刻。"① 但是，她批评了一些读者和文艺家的这种文学观和审美观，因而又说"这是必然的，因为一切是新的，当文艺工作者更能熟悉与掌握这些新的内容与形式时，慢慢就会使人满意起来"。② 从丁玲的期待式表达来看，其时的文艺家甚至包括一些读者也许并不认可这些"人民文艺"作品在思想主题、艺术形式上的成就，但是都应该一起"跨到新的时代来"。丁玲表达了对一种"新的人民的文艺"的热切期望，同时也表示了对同行和读者的"劝诫"。第一次"文代会"之后，在创作界和文艺理论批评界，针对文艺与人民、文艺与生活、文艺与政治的关系，以及文艺的政治性与真实性、形象性与典型性、思想性和情感性等理论问题，还有文艺创作中的人物描写、语言风格、艺术技巧等具体的方法问题，也都陆续展开了程度不同的讨论，"人民文艺"的理论与批评工作也得到新的发展。可以看到，"人民文艺"作为一种思想观念，已逐渐深入更具体的文学理论、经验和方法技巧的层面。这些讨论显示出"人民文艺"思想的进一步制度化，并逐渐显示出其"规范"和"规约"的"思想/文化政治"功能。

"人民文艺"思想的"规范"和"规约"的功能和效应还具体体现在对一些"陈旧的"文学观念、趣味和经验的批判与清理上。50年代初，文艺界开展了整风学习运动，并先后开展了关于"旧观念旧趣味""可不可以写小资产阶级"等问题的讨论。如对电影《武训传》和萧也牧小说《我们夫妇之间》的批判，清楚地告诉文艺家们：表现"工农兵"既是创作方法和经验的问题，同时也是文艺家的世界观、思想立场问题，或者说这些本是一个问题的两面，"写什么"和"怎么写"甚至"写成什么样"变得同等重要，并不是只要写了"工农兵"生活就能体现出"人民文艺"思想立场的问题。50年代中期对俞平伯的《红楼梦》研究以及

---

① 丁玲：《跨到新的时代来——谈知识分子的旧兴趣与工农兵文艺》，《文艺报》第2卷第11期，1950年8月25日。
② 丁玲：《跨到新的时代来——谈知识分子的旧兴趣与工农兵文艺》，《文艺报》第2卷第11期，1950年8月25日。

对胡风"主观战斗精神"论的批判运动，也意在更进一步肃清那些"陈旧的"甚至"错误的"学术、文艺思想观念与立场。这些讨论与批判也构成了"人民文艺"思想制度化进程中的一部分。"人民文艺"思想的制度化、话语化乃至意识形态化，不仅需要在思想观念、立场上取得共识，也需要剔除那些芜杂的、"不纯粹"的个人因素，以保证文学"思想"、"立场"乃至"经验"和"趣味"上具备纯粹的"人民性"品质和特征。

值得注意的是，在50—70年代"人民文艺"思想的话语建制过程中对中国古典文学遗产的学术讨论。"人民文艺"和文艺的"人民性"不仅要在毛泽东文艺思想、文学理论与批评、新/现代文学史上找到精神的谱系，也需要在漫长的中国古代文学中找到历史的渊源和踪迹。因此，建构"人民文学/文学"需要返回"历史"之中，如陈涌的《对关于学习旧文学的话的意见》、冯至的《关于处理中国文学遗产》、谭丕模的《掘发古典文学的人民性、斗争性》、黄药眠的《论文学的人民性》、李泽厚的《关于中国古代抒情诗中的人民性问题》等论著，也包括对俞平伯的《红楼梦》研究的批判，就从不同的问题和角度阐述了中国古典文学中的"人民性"因素。① 其中，冯雪峰的《中国文学中从古典现实主义到社会主义现实主义的发展的一个轮廓》② 一文指出，"五四"新文学是中国文学现代化开端，文学现代化的根本动力在于现代社会革命的内在要求。基于此观点，冯雪峰高屋建瓴地勾勒了中国文学从古典"现实主义"到当代"社会主义现实主义"的发展脉络，也基于当代的"人民文艺"的合法性回溯了古典文学中的"现实主义"传统。

20世纪50年代初，"人民文艺"思想的进一步确立、强化与建制并未像"五四"时期文学革命论者如陈独秀等人那样，断然地否定和拒绝古典文学，而是迅速地以"人民文艺观"、"人民史观"和文学"人民

---

① 参见陈斐《60年社会批评视野下的古典文学研究》，《学术研究》2009年第12期。
② 冯雪峰：《中国文学中从古典现实主义到社会主义现实主义的发展的一个轮廓》，《文艺报》1952年第14、15、17期。

性"建构了一套线性的"中国（古代）文学史"论述。50年代之后，由全国高等院校文科教材编选委员会确定，由游国恩主编，于1963年出版的《中国文学史》①便是这一文学史观念的集大成体现。50—70年代的"中国当代文学"需要具有整体性的、连续性的而且一直贯穿着阶级性和"两条路线斗争"的"中国文学（史）"来观照现实中的"人民文艺"。50年代初，学术界发掘中国古典文学中的"人民性"、"阶级性"、"斗争性"与"现实主义"传统，赋予了"中国古代文学"、"中国现代文学"和"中国当代文学"的内在统一性和连续性。

三 新中国成立初期"人民文艺"思想的建制

随着全国范围内土地改革的相继完成，新中国开始对城市资本主义工商业进行社会主义改造，并于1953年制定了"过渡时期的总路线"，以创立以公有制为核心的社会主义制度。在此背景下，文艺界于1953年召开了第二次"文代会"，周扬在会上指出："劳动人民作了国家的主人；随着他们的物质生活状况的改善，他们需要新的精神生活。为满足群众的日益增长的文化需要，创造优秀的、真实的文学艺术作品，用爱国主义和社会主义的崇高思想教育人民，鼓舞人民向着社会主义社会前进，这就是文学艺术工作方面的庄严的任务。"② 第二次"文代会"向文艺界提出了新的"任务"，从第一次"文代会"到第二次"文代会"，从"反映这个斗争和建设"到"教育人民，鼓舞人民"，可以看出，任务的调整其实亦表明国家文艺政策和方针也需要调整。

这些调整也与整个社会发展规划和目标的调整相关。新中国成立之初，在第一次"文代会"上周扬就及时地指出过："国家建设的过程基本上就是一个变农业国为工业国的过程。过去因为我们工作重心在农村，

---

① 游国恩、王起、萧涤非、季镇怀、费振刚主编：《中国文学史》，人民文学出版社1963年版。

② 周扬：《为创造更多的优秀的文学艺术作品而奋斗——1953年9月24日在中国文学艺术工作者第二次代表大会上的报告》，《文艺报》1953年第19期。

我们的作品反映农村斗争、生产的，就占了很大的比重；反映工业生产和工人阶级的作品非常少。"① 在革命战争年代，"人民文艺"就现实的指涉对象来说，"工农兵"中表现得最多的主要是"农民"和"兵士"，而描绘"工人"的作品相对较少。到1953年社会主义改造时期，随着现实社会、政治形势的变化，对"人民文艺"思想与实践中的"人民"主体构成和内涵需要做出调整，需要补充新的成分。

新的任务和要求也需要在文艺界提出更明确的文艺理论、原则与方法，于是"我们把社会主义现实主义方法作为我们整个文学艺术创作和批评的最高准则"，因为"我们的国家正在逐步地和广泛地进行着社会主义的改造；在人民生活中社会主义因素正日益迅速地增长着并起着决定的作用。……这就使得社会主义现实主义的文学艺术的发展有了更广大的现实基础，因而进一步学习和掌握社会主义现实主义的方法对于我们来说就具有更迫切和更重要的意义了"②，而且，"我们的文学要服务于社会主义的改造事业，我们必须进一步发展社会主义现实主义的方法"③。茅盾在其报告《新的现实和新的任务》中也同样强调，每个作家必须严格地要求自己遵照社会主义现实主义的创作方法去进行工作，必须严格要求自己更好地学习社会主义现实主义。④

值得注意的是，在第二次"文代会"上，大会主席郭沫若在《开幕词》中说："我们的文学艺术工作是有成绩的，对于革命，对于人民是有着贡献的。特别是自一九四二年毛主席的《在延安文艺座谈会上的讲话》发表以后，我们的文学艺术工作便已经有了一个明确的社会主义现实主

---

① 周扬：《新的人民的文艺——在全国文学艺术工作者代表大会上关于解放区文艺运动的报告》，《中华全国文学艺术工作者代表大会纪念文集》，新华书店1950年版，第89页。
② 周扬：《为创造更多的优秀的文学艺术作品而奋斗——1953年9月24日在中国文学艺术工作者第二次代表大会上的报告》，《文艺报》1953年第19期。
③ 邵荃麟：《沿着社会主义现实主义的方法前进——在中国文学艺术工作者第二次代表大会上的总结发言》，《人民文学》1953年第11期。
④ 茅盾：《新的现实和新的任务——在中国文学艺术工作者第二次代表大会上的报告》，《文艺报》1953年第19期。

义的基本方向。"① 郭沫若将苏联文艺理论中的"社会主义现实主义"概念和《讲话》联结起来,似乎有意赋予"社会主义现实主义"理论本土的思想和经验来源,建立"社会主义现实主义"与毛泽东文艺思想、"人民文艺"思想、延安解放区文艺的历史联系和逻辑联系。经过第二次"文代会"对文艺政策方针和路线的调整和理论阐述,"社会主义现实主义"成为"人民文艺"思想明确的、系统的理论呈现,由此,"人民文艺"思想得以进一步理论化、话语化和制度化。

同时,于1949年成立的"文协"经改组后成立的"中国作协"在《中国作家协会章程》(1953)里开宗明义地宣布:"中国作家协会拥护中国共产党的马克思列宁主义的文学艺术方针,认为文学艺术应当为人民服务,作家应当积极参加人民的斗争,密切联系人民群众,采取社会主义现实主义的创作方法和批评方法,努力发展为人民所需要的文学艺术工作,用学习和自我批评的方法不断地提高自己的作品的思想水平和艺术水平。""中国文联"各协会在其修订后的章程如《中国戏剧家协会暂行章程》(1953)、《中国音乐家协会章程》(1953)也都同时强调了"社会主义现实主义"之于文艺家和新的文艺工作的理论指导性、政策性和制度性意义。"社会主义现实主义"和即将进入的"社会主义社会"的关系并不在于概念和用语上的相关性,而是在于新的现实和任务要求文艺家们用"社会主义现实主义"的理论、创作原则和方法,表现"社会主义改造"时期的现实,展望"光辉灿烂的社会主义社会的远景"。这是"人民文艺"思想对文艺界实践方法与路径的新要求,也为"人民文艺"思想与实践注以"社会主义"和"爱国主义"的思想政治蕴含。

"社会主义现实主义"的提出,是"人民文艺"思想在新形势下对文艺创作理论、原则与方法的调整和更新,这与社会政治形势和条件的变化是一致的,也与作为国家文艺部门的"文联"与"作协"的组织机构的调整是同步的。"人民文艺"需要自己的刊物、组织机构维系其思想、

---

① 郭沫若:《致中国文学艺术工作者第二次代表大会开幕词》,《文艺报》1953年第19期。

理论与实践的运行。因而,第一次"文代会"成立了"中华全国文学艺术界联合会"(全国文联)和"中华全国文学工作者协会"(全国文协),此时,"全国文协"作为一个分支机构尚管属于文联。到1953年,"中华人民共和国"业已成立和定名,因此,在第二次"文代会"后,全国文联正式定名为"中国文学艺术界联合会"(中国文联),全国文协改组为"中国作家协会"(中国作协)。从此,"中国当代文学"就有了这两个重要的"国家—群团"机构以管理、组织和规划文学、艺术的生产和发展。

从1949年第一次"文代会"上"新的人民的文艺"方向的确立,到1953年第二次"文代会"上"社会主义现实主义"创作原则与方法的确立,"人民文艺"思想的中心地位已经全面确立,成为中国共产党领导新中国文学艺术事业的根本指导思想和方针,也(需要)是文艺界和广大人民群众创造"人民文艺"的目标和实践指南。经由会议的宣传引导、理论的学习与争论、"典范"作品的确立、文艺作品的批评、刊物的创办、文艺组织机构的设立及其"章程"的"规定",乃至学术研究的阐释等各种方式和途径,"人民文艺"思想完成了全方位的话语建制。50—70年代的"中国当代文学"作为学科和文学史存在,也作为某种意义上的"意识形态国家机器",持续维系着"人民文艺"的知识、审美经验和意识形态的生产与再生产。

结　语

在从"现代"到"当代"变迁的20世纪中国社会历史的进程中,也在"中国现代文学"与"中国当代文学"的历史交叠中,"四十年代"和"四十年代文学"中"人民文艺"思想的生成与汇聚,为50—70年代的"中国当代文学"打开了另一种现代性进路——对文学、艺术"人民性"的激进探索,并展开了"人民文艺"思想的话语建制和话语实践,从而展开了它充满乌托邦浪漫想象,同时也充满悲壮情感的新的文学艺术创构、实践与生产。

1949年新中国成立意味着40年代"抗战"和"建国"的历史使命

业已完成，一个崭新的"现代/民族国家"——"中华人民共和国"已见雏形。20世纪，中国新文学"陡然地"进入"当代"历史中，文学也逐渐进入一个"一体化"或"国家化/行政化"的时代。若从"四十年代"及"四十年代文学"的"整体"与"区域"视野回溯，这一"陡然"的"转折"过程也显示出在20世纪中期新文学变革中"人民文艺"思想的某种普遍性、必然性与连续性。"四十年代文学"中积累的"人民文艺"思想开始了新的思想整合和建构，虽然"工农兵文艺""群众文艺""大众文艺"的口号和概念仍然被经常和广泛提及，但"人民文艺"成为新中国成立后最具权威性、统摄性和主导性的文学思想，时时回响着"四十年代"中"革命"、"抗战"与"建国"的主旋律，不断驱策、规划着文学、艺术的知识（再）生产和审美经验的（再）生产，并参与到新生的"现代/民族国家"的主体想象和建构中。

重塑"附近": 社会美育与感觉共同体建构

刘 琴*

摘 要: "附近的消失"是当代人日常生活的一种状态和趋势,它常常指人们对真实的生活空间日益"无感",个体与周围的生活世界失去连接而成为一个飘浮的寄居者。艺术与审美教育通过重塑感觉或者打开新的视角,为打破这种"无感"社会提供了一个入口。通过对近年的几个美育实践案例的考察可以看出,艺术介入社会,可以以社会美育的路径,通过建构"感觉共同体",使人们重新发现"附近",建立与周围世界的情感连接。

关键词: "附近";社会美育;社区;感觉共同体

近几年,如同"内卷"这个术语迅速跨界出圈一样,"附近的消失"成为另一个跨越社会学学术研究范畴而进入公共领域的话题。人类学家项飙通过"附近"这个概念揭示了当下日常生活中的一个重要的现象:由于社会分工和人口流动的加速,以及通信科技发展和网络技术对日常生活无所不在的渗透,人们越来越受到智能手机等移动网络设备的全面支配,对社交媒体和虚拟空间沉溺依赖而对所生活的可触碰的真实世界日益失去兴趣。人们看上去生活在真实的空间中,但这空间又似乎成为

---

* [作者简介] 刘琴(1983—),女,杭州师范大学弘一大师·丰子恺研究中心副编审,主要从事艺术学理论、美学及美育研究。

一种透明的存在。所谓透明，在哲学家韩炳哲看来，是指一种失去模糊性或者想象力的状况，人们不再在真实生活中投入想象、隐喻或阐释，不再对真实生活感兴趣，而是将更多的情感黏性给予了网络及社交媒体，真实生活因为失去它的叙事性而变得透明。

"附近"既是一种物理空间，更是一种情感空间和心理空间，"附近"的消失，可以理解为附近成了一种"透明"的空间，一个情感和感受被抽空了的物理空间，一个既没有阻滞，也没有隐喻，失去了叙事性的空间。"当空间被压扁、被抹平、被消除了内在，它就会变得透明。"① 在真实和虚拟空间的交错与闪回中，人类的精神以一种全新的方式被组织起来，伴随着对"附近"的漠视的是人们的心灵对生活世界的一种"无感"，即对真实空间视而不见、熟视无睹，或者麻木。消失的附近与无感的心灵，成了当代人的精神生活困境。面对这样的社会精神状态，如何唤起人们对"附近"的感知，使个体带着自己的意识进入生活世界，是重建"附近"的重要入口。麻木的背后是"无感"，而要解决"感"的问题，作为感性教育的美育，能提供一种多元通道和兼容多重可能性的广阔视野。美国当代教育哲学家玛克辛·格林论述艺术对人的教育时说："艺术中的语言、图像和声音使得日常生活中无法或未曾被感知、被诉说和被聆听的事物变得可感、可视和可闻。"② 通过这样的感性经验使人产生一种转变或者开启新的视野，启发新的建构生活世界的方法，使"生活在同一个世界中独特的人们——将参与意义建构的过程中"③。

当代艺术创作和教育领域做出了很多艺术介入日常生活和社会的尝试，特别是参与式艺术、社区艺术教育、艺术乡建等新观念、新方法，使艺术成为一种"社会搅拌器"，混合、搅拌与调和不同的社会元素和力量，使社会群体之间产生对话和连接，进而形塑人际关系，使虚化的、

---

① [德]韩炳哲：《透明社会》，吴琼译，中信出版社2019年版，第53页。
② [美]玛克辛·格林：《蓝色吉他变奏曲：美的教育》，赵婷、张华军译，北京师范大学出版社2021年版，第38页。
③ [美]玛克辛·格林：《蓝色吉他变奏曲：美的教育》，赵婷、张华军译，北京师范大学出版社2021年版，第21页。

淡出的"附近"重新清晰起来。本文从三个较有代表性的社会美育案例来考察艺术如何重建"附近"。

一 地方性与艺术乡建中的异质经验：以广东青田艺术村为例

通过艺术促进乡村建设的艺术乡建运动是艺术介入社会的一种重要形式，艺术乡建旨在重新连接人与人、人与乡村、现代与传统，重新激活乡村文明。近几年全国各地艺术院校与地方合作，涌现出很多具有代表性的艺术乡建典型。但是，随着艺术乡建数量的增加和规模的扩大，有的地方也走入一些误区，比如大拆大建的开发模式使乡建变成一种"破坏性建设"或者"破坏性保护"；有的则是千篇一律的没有特色的"特色乡村"，从建筑到景观都高度同质化；还有的则为了旅游开发刻意呈现一些符合城市人对乡村想象的"奇观"，把乡村变为虚假的观光地。如艺术家渠岩所总结的艺术家介入乡村的几个问题：自我表达——脱离文化精神的"设计"套路、化妆美容——立竿见影的暴力"美学"模式、主观臆造——异想天开的乡村"景观"制造。① 因此，"乡村建设陷入了这样的怪圈，即越建设乡村，人们离乡村就越远；越建设美丽乡村，乡村遭遇的破坏就越大"②。这些现象背后潜在的逻辑是，乡村是落后的，是需要被启蒙、被拯救的，其本质上是一种所谓进步对落后的傲慢。在这样的思路下，乡村被改造为城市空间的延伸或者另一种消费空间，因此，现代城市文明所衍生出的"原子化社会"进一步叠加在了逐渐失去活力的乡村，这在一定程度上加速了"附近"的消失。

艺术家渠岩主导的广东顺德青田艺术村项目是近些年具有典型性的艺术乡建模式，被称为"青田范式"。青田艺术村的独特之处在于，它强调"地方性"经验，即乡村在时间和空间中的独一无二性，尊重地方性

---

① 渠岩：《青田范式：一种基于生活样式重建的乡土伦理与设计实践》，《装饰》2019 年第 12 期。
② 刘姝曼：《艺术活化乡村的困境与省思：以广东省青田坊为例》，《公共艺术》2018 年第 2 期。

知识，提出"去艺术化"（艺术参与最低限度的改变）和"艺术修复乡村"的思路；充分尊重青田村落的原始风貌和风水布局，极为审慎地进行村风村貌的维护和改造；在保留村庄历史记忆与元素的基础上，通过设计提升村民现有的生活品质。①

青田村的经验可以从几方面体现来考察在现代/传统、城市/乡村的张力中重建"附近"的潜能。

第一，在物理空间层面，特别是乡村景观的视觉改造上，不是把乡村作为一种商品进行包装从而堕入小资情调的精致、平滑，或者努力去符合城市人对田园生活的想象，而是选择保持乡村生活状态的粗粝感，尊重乡村历史性形成的布局和景观，采用"修旧如旧"的方式保留乡村的独特性，如路面使用大块石头和青砖，民居的外立面保留原有的风格等，因为物理空间的独特性是建立精神归属的依托，它是家园感的视觉对应物。而千篇一律的空间格局将会导致如前所述的那种无表达、无叙事的"透明"。

第二，保持栖居性而非展示性。青田村作为一个自然村，村民仍然在这片土地上生活，对村民来说，外来者进入青田村应该是一种"参与"而不是"闯入"或者"观光"，它吸引人们体验生活而非欣赏"奇观"。在韩炳哲看来，展示会破坏栖居本身，因为"如果世界变成一个陈列室，便不可能供人栖居了"②。因此，艺术在青田村的介入是一种合作而非控制，艺术家来到这里也成为"附近"的一部分。

第三，重建乡村的精神空间。如青田村修复的青藜书院原本是村民的祠堂，里面还保留着村民祭祖、婚庆的痕迹，重修以后通过空间功能的注入，使原有的物理空间焕发新的活力，使祠堂这一礼俗空间成为村民新的公共空间。渠岩作为一名艺术家，本身非常关注空间的问题，他的摄影作品《权力空间》《信仰空间》《生命空间》等都表达了他对空间

---

① 具体案例介绍见渠岩《青田范式：一种基于生活样式重建的乡土伦理与设计实践》，《装饰》2019年第12期。
② [德]韩炳哲：《透明社会》，吴琼译，中信出版社2019年版，第21页。

与权力、空间与信仰的关系的思考。青田村的精神空间建构的方式之一就是这种物理空间的改造或重组，比如村民议事厅、书院的修复改造，通过空间的营造带来公共交流与互动的可能性，从而形成社会交往意义上的公共空间，也就是"附近"的一种；第二种建构方式是对民俗和民艺的保护和发掘，如青田独特的民俗活动"烧奔塔"，这是一个逐渐式微的青年成年礼民俗活动，通过一定的现代传播渠道和组织方式开展民俗活动，使之在现代生活中重新焕发活力进而推动礼俗文化的复兴。

第四，从艺术行动的多主体到审美的共同体。如前述艺术乡建的误区之一是被简单地分为启蒙者与被启蒙者、建设者与被建设者。在青田模式中，不存在单一主体，艺术家、村民、当地政府、新乡贤都可能参与其中，老人、儿童、外出经商或务工者、留守本地的成年人，都可能在艺术这一媒介中产生交流。艺术乡建如同一个社会搅拌机，将各个方面的力量汇集到同一个空间中，这就是渠岩所说的"多主体"："艺术乡建者平等对话机制的目标是达成不同于以往认知的共识和建构一个以'多主体'为基础的共同体。"[①] 这实际上也是一个社区动员的过程。或者从行动者网络理论的视角来看，这里的不同主体构成了一个"行动者网络"，在诉求、协商、妥协的过程中，每一个行动者都在改变其他行动者的同时被其他行动者改变着，这种多主体的行动过程，最终期待形成一种感觉与审美的共同体。

青田艺术村案例最重要的一点是它提供了一种艺术乡建的"异质经验"，即不使用启蒙或者治理的思路，也不使用一种普适的方法来进行艺术乡建，而是尊重地方独特性，探索艺术介入乡村的多样路径，从而保持和增进文化样态的多元性。艺术乡建"青田范式"的意义就在于它的反范式性或者说去同质化。如同渠岩所说："中国的乡村都不一样，你不能完全用一样的方式，就如同中医看病，望闻问切，对症下药。每个乡

---

① 渠岩：《同舟共济：艺术乡建中的多主体联动机制与在地实践》，《公共艺术》2024 年第 1 期。

村的'药方'都不一样,要建立在它自身的文化传统之上。"① 从人文地理学角度来看,这也是地方经验和地方知识对所谓统一的、普遍的知识的抗拒,这是反宏大叙事的一种体现,即没有凌驾于具体性之上的普遍本质,"必须放弃他们可以必然地创造出一种完整的、普遍的关于这个世界的知识的伪装,而且应该承认知识总是局部的和具有某种立场的"②。它凸显了地方性,即地理环境和人文传统上的独特性,而地方性作为人和空间互动形成的时空复合体,是形成地方依恋的基础。这就是从地方性到地方依恋再到"附近"形成的过程。

二 陌生化与新的情感空间:以重庆虎溪社区美育为例

作为日常词汇的"社区"往往指空间意义或者行政管理意义上的区域,而作为社会学术语的"社区"更强调建立在地方(place)基础上的社会生活共同体(community,community 既被译为"社区",也被译为"社群"、"团体"或"共同体")。德国社会学家在斐迪南·滕尼斯在《共同体与社会》一书中对"共同体"的描述是"在共同体里,一个人自出生起就与共同体紧紧相连,与同伴共同分享幸福与悲伤";"人们通常用语言、习俗、信仰来描绘共同体;却用经商、旅行、科学来指涉社会"③。滕尼斯区分了"共同体"和"社会",在他看来,共同体不同于社会的一个重要特征就是情感性。共同体是一个有生命的有机体,而社会则是一个机械的集合体和人为的制品。共同体的三个主要规则包括"(1)共同思考、亲密无间地聚在一起。(2)相爱着的人们之间存在着'共同领会'。(3)相爱着并相互理解着的人们居留在一起、生活在一起,他们共同地安排着自己的生活"④。因此,作为共同体的社区不只是一个

---

① 倪杨金子:《抢救一个"没有价值"的村庄》,《农民日报》2023年4月10日第8版。
② [美]斯图尔特·艾特肯:《人文地理学方法》,柴彦威、周尚意等译,商务印书馆2016年版,第28页。
③ [德]斐迪南·滕尼斯:《共同体与社会》,张巍卓译,商务印书馆2019年版,第68—71页。
④ [德]斐迪南·滕尼斯:《共同体与社会》,张巍卓译,商务印书馆2019年版,第98页。

地点，更是人与地方、人与人之间建立的互动关系，在这种互动关系中，人建立了与他人、与物、与景观的情感连接，人与人之间建立了共享的情感和理解基础，因此，共同体本身包含了个体心灵与社会生活的维度。

随着城市化进程的不断加深、社会分工的日益细化以及人口流动的加速，传统的基于血缘关系或者地缘关系的人与人之间互相依赖、深度关联的熟人社会转变为基于城市居住方式的陌生人社会，在网络技术及社交媒体的助推之下，人和人之间的现实交往和情感连接越来越少，关系日益淡漠。因此，作为居住空间和人际交往空间的社区的共同体功能不断减弱。如果作为基本居住单位的社区在这样的状况下继续发展，可能会进入所谓的原子化社会——个体孤独、无序互动导致的人际疏离、秩序解体、社会失范。

而从社会治理的角度来讲，中国社会从单位时代进入了后单位时代，后单位时代社区是一个正在不断探索的重要的治理单位，对于社会研究来讲，"社区"是一个正在发展的概念。无论从在社区进行共同体建构的必要性上还是从社区本身作为共同体建构的主要场域来看，社区的共同体意识都是艺术介入的最重要的着眼点。本文通过分析重庆虎溪社区的美育项目，讨论艺术介入社区来激活社会共同体意识、建构新的共通感的可能性和思路。

重庆虎溪社区美育项目是四川美术学院在重庆市高新区虎溪街道开展的集艺术教育课程、美育实践、美育研究于一体的综合性社会美育项目，是"中国社区美育行动计划"的组成部分。该项目开展了几年，积累了大量的美育实践案例和经验。如2021年该项目的一个作品——《互动的诗》，创作者将虎溪老街拆迁之后被废弃的房屋砖块与街道遗留的一些文字碎片如匾牌、店招、广告等进行组合，将它们随机放置在空地上进行展览，在展览现场邀请观众参与，参与者在行走中选取不同的文字进行组合，从而以这些文字碎片组合成一首诗歌。再如刘也的装置艺术作品《切片》（2021），以被多所大学和社区环绕的重庆熙街为对象，作者提取熙街局部的地面图形，使所有人非常熟悉的场景变为陌生却又熟悉的视觉图案，从而使参与者有了审视熟悉的世界的新视角，对其产生了一种新的感受。

这两个作品都采取了一种艺术手法——陌生化。陌生化原本是一个文学理论概念，指的是文学创作中通过新鲜的、独特的语言使作品增加读者感觉的难度和长度，带来一种深刻的体验和感受。"陌生化"不是为了新奇而新奇，而是通过打破日常的自动化的感知方式，使人从熟视无睹的麻木或自动化反应中惊醒或者感奋起来。虎溪社区美育活动的策划者也提到，创作团队在充分调研的基础上确定了整个活动的主题——"无形之里"，即发现那些在日常生活中因为麻木或者惰性而被忽视或习焉不察的物的另一个面，"'有形'是熟悉的经验、日常的视觉、被默认的习惯，'无形'是陌生的经验、忽视的视觉、打破的习惯"；"当居民们注视着既熟悉又陌生的图像信息时，他们也从另一个维度与熙街相连"。①

重庆虎溪社区以美育强化社区认同感和凝聚力的美育机制重建社区的感觉维度和情感维度，同时在几个方面保障了人与环境、人与人之间的情感连接重建。第一，社区艺术项目强调互动与交流，艺术在这里并不是用来展示的作品或者用来点缀的装饰，而是具有一种社会搅拌器功能，通过艺术对社区元素的创造性转换，人的经验在这里被重新组织，从而产生新的社区空间感知。第二，通过美育活动引入的陌生化处理手法，人们的感官敏锐性被激活并形成了新的感受模式，这种新的感受模式不仅让人与社区产生了更深的连接和共鸣，而且持续地影响着人的情感世界和精神空间。这种影响进一步促使人们重新审视与物、与环境的关系，从而从感知上重建人地关系，使社区不但成为人与人相遇的场所，更是通过互动与交流形成情感连接的情感互动场域。第三，自我表达基础上产生共同体意识。社区美育活动中艺术家的工作重在启发参与者的自我表达，在这里艺术家不是艺术技能的"传授者"，而是"点燃者"或

---

① 刘也：《社区美育实践探索——以第三届中国社区行动计划虎溪熙街社区为例》，《当代美术家》2022年第3期。

"连缀者",这也是社会参与式艺术中艺术家和参与者之间共同创作关系的体现。在共同创作中,艺术家通过引导和激发参与者的创造潜能和想象力,激发参与者的自我表达,在形式和观念的碰撞中,在感知和表达中形成一种基于感觉和审美的共同体。艺术在这里是作为一种方法被使用,它的作用如同催化剂,使人与人、人与环境发生感觉的"化学反应",进而产生相互理解和对话互动。

三 身体在场与地方感——以浙江良渚社区舞蹈项目为例

如虎溪社区美育案例中讨论的作品所示,社区美育中的艺术与社会参与式艺术多有重合。自20世纪70年代以来逐渐发展起来的社区舞蹈(community dance)也是一种典型的参与式艺术。对于社区舞蹈的理解很容易望文生义地认为在社区开展的舞蹈活动或者说把普通舞蹈应用到社区就是社区舞蹈(为避免这种望文生义,也有人把community dance翻译为"社群舞蹈"),实际上,社区舞蹈在原则和理念上有其自身的规定性。社区舞蹈从概念到实践在英国、美国等国家已经有几十年的探索及发展历程,它有一套观念和在观念指导下的方法论。一般来说,"社区舞蹈这一概念,用来概括性地指称以舞蹈作为手段、容纳各类群体的社会实践活动"[1]。

社区舞蹈所具有的特点决定了它是开展社会美育的重要路径和方法。首先,包括社区舞蹈在内的社区艺术教育的一项根本宗旨是"民主性",也就是说,艺术在这里是去精英化和去权威化的,因此,社区舞蹈不是基于传统的"观—演"模式的舞蹈表演,它"挑战了精英凝视下的专门化知识的习得"[2]。相比舞蹈技术要素,社区舞蹈更重视舞蹈的过程性和参与者。社区舞蹈的对象和主体都是普通人而非专业演员,它旨在激活

---

[1] 陈若菡、于珑琦:《2000—2020年国外社区舞蹈研究现状述评》,《当代舞蹈艺术研究》2021年第3期。

[2] 陈若菡、于珑琦:《2000—2020年国外社区舞蹈研究现状述评》,《当代舞蹈艺术研究》2021年第3期。

普通人对身体的感知和创造力，专业舞者与社区成员是引导者与参与者的关系。其次，社区舞蹈具有一种包容性，它允许多样性的个体经验的呈现，相比传统舞蹈所强调的肢体表现，它更强调一种独特的自我表达。再次，社区舞蹈强调在舞蹈之中人与人之间的交流，因此，社区舞蹈常常采用肢体互动的方式，因此它具有本文所探讨的共同体建构的潜能。最后，社区舞蹈不必然与行政意义上的社区相关，但是，多与地方性和地方文化有关联，强调通过文化理解建构人与地方的关系。社区舞蹈的这种特点，使其与参与式艺术、特定地点的艺术（在地艺术）、创意舞动、即兴舞蹈、肢体互动、教育舞蹈等概念有着内涵或外延上的交叉重叠。

浙江杭州的"舞态良渚"项目就是有意识地以社区舞蹈理念开展的舞蹈美育项目。它基于特定地点——良渚，其在地性体现为对良渚文化元素的引入和融合以及吸收了良渚社区居民作为参与者。该项目带有清晰的前期设计：让周边的居民与良渚文化遗址建立联系，让人们在遗址上用身体去感知与他们密切相关却又不熟悉的环境，将良渚文化的核心内容融入舞蹈创作与社区教育中。①

这个项目对于建构社区情感共同体以及人地关系的独特经验在于建立地方认知和身体经验之间的关系，或者说以具身参与的方式获得地方认知，也就是地方感的生成。具体来说，我们可以从这个项目获得以下对社区舞蹈社会美育机制及方法论的启发。

第一，地方文化通过艺术语言进行转化，成为可供识别、体验的动作语汇。具体来说，该项目探索了如何将文化及其象征符号通过舞蹈艺术语言的转化，与舞蹈者的身体感受和经验进行连接。这项工作主要体现在专业人员的工作上。舞蹈者在考古研究者的带领下和参与者通过对良渚文明最典型的图像——神人兽面纹的解读，共同提取了其"兽性""神秘性""庄严感""遥远感"等关键要素，专业舞者的导入唤起参与者对这些感知要素的视觉及听觉体验，并通过肢体动作来表达。社区舞

---

① 梅娇寅、余华：《社区艺术教育与遗产保护和传承的实践性研究——以"舞态良渚"项目为例》，《美育》2021年第5期。

蹈强调普通人的参与，但专业舞者的工作不可或缺，专业人员在这里起到一个"解码"和"编码"的作用，即对文化元素的舞蹈转化。

第二，具身性与地方感的形成。在该项目中，具身性主要表现在充分激发身体在体验和认知中的重要性。"舞态良渚"项目选取了良渚地方的几个具有代表性的场所，特别是莫角山遗址的活动最具典型性。莫角山遗址所在地是良渚文明的发源地，三面环山，水草丰茂，举目四望，人置身其中，对"神秘性""庄严感""遥远感"更容易产生具体的想象。如该项目的组织者所描述的，"随着远处的小莫角山上响起悠远的乐声，一群赤脚舞者如野兽般，张牙舞爪，匍匐前进"。舞者们"静下心来感受阳光清风、鸟鸣虫吟、草木芬芳，让身心与自然环境交互"①。人与地方产生精神上的共鸣不是由于一种纯粹的理性的认识。具身理论认为，人的思维、情感和行动都是基于身体的，身体通过与环境的互动来形成和塑造我们的认知。在"舞态良渚"的场景中，舞者在自然的环境中，视觉、听觉、嗅觉、触觉等感官方式都参与感受这片土地，通过感官的调动与"神秘性""庄严感""遥远感"等形象感受产生连接，建构一种文化记忆。文化记忆有时候不是用语言表述的，卡特琳·格鲁称之为"生物记忆"，强调它和身体、感觉的密切关系，要"重新和世界接壤，让身体和空气、光线接触。这种生物记忆可能以模糊的形式连接神话故事，但又非直接地引经据典。因为重点不在于作品的诠释或事件的解读，而是去感受它"②。

第三，在不同的场域探索身体与空间的关系。"舞态良渚"项目在良渚多个空间开展，有兼具地方自然与人文特征的瑶山遗址和莫角山遗址，也有良渚博物院、良渚文化艺术中心等公共文化空间。如前所述，社区舞蹈的一个重要特点"场域特定"或在地性，因此，针对不同的空间提

---

① 梅娇寅、余华：《社区艺术教育与遗产保护和传承的实践性研究——以"舞态良渚"项目为例》，《美育》2021年第5期。

② ［法］卡特琳·格鲁：《艺术介入空间》，姚孟吟译，广西师范大学出版社2005年版，第148页。

炼和转换为不同的舞蹈语言，进而探索身体与空间的互动和相互适应，如身体感受对日常活动、人群、文化氛围等的反应等，都使其具有基于舞蹈本体性的社区教育功效。"附近的消失"与虚拟网络、社交媒体等现代技术有着必然关系，屏幕对日常生活的侵蚀导致身体性因素最终被转换为视觉图像。现代技术驱使下人的感官日益退化，而社区舞蹈试图重新唤回人在社区/社群不同场景中的身体在场。

以上三个社会美育案例，对应三种类型的"附近"：青田艺术村作为乡村的"附近"，重庆虎溪社区作为城市居住区的"附近"，良渚作为远古文明和现代社区共存的"附近"。从中可以总结艺术对重建"附近"的作用：通过艺术语言对地方经验的转换，使"附近"变得可感，从而重建个体与周边的人、事、物的情感连接。具体来说，可以从人与地方和人与人两个方面来理解。

第一，从人与地方的关系来看，在地性的社会美育中最重要的环节在于使人重新感知地方，形成对地方的情感依恋。更进一步说，是建构社会文化与感知觉之间的关联。在空间格局并没有发生变化的前提下，附近之所以"消失"，是因为人对周围的"无感"，而艺术通过陌生化等效应起到一种视角转换的作用，使人重新产生对附近、对社区的感觉，将一个物理空间转化成可感的情感交流空间。如渠岩打造的青田艺术村就被认为是一种社会、文化与感知觉"三位一体"的中国乡土文化修复的多主体实践。① 在这个过程中，艺术成为人与人、人与环境互动的媒介，成为一种激活感性和情感、生成意义的力量。而艺术家的工作则是带给一个地方"感性的质感"，"凸显共同从属的情感"②。在艺术家的引领下，社区艺术参与者学会"在日常生活中，创造出情感与精神的新感受"③。在意义生成中，作为物理空间的地方就成了作为精神空间的家园。

---

① 方李莉：《艺术乡建的东方哲学基础》，《艺术市场》2021年第11期。
② [法]卡特琳·格鲁：《艺术介入空间》，姚孟吟译，广西师范大学出版社2005年版，第78页。
③ [法]卡特琳·格鲁：《艺术介入空间》，姚孟吟译，广西师范大学出版社2005年版，第14页。

第二，从人与人的角度来看，基于社区的美育最终目标是形成一个朗西埃所说的审美共同体。在以上的社会美育案例中，艺术扮演着"与世界其他人相遇的媒介"①以及"个体向他人与世界沟通的情感架构"②的角色。通过艺术的"社会搅拌器"作用，建立社区内部人与人之间的感觉连接，重塑人和人之间的感觉共同体关系。因为艺术中的经验交流能够"创造一种独立于体制的论述和一种无阶级之分的联结；这联结是由共同的经验所建立，并且存在于经验的力量上"③。人类共同体之间的深刻联系始于感知并体现在感知上。

不过需要指出的是，朗西埃的审美共同体理论中包含了一致性和差异性的关系问题。朗西埃明确地说："我用'感觉共同体'（community of sense）这个短语所指向的不是由某种共同情感所形构的集体性。我将之理解为一种能将不同事物或不同实践置于同一意义之下的可见性与可理解性的框架，由此形构出一定的共同体的感知。"④他进一步用"歧感"这个概念来具体指称这种"感知与感知之间的差异：一种同中之异，一种对立面之同"。"感觉共同体"是在差异哲学视域中对传统的共同体概念的审视和发展。这一理论对社会美育作为重建感觉共同体的实践来说有具体的方向引导，即通过基于社区的艺术来创造可感性和差异性的经验，通过经验的生成和重组来重建可感的"附近"。在本文所讨论的案例中，如青山村艺术乡建所提供的"异质经验"，虎溪社区美育项目和良渚社区舞蹈项目中对个体表达的"看见"，都不同于对社区美育要建立一种基于共识和一致性的共同体的传统理解。因此，在当代艺术介入的社会美育中，要保持基于多样性的对话和协商关系，艺术应作为个体的差异

---

① ［法］卡特琳·格鲁：《艺术介入空间》，姚孟吟译，广西师范大学出版社2005年版，第22页。
② ［法］卡特琳·格鲁：《艺术介入空间》，姚孟吟译，广西师范大学出版社2005年版，第26页。
③ ［法］卡特琳·格鲁：《艺术介入空间》，姚孟吟译，广西师范大学出版社2005年版，第52页。
④ ［法］雅克·朗西埃：《当代艺术与美学的政治》，谢卓婷译，《马克思主义美学研究》2015年第2期。

性表达而不是变成新的规训范式。这样的艺术介入所建构的"附近"是一个多元异质的共同体,这是艺术在今天重建可感性并不断更新"附近"的关键所在。

总结来说,在社区美育中我们看到了通过艺术重塑"附近"的可能机制与方法,无论是所涉及的艺术与公共空间和附近的关系问题,还是个体经验的差异性与共同体要求的共识之间的关系问题,其最为底层、最为核心的追求即与世界及他人共生。

中国性与世界性，地方性与全球性

——简述朱立元对马克思主义美学的创新探索*

乔　越　刘阳军[**]

内容提要：朱立元对马克思主义美学的创新探索乃是在古今中外交流互鉴、互通融合背景下马克思主义美学中国化、时代化、大众化的一种现代性建构。这一探索，一方面最本质地揭示了马克思哲学和美学之革命性，并批判性阐发了西方马克思主义美学新奥义；另一方面对马克思主义美学中国化、时代化、大众化展开描绘、总结及反思，从而最后创立马克思主义性质的实践存在论美学。尤为值得注意的是，这凸显了马克思主义美学实践性、人类性、人文性和人民性等本质特征，突出了中国美学现代性建构的马克思主义根基和定向；同时应当指出，实践存在论美学是对马克思哲学和美学的创造性阐释和发扬以及对中国当代实践美学的继承和突破，是一种具有主体性、原创性的中国自主美学知识体系建构，并且具有与西方马克思主义实践美学东西对照的世界意义。在现代性文化语境中，中国美学现代性建构理应最本质地包含并塑造中国性与世界性、

---

* [基金项目] 贵州民族大学2018年度校级基金项目"T. W. 阿多诺美育思想研究"；贵州省2019年度哲学社会科学规划课题"马克思与法兰克福学派美育思想的关系研究"（项目编号：19GZQN09）。

** [作者简介] 乔越（1986—　），女，贵州民族大学社会学院助教，主要从事美学理论和文化理论研究；刘阳军（1984—　），男，贵州民族大学文学院副教授、硕士生导师，主要从事美学理论、文学理论及文化理论研究。

地方性与全球性等实质性维度。

关键词：朱立元；马克思主义美学；现代性建构；中国性；世界性

作为马克思主义文艺理论和美学名家，朱立元先生在古今中外交流互鉴、互通融合大背景下不仅对经典马克思主义美学和西方马克思主义美学展开阐释和探究，也对马克思主义美学中国化、时代化、大众化展开图绘和总结，与此同时还在此基础上创立了马克思主义性质的实践存在论美学学说。在现代性的总体文化语境中，这一研究或探索归根到底就是中国美学现代性建构。因而这一建构，作为"马克思主义基本原理同中国具体实际相结合、同中华优秀传统文化相结合"[①]的一种美学建构，必须且应当直面和回应中国性与世界性、地方性与全球性等现代议题。特别地，马克思主义文艺学美学不只是研究对象，业已升华为朱立元先生始终持守和阐扬的研究立场和研究方式[②]。

整体来看，朱立元先生对马克思主义美学的创新探索无疑取得了重要突破和进展，而且是在其核心论域所斩获的具有现代性意义的新突破和新进展。鉴于此，我们尝试立足中国现代语境，依照思想主题或议题变迁线索，以凸显其新突破和新进展为焦点，同时兼论其学术史意义和思想史意义。

一 《巴黎手稿》与美学问题研究

20世纪80年代初，在蒋孔阳先生影响下，朱先生开启了《巴黎手稿》研习和阐释之路。至90年代初，历经十年积累，具有"填补空白"[③]意义的《巴黎手稿》美学思想研究力作《历史与美学之谜的求解》（以

---

① 习近平：《高举中国特色社会主义伟大旗帜 为全面建设社会主义现代化国家而团结奋斗》，《人民日报》2020年10月26日第1版。

② 参见刘阳军《中国化阐释与现代性建构——略论朱立元对马克思主义文艺学的创新探索》，《兰州文理学院学报》（社会科学版）2024年第3期。

③ 朱立元：《历史与美学之谜的求解》，学林出版社1992年版，第2页。

下简称《求解》)问世。尤为重要的是,这同时奠定和巩固了其马克思主义的理论自信和学术自觉。下述三例或可验证这一点。《求解》初版后记说:"写作此书给我一个最深的体会是,应当以马克思主义的态度来学习和研究马克思主义……应努力学习、掌握其精神实质,并同现实问题结合起来进行思考,在坚持马克思主义的同时努力应用、发展马克思主义。"① 新版后记进而说:"……虽然时过境迁,然而我本人对《手稿》及马克思美学思想的研究兴趣不但没有丝毫减退,反而更加执著、更加强烈。……而这本《求解》记录了本人当年学习《手稿》、研究马克思美学思想的一些心得体会,也是我目前新的思考、研究的基础和起点。"② 蒋先生也如是说:"他(指朱立元,引者注)对马克思主义文艺学和美学思想体系,一贯坚持,不断学习;但又并不墨守成规,而是善于联系实际,不断进行新的探讨,从而不断得出新意。"③

《求解》以"历史与美学之谜的求解"为核心任务,在"历史之谜""美学之谜"等方面均有创造性阐发。需要指出的是,这一阐发可以说乃是在辩证之经典阐释、中外反思对话以及文艺学美学当代性需要之基础上所斩获或生成的。

首先,认为《巴黎手稿》奠定了唯物史观雏形,并判定共产主义乃"历史之谜的解答"。《求解》立足《巴黎手稿》研究史和马克思思想体系整体历程,指出《巴黎手稿》乃是马克思唯物史观由孕育、萌芽到形成的重要转折点,"不仅在马克思的思想发展史上,而且在整个马克思主义的形成、发展史上都有着不可低估的意义"。④ 其中,《求解》结合《〈政治经济学批判〉序言》《克罗茨纳赫笔记》《神圣家族》《国民经济学批判大纲》等文献,不仅支撑了《巴黎手稿》马克思主义哲学发展的重要节点和关键环节这一判断,而且确证和巩固了《巴黎手稿》物质生

---

① 朱立元:《历史与美学之谜的求解》,学林出版社1992年版,第341页。
② 朱立元:《历史与美学之谜的求解》,上海人民出版社2014年版,第335页。
③ 朱立元:《历史与美学之谜的求解》,学林出版社1992年版,第3页。
④ 朱立元:《历史与美学之谜的求解》,学林出版社1992年版,第7页。

产论、人类历史即自然历史论、实践论思想乃至"新辩证唯物主义和历史唯物主义"孕育和萌芽等历史事实。《求解》进而抓住"异化劳动理论"这一核心，判定《巴黎手稿》决定性地步入唯物史观创建之路，并由此而强化和重申了《巴黎手稿》关于共产主义乃"历史之谜的解答"的科学论断。而这，根本性地开出了马克思主义文艺学美学之唯物史观基础——历史性、实践性文艺学和美学定向。

其次，认为《巴黎手稿》把"美学之谜"之求解锁定在其世界观革命和哲学革命所开启的道路上。《求解》指出，《巴黎手稿》乃"马克思主义美学的真正诞生地和秘密"所在，因为《巴黎手稿》不仅决定性地批判和扬弃以德国古典美学为代表的西方唯心主义美学传统，而且决定性地开出"辩证唯物主义和历史唯物主义的美学"道路。蒋先生也说："马克思和恩格斯把德国古典美学从唯心主义的基础上，改造成为建立在辩证唯物主义和历史唯物主义基础上的美学。"[①] 朱先生就此深刻总结道："《手稿》对以黑格尔为代表的德国古典哲学、美学的唯心主义立足点的深刻批判，具有历史性的、革命性的意义。它不但冲破了德国古典美学坚硬的唯心主义外壳，拯救出其辩证法的合理内核，使德国古典美学所隐藏着的无数珍宝能成为马克思主义美学取之不尽的宝贵财富和继续前进的出发点；而且实际上也把陷入困境的美学学科拯救出来，赋予其新的生命和活力。从此，美学获得了其坚不可摧的唯物主义，特别是历史唯物主义的基础，在此新基础上，人们能消化、吸收、综合人类历史上一切有价值的美学探险的积极成果，能剔除一切掩蔽真理的美学糟粕，紧密联系不断发展着的人类艺术实践和审美经验，作出科学的抽象和总结，创造出最符合客观实际的、超越一切剥削阶级异化视界局限的新理论形态，为美学开拓一个无限宽广的新天地。"[②] 该书进而判定，《巴黎手稿》由此就把美学转变为"新的历史科学"，从而解锁人类艺术和审美现实、历史及人与现实的审美关系的奥秘——劳动实践、劳动创造。与此

---

① 蒋孔阳：《德国古典美学》，商务印书馆1980年版，第352页。
② 朱立元：《历史与美学之谜的求解》，学林出版社1992年版，第54—55页。

同时，该书重申了《巴黎手稿》与"美是人的本质力量的对象化"核心命题的根基性关联。总体上看，这一"哥白尼式"美学革命，乃是以唯物史观为基础并通过由主客体辩证统一、实践论根基以及经济学和哲学相结合等所标示的全新思路来推演和通达的。其意义不仅在于《巴黎手稿》即这一革命的"伟大开端"，更在于"为创立马克思主义美学、完成美学史上的一场伟大革命指明了方向，也为千年美学之谜的求解，找到了一把金钥匙"①。蒋先生对此肯定道，《求解》对于揭示和掌握《巴黎手稿》将美学研究由主观转移到作为客观的"客观活动在社会生活中的人"以及"抓住人的本质力量对象化"核心来求解"美学之谜"等所标示的革命意义，"作出了重要的贡献"。②

再次，关于私有制、异化劳动与艺术和审美关系问题。为探讨异化劳动境况下艺术和审美还能继续生存和发展之奥秘，《求解》先由思想渊源和历史发展入手，认为作为科学形态的马克思异化劳动理论基于劳动实践和革命实践，而对霍布斯和卢梭"转让说"，费希特、席勒和黑格尔"异化观"，费尔巴哈"宗教异化思想"以及赫斯"资本主义制度异化批判"说等加以"辩证唯物主义和历史唯物主义的根本改造""批判继承和创造性发展"③，而且历经由神学批判转变为政治批判、政治批判转变为经济学批判，以及异化劳动理论升华形成和深化发展之过程，并认为《巴黎手稿》构成了异化劳动理论形成史之必经阶段而且初步构建了异化劳动理论。异化劳动与美学关系被历史地把握为四点："第一，从发生学上看，劳动创造了人，也创造了美、艺术和人的审美能力、创美能力；第二，从本质上看，人的自由劳动同美和美的规律有着内在的、必然的深刻联系；第三，私有制下的异化劳动扼杀和压抑着人的本质力量审美、创美能力的发挥和发展；第四，扬弃劳动异化后的共产主义为艺术和美

---

① 朱立元：《历史与美学之谜的求解》，学林出版社1992年版，第68、91页。
② 朱立元：《历史与美学之谜的求解》，学林出版社1992年版，第2—3页。
③ 朱立元：《历史与美学之谜的求解》，学林出版社1992年版，第109页。

的自由发展、为人类审美、创美能力的全面发挥提供了最广阔的天地。"①关于异化劳动与艺术和审美关系问题,《求解》鲜明判定这一关系具有复杂两重性。不论由质与量的关系、人与非人的关系、整体与个体的关系等状况看,还是由奴隶社会、封建社会、资本主义社会等历史发展阶段看,异化劳动绝对性和相对性也是矛盾统一的。与此同时,从《詹姆斯穆勒〈政治经济学原理〉一书摘要》《巴黎手稿》《资本论》等关键文献来看,"异化劳动是其内部具体、有用、创造使用价值的对象化劳动与抽象、一般、创造价值的非对象化(异化)劳动这两方面对立的统一"②。《求解》进而判断,异化劳动绝对性决定性引致人的本质力量异化,即与艺术和审美相对立或抵牾,而其相对性则规定和保存了非异化、反异化力量——哪怕在私有制和异化劳动境况下,艺术和审美、人的美感和艺术创造力照样能够得以持续存在和发展的关键奥秘或许源于此。异化劳动两重性导致其对艺术和审美具有积极性和消极性两重影响,即"它的对象化的、具体劳动的方面决定了劳动产品对人具有直观的、感性的、审美的性质"与"它的异化的、抽象劳动的方面则决定了劳动产品对人的审美和创造美具有消极的摧残的性质"。③进而,《求解》指出,异化劳动历史作用亦具有进步性和反动性两重性,并且以奴隶劳动、封建劳动、雇佣劳动与美的创造来阐明异化劳动对艺术和审美的两重历史作用。尤为值得关注的是,《求解》判定,以人类对象化劳动为基础的"美的规律"及其发挥作用具有扬弃和超越私有制和异化劳动的积淀效力、历史潜能以及普遍尺度。马克思所言,"自我异化的扬弃跟自我异化走着同一条道路"④,无疑也适用异化劳动与艺术和审美关系之阐发。

可以说,正是因为《求解》系统阐明了《巴黎手稿》的美学革命意义,20多年后得以入列上海市学术著作出版基金25周年精选丛书而重获

---

① 朱立元:《历史与美学之谜的求解》,学林出版社1992年版,第189页。
② 朱立元:《历史与美学之谜的求解》,学林出版社1992年版,第244页。
③ 朱立元:《历史与美学之谜的求解》,学林出版社1992年版,第244—245页。
④ 马克思:《1844年经济学—哲学手稿》,刘丕坤译,人民出版社1979年版,第70页。

出版。新版中，增补了第三编第三章"唯物史观与以人为本"和第四编"重读《手稿》札记"。这一增补据《新版后记》交代乃是围绕"实践存在论美学"争论所涉重要原则问题而施展的新探索。① 由此，这一增补与《美的感悟》第二编"马克思《巴黎手稿》与美学问题"等一起，既深化和拓展了《巴黎手稿》的哲学和美学研究，同时也直接把"实践存在论美学"与《巴黎手稿》最关本质地联系起来，彰显了其马克思主义思想根基和基本性质。

二 西方马克思主义美学研究与马克思主义美学中国化研究

除了上述经典马克思主义美学议题，朱先生也关注西方马克思主义美学新发展，这一点无疑扩充和深化了经典马克思主义美学意蕴和视界，当然，也在某种意义上因应了当代中国马克思主义语境及需要，丰富和增强了马克思主义美学中国化、时代化、大众化的契合点、结合点和链接点。《法兰克福学派美学思想论稿》（以下简称《论稿》）《现代西方美学二十讲》（以下简称《二十讲》）等，当是这方面的代表作。另外，朱先生与张德兴、马驰合著《现代西方美学史》以及与蒋孔阳共同主编《西方美学通史》在西方现代美学史或西方美学通史之总体框架下对此亦有相当篇幅的关注。

朱先生主编的《论稿》作为原国家教委"八·五"规划课题、上海市马克思主义学术著作出版基金资助的著作，以马克思主义观念和方法聚焦法兰克福学派核心美学家以及三位外围美学家。《论稿》总的判断是，判定该学派美学思想乃是兼具批判性、人道主义、精神分析学、反科学理性之浪漫主义、营建审美乌托邦的美学思想②。不妨先看所谓的外围美学家。其中包括卢卡奇、布洛赫、布莱希特，与法兰克福学派构成了某种启迪性、相通性、影响性思想联系。卢卡奇在异化及其克服的思想、资本主义文化批判以及作为人性解放的审美途径论和艺术拟人化本

---

① 朱立元：《历史与美学之谜的求解》，上海人民出版社2014年版，第335—336页。
② 朱立元主编：《法兰克福学派美学思想论稿》，复旦大学出版社1997年版，第5—13页。

质论等方面，与法兰克福学派存在相通之处，深刻影响法兰克福学派美学之形成，该书由此将其称为法兰克福学派美学之理论先驱。卢卡奇在资本主义异化批判的基础上，特别强化了人本论/理性论现实主义辩护、非理性主义现代主义批判、艺术生产的整体人道主义论等，由此便突出了其美学的人道主义根基，因而迥异于布莱希特以阶级论为基础的美学[1]。该书判定，布莱希特和布洛赫与本雅明、阿多诺等法兰克福学派核心成员之间存在哲学和美学观点上的"直接的相互影响"。布莱希特以科学和理性为本的戏剧美学，乃是以"辩证唯物思想作为认识生活、反映生活的哲学基础"，"以解释世界和改变世界为目的"的无产阶级美学[2]。因而布莱希特尤为重视作为"诉诸观众的理性"之"史诗剧"服务无产阶级革命事业的社会教育功能、审美娱乐功能以及"间离法"或"陌生化方法"，以及阶级论现代现实主义等。相较于布莱希特，布洛赫美学核心在于乌托邦式幻想艺术论。布洛赫在"神秘主义和目的论的宇宙论"革命理论的基础上，同时在谢林、尼采、克尔凯郭尔等的启发下，竭力构建以"尚未"（not yet）、"期待"（anticipation）、"希望"及"倾向—潜在性"（tendency-latency）为中心的乌托邦马克思主义。由此，马克思主义的未来性或希望性之行动维度，构成布洛赫思考艺术对现实的"乌托邦幻想"和审美对"未来的完满世界""超前显现"的基座——《二十讲》称之为"以'希望'为核心的乌托邦美学"，而且提供了领会和把握人民艺术特别是表现主义艺术人民性[3]的另类通途。这些美学思想之所以被关注和引入，无疑与当代中国阶级论文论和美学、人学论文论和美学、人民艺术话语和美学话语等更新和发展相关联。再看核心美学家。本雅明以马克思主义与神秘主义、共产主义与无政府主义、现代主义与古典主义相结合或杂糅的美学，尤为聚焦世俗生活关怀、资本主义批判

---

[1] 朱立元主编：《法兰克福学派美学思想论稿》，复旦大学出版社1997年版，第37页。
[2] 朱立元主编：《法兰克福学派美学思想论稿》，复旦大学出版社1997年版，第82、78页。
[3] 朱立元主编：《法兰克福学派美学思想论稿》，复旦大学出版社1997年版，第67页。

及本体论救赎。由此,本雅明阐述和实践了具有"残破性"和"忧郁性"的"寓言式批评"范式,夯筑以艺术生产论、后审美艺术论等为焦点的技术主义艺术观,创构以"光韵(Aura)""惊颤(Schockerfahrung)""神会(Correspondances)"为中心的美学范畴体系。与本雅明虽然精神相类却规范别异,阿多诺"否定的美学"则是"以'否定的辩证法'为基础的美学",其中"非同一性原则"乃奠基性辩证法或美学原则,并在此基础上生发出哲学与艺术、美学的互哺、互补[1],该书名之曰"哲学美学化"或"美学哲学化",旨在沟通哲学美学与经验美学或哲学反思与审美经验,从而揭露人类崩坏状况、拯救人类理性[2]和通达美好生活。马尔库塞哲学和美学以马克思《巴黎手稿》的社会性和人本性"批判"及"革命"为决定性基调[3],奠定了其以审美形式和新感性为基石的"社会批判美学",竭力通过艺术和审美(尤其是"异在性""革命性")重建"新感性"——理性与感性之自由状态,进而勾连和实现"人类爱欲的解放"——人与科学、技术、艺术、自然和平相处;马尔库塞思想中同时也蕴藏着共同体美学取向[4]。《二十讲》中名之为"'新感性'与'造反'的美学"。在韦伯、阿多诺、马尔库塞等的基础上,哈贝马斯创造了"以'交往合理化'为核心的美学",其思想基础乃是交往唯物主义即以"交往实践"为核心的历史唯物主义,要义包括"后光韵艺术"和现代性之美学、批判解释学美学、交往行为美学等。总体来看,该书对批判美学的系统关注和阐释,一则契合了 20 世纪八九十年代启蒙的、怀疑/批判的、乌托邦的文化思潮;二则反映了地方美学知识和话语更新的全球性视野、策略和路径,尤其是当代中国美学更新的西方马克思主义视镜。《二十讲》也体现了这一点。

---

   [1] 刘阳军:《T. W. 阿多诺否定美学探奥:从灾难反思入手》,中央编译出版社 2019 年版,第 26 页。
   [2] 朱立元主编:《法兰克福学派美学思想论稿》,复旦大学出版社 1997 年版,第 180 页。
   [3] 朱立元主编:《法兰克福学派美学思想论稿》,复旦大学出版社 1997 年版,第 205 页。
   [4] 刘阳军等:《弗洛伊德和马尔库塞论自然、文明关系问题——兼论其美学、美育意义》,《贵州民族大学学报》(哲学社会科学版)2023 年第 2 期。

《二十讲》在西方现代美学"两大主潮""两次转移""三个转向"①宏观图景下考察和概说西方马克思主义美学思想，作为"大学名师讲义"系列之一，折射了当代中国美学，尤其是马克思主义美学借道西学和借鉴西学的知识体系建构或知识生产努力。该书分上、中、下三讲，在经典马克思主义原理的高度上围绕欧陆和英美马克思主义美学展开阐述。

首先看列斐伏尔、阿尔都塞等欧陆美学家。列斐伏尔在马克思、卢卡奇等人的基础上，倡导以"总体的人"为目的的人本主义哲学，同时在《巴黎手稿》实践人类学和人本主义思想的基础上建构"人本主义马克思主义美学"，以及以"可能"为核心的人本主义浪漫主义美学。与列斐伏尔不同，费舍美学乃是一种新现实主义美学，强调反异化的意识形态性和人本性、现实的未完成性或未来性和过程性以及现实主义的态度性和真理性。葛兰西文化学美学以马克思实践哲学为基础，特别注重文化领导权/霸权思想、"民族—人民的文学"美学等揭橥和阐明，其文化领导权/霸权概念及思想影响了欧美文化研究/批评学派。与前面三位凸显"人道主义"不同，阿尔都塞则凸显"科学主义"，倡导"结构主义马克思主义"美学，在实践或生产的社会结构论认识论框架和脉络下揭示和定位艺术与意识形态和科学之本质性关系，并进而强调审美效果的"感觉性""距离性""不在场""真理性"。该书认为，上述欧陆美学思想，一则分别突出了马克思哲学和美学之人本性、科学性维度，二则这一突出又缺乏某种彻底性和整体性。

其次看颇受欧陆哲学和美学影响的伊格尔顿、詹姆逊等英美美学家。与列斐伏尔相类，加洛蒂也坚持人本主义马克思主义美学路线——把人的问题归为"惟一能通过劳动来自己创造他自身的历史的动物的问题"②，并吸纳萨特存在主义主体观，而竭力通过艺术即人在世界的存在形式、现实主义之"人的主体性""无边的现实主义"等命题来建构人本主义现

---

① 朱立元：《现代西方美学二十讲》，武汉出版社2006年版，第1—3页。
② ［法］加洛蒂：《论无边的现实主义》，吴岳添译，上海文艺出版社1986年版，第223页。

实主义美学①。马舍雷则大体依循了阿尔都塞科学马克思主义道路，构建起了以文学即意识形态生产（偏离、诘难、反叛、挣脱②）、沉默论文学语言观、科学性文学批评观为核心的文学生产理论。伊格尔顿在卢卡奇、葛兰西、本雅明及萨特等思想家的基础上，以文学和文化为核心，阐明了艺术即意识形态—文化生产论、艺术价值介入/判断论、艺术情感逻辑和政治功能论（尤其关注人民性）等。詹姆逊则结合文化和艺术之历史状况，全力构建以辩证批评为核心的解释学美学，其要义在于兼顾解释和解决问题以及"辩证批评"的文化解释学、"政治无意识"论和后现代主义文化逻辑论等。关于西方马克思主义美学，该书在科学性与人本性、历史性与实践性之唯物主义原则高度上展开评判，判定西方马克思主义美学不同程度地分裂和误解了这一唯物主义，这一唯物主义原则高度、内在张力和整体统一未能获得最关本质的重视和充分的施展，这是极为深刻的。与此同时，该书上述阐述和总结，无疑本身就是中、西、马美学的一种对话与互鉴，就是中国美学知识生产的一次西学演绎——契合了当代美学知识体系建构以及对接和对话世界美学的理论和现实之需要。

西方马克思主义美学研究本身无疑也构成了马克思主义美学中国化研究之重要组成部分。马克思主义美学中国化研究乃是朱先生对马克思主义基本原理同中国具体实际相结合、同中华优秀传统文化相结合的一个美学理论实践，而这同时也是马克思主义美学体系建构的一种具体尝试，还反映出其对中国当代美学现代性和世界性探索之马克思主义路径和逻辑的揭橥和确认。

首先是马克思主义文艺学美学中国化历程研究，《新时期以来文学理论和批评发展概况的调查报告》（以下简称《报告》）、《马克思主义文艺理论中国化研究》（以下简称《中国化研究》）乃是代表作。《报告》《中国化研究》虽然都聚焦文艺学，但从某种意义上说也关乎美学。《报告》

---

① 朱立元：《现代西方美学二十讲》，武汉出版社2006年版，第198页。
② 朱立元：《现代西方美学二十讲》，武汉出版社2006年版，第199页。

前言指出:"自20世纪初起,中国文艺学至今已经走过了近百年历程。百年的历程是中国文艺学在马克思主义指导下不断借鉴、改造、吸收现代西方文艺理论并与中国文艺实践相结合的历程,也是不断汲取、融合中国古代文论理论资源并对之现代转换的历程,更是伴随着民族命运的沉浮而艰难探索、曲折前进的历程。……可以说,我国现代文艺学从诞生、萌芽、生长到逐渐形成新传统并在新时期以来走向成熟,在一定意义上就是马克思主义文艺理论中国化的过程。"① 实际上,马克思主义美学中国化进程总体上与此亦大抵一致。其中,该书关于新时期以来马克思主义文艺理论体系研究、艺术批评和艺术生产理论研究、马克思主义文艺理论中国化形态研究,以及西方马克思主义文艺理论中国接受和影响研究等提炼、概括及评价②,关乎马克思主义美学中国化之科学课题,尤为值得关注。《中国化研究》则从微观和宏观结合角度更为系统地探究了马克思主义文艺理论中国化历程及诸重要节点和命题。该书开篇即指出:"马克思主义文艺理论中国化是马克思主义文艺理论在中国历史、现实和文化语境中对译、实践、沟通、再阐释和再创造的开放性过程,是马克思主义文艺理论与中国文化艺术实际和社会实践相结合的过程,也是中国化了的马克思主义对文艺创作、文艺批评和文艺理论研究实现普遍指导的过程。"③ 马克思主义文艺理论、美学中国化科学命题,应当且必须放在马克思主义中国化的总过程和总系统中加以考察,并把其与中国现代文艺学和美学创新发展最关本质地关联起来。由此,该书在文化传播学视域下,宏阔地划分了启蒙时期、奠基时期等马克思主义文艺理论中国化五个时期,重点聚焦古代文论研究和"新理性精神"文论的马克思主义人学、文论和美学应用,马克思主义文论和美学指导下现代文艺学体系建构,信息化、消费化时代马克思主义艺术生产和艺术生产力

---

① 朱立元主编:《新时期以来文学理论和批评发展概况的调查报告》,春风文艺出版社2006年版,第1—2页。
② 朱立元主编:《新时期以来文学理论和批评发展概况的调查报告》,春风文艺出版社2006年版,第152—204页。
③ 朱立元等:《马克思主义文艺理论中国化研究》,经济科学出版社2009年版,第1页。

理论之中国化等议题。在如此总结和反思的基础上，该书指示我们，马克思主义文艺理论和美学中国化要立足中国并通过中国不断获得具体性、现实性及历史性，与时俱进地、原则高度地坚守古今中外互动融通、交流互鉴之道①。譬如，以艺术和美学为生产力为文艺建设之现实基点和文艺学研究逻辑起点，以扩展审美日常生活化、塑造时代性话语系统等②，作为马克思主义艺术生产理论中国化就折射了这一点。总体来看，这从根本上意味着，马克思主义文艺学和美学与中国社会和文化现实相结合、与中国人文精神传统和文艺思想传统等相结合的双重开放性、反思性展开。

其次是当代中国马克思主义美学研究。《当代中国马克思主义美学研究》（以下简称《美学研究》）系统地聚焦新时期以来中国马克思主义美学状况之梳理、描述和总结及反思。一方面，《美学研究》关注当代中国马克思主义文艺学发展状况，包括新时期以来中国共产党文艺思想、马克思主义文艺理论大发展以及重大问题探究演进等。其中，关于邓小平、江泽民、胡锦涛、习近平等领导人文艺思想的概括和评价特别值得注意，至少给出或启发了如下重要判断：一是中国共产党领导人文艺思想构成了40年来马克思主义文艺学美学中国化三阶段的伟大新成果，且奠定了马克思主义文艺学美学中国化之方向、底色和格局，并推动这一中国化进程。二是马克思主义文论和美学中国化发展乃是"全局性和统领性的"，对整个当代文论美学推进和创新均具"基础和指导的作用"③。三是坚持马克思主义指导或坚守和创新马克思主义，乃是新时期以来中国文论和美学大发展的根本原因。四是中国马克思主义文艺学美学以人民文艺学美学为主导范式，同时开启"人类命运共同体"文艺学美学为新方向、新契机和新高度④。另一方面，围绕马克思主义美学研究领域中国

---

① 朱立元等：《马克思主义文艺理论中国化研究》，经济科学出版社2009年版，第318页。
② 朱立元等：《马克思主义文艺理论中国化研究》，经济科学出版社2009年版，第387页。
③ 朱立元等：《当代中国马克思主义美学》，上海人民出版社2019年版，第337、340页。
④ 朱立元等：《当代中国马克思主义美学》，上海人民出版社2019年版，第388、391页。

化、时代化、大众化状况展开总结和反思。在中国化方面,《美学研究》以马克思主义美学中国化之"论"和"史"即中国实践美学学派和美学史学科建构为核心进行概述和检视。该书认为,实践美学学派乃是以马克思主义实践唯物主义和实践观点为哲学基础和轴心视点的美学学派,其始终立足中国现实问题、文化问题及美学问题,因而是马克思主义美学研究中国化标志性成果、中国化马克思主义美学主要代表以及世界马克思主义理论之独特部分。[①] 实践美学学派,总体上囊括了从实践美学到新实践美学和后实践美学前后继承和超越、相互争论和对话的诸种美学学说,主要有朱光潜"整体的人"实践美学、王朝闻"审美关系论"实践美学、周来祥"和谐论"实践美学、蒋孔阳"创造论"实践美学、李泽厚"主体性实践美学"美学、朱立元"实践存在论美学"等。与此同时,作为马克思主义美学中国化之应有之义,以李泽厚、曾繁仁、朱志荣、朱光潜、周宪、朱立元、汝信等为代表的中国美学史和西方美学史之学科形态知识、话语创新建构亦取得前所未有之进展。该书判定,实践美学学派作为马克思主义指导下中国现代美学建设,有三点值得重视:"立足本土,融汇中西""多元共存,平等对话""面向现实,联系实践"[②]。从某种意义上说,实践美学学派既是马克思主义美学中国化,也是中国马克思主义美学世界化,乃是中国美学理论现代化和世界化的卓越奋进和努力。在时代化方面,《美学研究》以自然美和生态美学为核心而展开研究和反省。该书指出,关于自然美和生态美学探讨总体上乃是以马克思主义本质论、实践论、价值论、关系论、生态论等为核心指导,同时积极引入中国古代美学和西方美学的理论资源——如西方生态批评和生态学思想,而施展的历史综合和理论创新。自然美问题讨论就创造性运用马克思主义存在决定认识、认识反映存在基本原理,以及"自然人化"论和"人的本质力量对象化"论等,生态美学问题讨论则在生态环境危机现实背景下以及中国共产党生态文明思想影响和鼓励下,以马

[①] 朱立元等:《当代中国马克思主义美学》,上海人民出版社2019年版,第46、47页。
[②] 朱立元等:《当代中国马克思主义美学》,上海人民出版社2019年版,第118—120页。

克思实践存在论为基础，自觉以马克思主义生态美学论为指导原则并加以创造。自然美理论和生态美学是马克思主义主导下中西美学交流互动、互鉴之重要理论实践，也是基于现代中国和现代世界的马克思主义美学时代化之重要构成。在大众化方面，《美学研究》以审美教育、生活美学、中华美学精神为核心而展开描绘和总结，其要义在于美学与大众生活实践结合或者成为大众生活方式。该书鲜明判定："新时期以来，中国马克思主义美学坚持审美教育塑造大众，以生活美学服务大众，以中华美学精神引领大众，走出了一条有中国特色的美学道路。"① 无论美育研究还是生活美学（还有人生美学、身体美学等）、中华美学精神，都必须始终基于"以人为本""美好生活"价值取向而坚持"立德树人""以美育人""以生活服务人""以文化人"，从而促进人的更好存在和现代化。而所谓大众化，无疑也是马克思主义美学人民化、民族化、生活化。

三 马克思主义美学中国化与实践存在论美学之创立

前面由《求解》增补安排角度已提及实践存在论美学与《巴黎手稿》关系问题，这里将对实践存在论美学与马克思主义美学的关系问题作进一步探讨。我们的总判断是：实践存在论美学既是马克思主义美学体系建构的一种尝试，也是古今中西交流互鉴，尤其是马克思主义美学中国化、时代化的一种思想总结和思想创造，也是一个典型范本。《求解》增补版第四编《重读〈手稿〉札记》《走向实践存在论美学》《马克思与现代美学革命》《实践存在论美学：朱立元美学文选》等，即是代表文献。

首先来看实践存在论美学之马克思思想根基。朱先生在《走向实践存在论美学》总序中指出："实践存在论美学是近十年来我在学习马克思的实践唯物主义（即唯物史观），研究和借鉴现代西方哲学、美学中有价

---

① 朱立元等：《当代中国马克思主义美学》，上海人民出版社2019年版，第238页。

值的思想的基础上提出来的,也是在认真反思当代中国各派美学理论,特别是占主流地位的实践美学的成就与局限,并与'后实践美学'作了心平气和的学术争鸣和交流之后,逐步建构起有一定系统性的理论框架。"① 十多年后,其《实践存在论美学:朱立元美学文选》前言总结说,实践存在论美学思想来源有三:马克思《巴黎手稿》中与实践论深切融合的现代存在论思想,蒋孔阳以实践论为基础、以创造论为核心的审美关系理论,以及作为间接性和启迪性思想资源的海德格尔基础存在论思想。② 仅从来源看,实践存在论美学可以说就是中、西、马三者相互碰撞、融合以及综合创造的思想产物。我们这里重点述论实践存在论美学的马克思思想基础。朱先生把这一基础概括为两个方面:一是马克思以实践论为中心、与实践论结合为一体的现代存在论思想;二是在此基础上的马克思合目的性关系论和生成论,或曰"关系生成"论思想。③ 要言之,这一基础即唯物史观,更确切地说就是实践唯物主义。这一唯物史观,按照《求解》所言,乃内在本质地、根深蒂固地包含社会发展规律与以人为本,或者说乃是社会形态历史发展与人的自由全面发展相互确证、相互交融、合为一体的整体。④ 进而,《走向实践存在论美学》就把马克思实践论和存在论(本体论)思想,与人学思想及其现实尺度最关本质地纳入唯物史观,而创造性地整合和命名为"实践存在论"——强化马克思实践观与存在观的一体化整体,并由此奠定实践存在论美学的唯物史观根基⑤。《马克思与现代美学革命》旗帜鲜明地重申实践唯物主义不仅奠基了现代美学革命的现代存在论根系和人本主义尺度等,而且决定性标示了实践存在论美学的现代哲学基础以及所走的现代美学革命康庄大道。⑥ 这就必然导向马克思"关系生成"论或动态生成观,这构

---

① 朱立元:《走向实践存在论美学》,苏州大学出版社2008年版,第1页。
② 朱立元:《实践存在论美学:朱立元美学文选》,山东文艺出版社2020年版,第2页。
③ 朱立元:《实践存在论美学:朱立元美学文选》,山东文艺出版社2020年版,第210页。
④ 朱立元:《历史与美学之谜的求解》,上海人民出版社2014年版,第280页。
⑤ 朱立元:《走向实践存在论美学》,苏州大学出版社2008年版,第104—161页。
⑥ 朱立元:《马克思与现代美学革命》,上海交通大学出版社2016年版,第169—187页。

成了实践存在论美学哲学基础另一重要方面。以《巴黎手稿》为基础，一方面强调马克思实践论与存在论相结合基础上"关系生成论"，即整个世界历史乃是人与自然界在劳动实践中的双向生成，此即实践存在论美学之人与世界的审美关系（活动）历史生成之理论前提。另一方面强调马克思又论述了人的感官、感觉（包括审美感觉）乃是在人的对象化活动/对象性关系或实践活动中历史生成这一观点，这揭橥了人与自然界、主体与客体在实践活动中双向历史生成的奥秘——马克思判定，"五官感觉的形成是迄今为止全部世界历史的产物"。[①] 马克思"美的规律"论思想，构成了实践存在论美学又一理论基石。马克思乃是在实践论、存在论及人类学等相结合的高度来领会和把握"美的规律"，强调美的规律和美的本质与人的本质内在历史关联，而且美的规律和美的本质的前提和基础乃是具有全面性、超越性、创造性、自由性的生产实践或者劳动实践。这种人类学、实践论和存在论的观点，或者确切来说，即人类学和存在论相结合的实践论观点，乃是实践存在论美学的又一理论依据。在人类学和存在论相结合的实践论视域下，所谓"美的规律"当是具有属人性/人类性和社会历史性，因此它应当是人类劳动基本特质、符合客观事物本身规律、与人类劳动实践目的性密切联系，同时应当是具体性的等。朱先生如此概括马克思"美的规律"论："人通过广义的对象化劳动实践，在认识、遵循对象规律和尺度的同时，把自己衡量对象的尺度和本质力量设为目的，在对象上面加以实现，达到主体尺度与对象尺度、合目的性与合规律性、自由和必然的有机统一，从而与现实（对象）世界建构起特定的审美关系；这种审美关系主要体现在对象的外在具体的感性形状、形象、形式，既符合人对该对象所属事物的尺度（合规律性），又符合人对该对象的需求、衡量尺度（合目的性）；这种审美关系的客体表现就是美，主体表现就是美感。在此意义上，美的规律也就是审美的规律。"[②] 由此，马克思的论点就构成了实践存在论美学的坚实根

---

① 朱立元：《历史与美学之谜的求解》，上海人民出版社2014年版，第319—325页。
② 朱立元：《历史与美学之谜的求解》，上海人民出版社2014年版，第317页。

基和底座，也构成其参照和借鉴西方美学、继承和发展中国实践美学的新原则和新框架。

其次来看实践存在论美学基本内容或要点。《走向实践存在论美学》将其基本要点概括为以下几点：实践存在论美学根据、实践是人存在的基本方式、审美活动是一种基本人生实践、美是生成的而非现成的、审美是一种高级人生境界，以及实践存在论美学与实践美学主流派之区隔等。首先，关于其根据问题，要义有三：一是以马克思实践唯物主义思想为根据——以实践论与存在论一体、实践论与社会存在论统一等为根据；二是以蒋孔阳审美关系理论指示的发展方向为根据——"以人生实践为本原，以审美关系为出发点，以人和人生为中心，以艺术为典范对象，以'创造—生成观'为指导思想和基本思路的理论整体，这一理论整体为我们建设和发展实践存在论美学初步奠定了基础"①；三是以马克思"人就是人的世界"论、海德格尔"此在/人生在世的存在论"为根据——这一根据克服和超越了西方近代主客二分认识论框架和道路。其次，在坚持马克思实践唯物主义的基础上，更确切地说，在坚持马克思以实践论为核心的存在论基础上，积极吸纳毛泽东实践观、反思李泽厚实践观，并批判地吸纳海德格尔"人生在世的存在论"等，从而由此将实践领会和把握为广义的人生实践——包括但不限于审美活动和艺术活动，也即人的基本存在方式。再次，进而在人生实践基础上，判定审美活动乃是人的生存性需要、实践性需要和精神性需要，是人的超越性、自由性、应然性的存在方式，是"人超越于动物、最能体现人的本质特征的基本存在方式之一和基本的人生实践活动之一"。②又次，在审美活动/审美关系的基础上，强调"关系在先/活动在先"逻辑原则，而这种关系或活动在性质上即体验性、生成性、多层性、流变性以及自由性关系或活动，在层次上即静观性、对话性、存在性关系或活动。由此，审美主体和审美客体应当而且必须在审美关系或活动中现

---

① 朱立元：《走向实践存在论美学》，苏州大学出版社2008年版，第278—279页。
② 朱立元：《走向实践存在论美学》，苏州大学出版社2008年版，第295页。

实地、历史地生成，审美关系或活动是"在人生在世的意义关系中、在人的具体生存实践中、在人的生活实践的时机性境遇中当下生成的"①。要言之，美是生成的而非现成的。与此同时，朱先生基于审美与人生实践之通达关系而进一步指出，审美本来就是人生境界的本真展开和完满达成——"主体直观到了超越现实功利、伦理、认识的自由人生境界，体验到人与世界的存在意义而产生的自由感、幸福感、愉悦感"②——，因而乃是一种高级人生境界。在如此情势下，实践存在论美学历史地继承、吸收和创化中国古代生命论、人格论、人生论及生活论美学思想传统。最后，相较于实践美学主流学派，实践存在论美学则在实践存在论和关系生成论之新思路和新方向下确立起了与此既联系又区隔的崭新逻辑架构，这一逻辑架构即"审美活动论—审美形态论—审美经验论—艺术审美论—审美教育论"③。这一创造性、未来性架构，不仅内在地要求古今中外美学交流互鉴、地方性与全球性美学深度融合，而且本质地要求直面和应对兼具中国性与世界性、民族性与人类性的现代世界状况。

不只如此，实践存在论美学原理业已被初步运用于《美学》教材编写和《西方美学范畴史》撰写之中。《美学》教材编写作为实践存在论美学的一种具体施行，其运用主要体现在：一是贯彻了实践是人存在的基本方式、审美是一种基本人生实践以及审美是一种高级人生境界等实践存在论美学基本思想或主旨。二是贯彻了前述所言实践存在论美学基本逻辑架构。④《西方美学范畴史》编撰则立足实践存在论美学这一块理论基石，确切地说，乃是由审美关系/审美活动和学科体系辩证统一双重角度来确立该书三卷核心架构和展开理路，遴选并确定共计26个（组）范畴，包括存在、自由、实践、感性、经验等8个哲学基础性范畴，艺术、

---

① 朱立元：《走向实践存在论美学》，苏州大学出版社2008年版，第312页。
② 朱立元：《走向实践存在论美学》，苏州大学出版社2008年版，第326页。
③ 朱立元：《走向实践存在论美学》，苏州大学出版社2008年版，第326页。
④ 朱立元：《走向实践存在论美学》，苏州大学出版社2008年版，第331、335页。

美、形式、和谐、审美教育等8个审美活动和美学学科范畴，以及优美、崇高、古典与浪漫、现代性与后现代性等10个（组）具体审美范畴。[①] 从某种意义上说，这种运用本身也是实践存在论美学的一次拓展甚至创造，是其重要构成部分。

总体来看，实践存在论美学就是马克思主义中国化、时代化的一次美学创造，就是坚守马克思主义指导和运用条件下古今中外美学的一种交流互鉴、综合创生。

余论　美学现代性建构：中国性与世界性、地方性与全球性？

马克思主义美学何以、如何是革命性、进步性和未来性的，何以、如何兼容、扬弃和超越其他美学？又何以、如何历史地因应和统摄中国与世界、地方与全球，从而内在地兼具中国性与世界性、地方性与全球性？何以、如何在全球化与地方化双重历史进程中"化中国"和"中国化"，抑或地方与全球的历史互动和融合何以、如何本质地促进并内涵于中国美学现代性建构之马克思主义道路？以及又是何以、如何应当而且必须予以坚守和发展的？等等。对于这些重要问题，朱先生基于中国和世界现代语境、地方和全球一体化语境而展开马克思主义式地求解和探索，以下几点尤为值得注意：一是唯物史观与以人为本应当而且必须是相互确证、相互交融、合为一体的"一块整钢"，而这构成了马克思哲学革命和美学革命的坚实根基和根本内核；二是以《巴黎手稿》阐释为标志，决定性奠基了既能应对现代化和全球化状况也能应对传统美学危机的"历史唯物主义和辩证唯物主义的美学"道路；三是由经典马克思主义美学研究延伸到西方马克思主义美学研究，充实和拓展了马克思主义美学复杂现代性之维；四是基于中国马克思主义美学演进和发展状况，突出马克思主义美学中国化、时代化、大众化主要面向和核心走向，尤其是马克思主义美学人文性和人民性取向，以及马克思主义与中国社会

[①] 朱立元：《走向实践存在论美学》，苏州大学出版社2008年版，第339—340页。

现实和审美现实相结合、与中华优秀传统文化相结合的美学创新逻辑；五是立足中国和世界现代状况，以实践唯物主义为根基，在古今中外交流互鉴、融会贯通中，创立直面人的生存状态和存在方式以及艺术活动/存在方式等的实践存在论美学。总体而言，这一探索既是对马克思主义美学及其中国化、时代化、大众化历史脉络、线索以及成就等的描绘、总结及反思，也是马克思主义美学中国化、时代化、大众化的一种建构和创造，某种意义上还是古今中外美学的一种交流互鉴。

关于这一探索，我们认为，它具有风标性的学术史和思想史意义。首先，这一探索具有总结性、集成性以及范导性意义。这一探索不仅是对经典马克思主义美学和西方马克思主义美学的阐发和概括，也是马克思主义美学中国化进程及成就和经验的总结和巡检，还是马克思主义性质的总结性和集成性创新。与此同时，这一探索倡导并践行跨时代、跨文明、跨学科的历史—实践方法论，具有范导性意义。其次，这一探索具有中国自主美学知识体系建构意义。这一探索立足和直面中国和世界现代语境、地方化与全球化语境，既批判地借鉴和吸纳域外理论资源，也积极转换和融入本土理论资源、传承和发展中华优秀传统文化，以中国化—世界化方式既回应全球社会文化、艺术和审美现实，同时也回应中国社会文化、艺术和审美现实，既反思西方美学和艺术惯例或传统在全球化、市场化、商品化现时代语境的失效境遇，同时也反思西方美学话语和艺术范式遭遇中国艺术实践和审美现象时的窘迫困境，从而施展中国美学现代性建构。就此而言，这也是中国自主美学知识体系建构的一种重要探索。再次，这一探索具有世界意义。这一探索首先诉诸的现代语境乃是中国与世界、地方与全球、传统与新潮矛盾冲突碰撞和交流交往交融之现代语境，也是相互塑造、相互推动、相互据有之现代语境。基于这一语境，生成了以克服人的生存危机、求解人的理想生存方式为核心的普遍性思想任务，为此在马克思主义原则高度下广纳和统筹古今中外诸种积极思想遗产，在此基础上便诞生了实践存在论美学。这一思想，在中国实践美学谱系和世界实践美学谱系中占有重要位置：一则是对美学家李泽厚、蒋孔阳等中国实践美学传统的总结和反思，也是继承和突破及发展；二则还是在西方美学史宏观考察和检视背景下对马克思哲学和美学思想的创造性阐释和发扬等①，由此，它不仅构成中国实践美学谱系之关键一环，同时或可与西方马克思主义，尤其是东欧马克思主义实践美学形成某种跨文明意义上的东西对照或互映。

最后，我们尝试延伸关于中国性与世界性、地方性与全球性的美学思考。中国美学现代性建构之所以最关本质地采取马克思主义道路，之所以天然地兼具中国性和世界性特质及意义，因而也迥异甚至必然超越西方现代美学传统，其主要原因在于：一方面，这一建构的历史和现实语境具有大交汇、大融合、大变革的特点，包括全球化语境下古今转换和绵延、地方文化交流和交融、中西文明碰撞磨合和交流互鉴，以及社会文化道路择取和变革等，由此而生成既能够克服和超越中国传统社会文化危机又能够克服和超越西方现代社会文化困境和缺陷的中国性与世界性需要。在这一大破大立语境中，马克思主义传入、介入中国并且最关本质地化中国和中国化，开出具有世界历史意义的中国式现代化需要和道路。这构成了这一建构的根本语境、需要以及定向。② 另一方面，马克思主义之所以成为必然选择，乃在于马克思主义就是彻底批判和超越西方现代社会文化及其危机的现代性方案，就是关于地方与全球、东方与西方，以及人类社会文化革命和现代社会文化发展的现代性方案，就是关于生产性与消费性、人文性和人民性、民族性与人类性等的现代性方案。因而马克思主义，尤其是中国化马克思主义不仅对中国美学现代性建构具有根本指导和基础的作用、意义，而且是中国美学现代性创新建构的根本方向和道路。总之，这一建构必然直面和囊括地方与全球、中国与世界等重要维度或议题，换言之，作为介入性"大观念"符码的

---

① 朱立元：《实践存在论美学：朱立元美学文选》，山东文艺出版社2020年版，第18—19页。
② 刘阳军：《中国式现代化与中国美学现代性、世界性——以马克思主义中国化为切入点》，《贵州民族大学学报》（哲学社会科学版）2023年第5期。

地方与全球、中国与世界等，应本质地成为美学现代性建构的内在构成，而绝不仅仅是外部条件和外在环境。

综上所述，朱先生关于马克思主义美学的创新探索，不仅是马克思主义美学中国化、时代化、大众化的一次现代性建构，是古今中外，尤其是中、西、马美学交流互鉴、融汇交融的一次现代性建构，同时也历史地凸显和巩固了中国美学现代性建构的马克思主义定向、道路及意义。

区域与抗战文学研究

主持人语

主持人：王开国

主持人语：

区域与抗战的关联很有意思，因为两者不仅存在重合之处，而且可以从特定的角度实现相互促进，本栏目所选的两篇文章就在一定程度上实现了这种可能。

王开国的《无边的现实主义：胡风抗战文论的结节》一文，对于胡风在抗日战争期间有关文学形式的讨论进行了梳理与分析，重点谈论胡风对于文学形式的时代化理解和改造的合理性，并在此基础上指出，由于其局限在创作论理解现实主义，因此错过了现实主义之所以是现实主义的特殊性，进而在相当程度上简化了民族形式的内涵。

杨宗红与李登峰的《重庆抗战童谣的严肃性与游戏性》一文，通过收集整理进而研究抗日战争时期流行于重庆的抗战童谣，指出这些童谣积极抗日的内容及其所有的宣传性。

倘若将两篇文章放在一起进行一番联想，或许可以发现，抗战童谣其实对于现实主义进行了某种特别的落实，以此为切入点，不仅为继续展开抗战童谣研究带来了可能，而且将使得思考中国的现实主义成为一种有趣的挑战。

无边的现实主义：胡风抗战文论的结节[*]

王开国[**]

内容提要：通过参与"民族形式"问题的论争，胡风将单纯的文学形式问题的讨论扭转到与时代的民族内容相结合的正确轨道上。在此基础上，借助于对作家"主观战斗精神"内涵和创作源泉问题的深入辨析，胡风提出了延续新文学启蒙精神、揭示民众"精神奴役创伤"的现实主义创作主张，切实丰富了民族形式的内涵，从而以某种程度上的形式和内容相互统一，推动了抗战文论的纵深发展。但是，仅仅局限在创作论层面号召理解现实主义，实在难免有简化民族形式的嫌疑，甚至显示出某种怪异的稚嫩性。

关键词：胡风；抗战文论；民族形式

现有研究对于胡风抗战时期文论的重点内容有着较为充分的关注，尤其是针对胡风参与的"民族形式"问题的论争、关于现实主义理论的探讨、作家"主观战斗精神"的提倡以及揭示"精神奴役创伤"等主张与理论，已经出现了较多研究成果，但是，对于其中的关系似乎还有继

---

[*] [基金项目] 2013年重庆市社科规划重点项目"抗战时期的重庆文论研究"（项目编号：2013ZDWX09）。

[**] [作者简介] 王开国（1970— ），男，重庆师范大学文学院副教授，主要从事文艺理论与马列文论研究。

续细察的空间与可能。本文试图分析胡风通过现实主义主张串联相关主题进而深化民族形式的理路,从而挖掘胡风抗战文论的独特性,也即以其理论思考的深度参与抗战文论建构的特殊贡献。

一

在抗战时期所展开的"民族形式"问题的论争,不仅承续此前"大众文学"或文学大众化、民族化问题的讨论,同"五四"以来新文学的发展方向与道路及其与读者之间的关系相联系,而且同新文学自觉承担的思想启蒙任务相联系,这样,关于"民族形式"问题的讨论,就不再是一个只关乎形式本身的文学理论问题,而是一个如何理解文学形式与现实生活之间关系的实践问题,是一个如何评价新文学的发展历程和历史地位与如何对待中外文学遗产的问题,更是一个新文学在民族存亡的严重时刻怎样承担历史使命的时代问题。胡风关于"民族形式"问题的基本观点[①],不仅突破了这场讨论早期就形式论形式的局限性,而且超越了向林冰在《论"民族形式"的中心源泉》[②]中将民间形式作为"民族形式"源泉的片面性。换言之,文学的"民族形式"问题既是一个文学的基本理论问题,又是一个关乎时代文学创作与发展的实践问题。

在写于"一九四○年十月十四日"的《附记》中,胡风直接揭示了《论民族形式问题》的主旨:

> 不用说,主要的批判对象是向林冰先生,这不但因为他的论点和新文艺的传统方向形成了鲜明的对立,而且因为他是想用自成体系的辩证法的观点来解决文艺问题。不幸的是,他的辩证法是脱离了实际生活的社会内容也脱离了实际的文艺发展过程的纸面上的图

---

① 较为系统的意见在 1940 年生活书店出版的《论民族形式问题》中,现收入湖北人民出版社 1999 年出版的《胡风全集》第 2 卷。
② 载于 1940 年 3 月 20 日的重庆《大公报》副刊《战线》。

案，因而形成了对于文艺实际运动不但无益而且有害的，主要的错误方向。①

在胡风看来，脱离文学内容和现实生活的文学形式，无论是否为民族的，都没有实际的意义和价值，因为形式始终是为内容服务的。这就是他所说的："不从实际的文艺发展本身去获得文艺发展的辩证法，这态度本身就是对于辩证法的一个嘲笑。"② 既然形式是为内容服务的，文学的"民族形式"本身也只有同文学的民族内容联系起来，才能找到自己存在的依据和发展的空间，因此不能离开内容孤立地谈论形式或"民族形式"，更不能将其理解为"新质发生于旧质的胎内"③ 的所谓"辩证法"。由于文学内容或文学的民族内容必须依据民族的现实生活来确定，所以，文学的"民族形式"首先应该是"从生活里面出来的"④。就民族内容而言，新文学在同现实生活的联系中不仅承担了反帝反封建的历史任务，而且在其发轫之时，就将这种使命同思想启蒙联系起来，更确切地说，是以思想启蒙为基本手段来实现社会革命与民族救亡。正因为这种思想上的要求，"那代表的战斗的作家，像小说里面的鲁迅，诗里面的郭沫若、康白情、湖畔诗人等，为了内容上的突进的革命精神的要求，形式上也采取了一种崭新的前无古人的姿态，形式和内容相应地掀起了一个狂风暴雨似的、伟大的革命"⑤。从革新文学语言而逐步展开的"文学革命"以至于发展到后来的"革命文学"，就是在时代条件下将新的思想内容与新的文学形式结合起来的文学运动和思想运动，因而由文学形式革新所发动的新文学，实际上是由社会生活的变化导致的文学内容的变化即出现了新的文学思想才形成的。正是在这个意义上，胡风高度评价了新文学的发展道路。在他看来，新文学的

---

① 《胡风全集》第 2 卷，湖北人民出版社 1999 年版，第 790 页。
② 《胡风全集》第 2 卷，湖北人民出版社 1999 年版，第 791 页。
③ 《胡风全集》第 2 卷，湖北人民出版社 1999 年版，第 729 页。
④ 《胡风全集》第 2 卷，湖北人民出版社 1999 年版，第 731 页。
⑤ 《胡风全集》第 2 卷，湖北人民出版社 1999 年版，第 742 页。

"新"之所在,不仅在于它改变了中国文学在表现与结构上的传统形式,而且在于它引进了反封建的民主与革命观念及与之相适应的方法、形式①,更重要的是,新文学有效地结合了这两种新的元素。所以,新文学是当时思想启蒙运动的一个组成部分,并且是其中最具有社会动员力量和效果的一个不可或缺的组成部分。这样,因应时代条件下兴起的民主浪潮并在世界进步文学影响下发展起来的新文学,就不仅因为建立了与世界文学的联系而与传统中国文学具有了质的区别,而且应当属于"市民社会突起了以后的、累积了几百年的、世界进步文艺传统底一个新拓的支流"②。这样,胡风就赋予了新文学以崇高的历史地位。而就文学所面临的严峻形势及承担的宣传抗战的任务来说,胡风的这一观点,不仅是对抗战初期文学在内容和形式上简单粗糙的一个反拨,而且适应了时代条件下将文学内容上的民族解放与民主革命相结合的历史要求。尤为值得注意的是,胡风的这个观点维护了新文学社会革命和民族救亡一体两面的品格,虽然他在一定程度上忽视了这种文学脱离底层大众的偏颇,忽视了新文学与传统文学的历史联系、"民族形式"和民间形式之间的内在关系以及提倡"民族形式"的精神实质——能够广泛动员社会及民众参与民族救亡的历史运动,在一定的意义上也可以说,胡风的这个观点,仍然延续了新文学因其形式革新只能将市民和知识分子作为读者对象而难以深入底层民众的缺陷。但在抗日战争进入相持阶段后社会腐败和政治黑暗进一步加剧的严峻时刻,在民族精神需要进一步改造和强化的重要关口,胡风对于新文学发展道路和方向的坚持,对

---

① 也就是"那不是笼统的'西欧文艺',而是:在民主要求的观点上,和封建传统反抗的各种倾向的现实主义(以及浪漫主义)文艺;在民族解放的观点上,争求独立解放的弱小民族文艺;在肯定劳动人民的观点上,想挣脱工钱奴隶的运命的、自然生长的新兴文艺。五四新文艺从它们接收了思想、方法、形式,由那思想更坚定了被现实主义斗争所赋予的立场,由那方法开拓了创作上认识中国现实的路向,由那形式养成了组织形象的能力"。参见《胡风全集》第2卷,湖北人民出版社1999年版,第744页。

② 《胡风全集》第2卷,湖北人民出版社1999年版,第744页。胡风认为该句前面"以市民为盟主的中国人民大众的五四文学革命运动"的"这个提法犯了逻辑上的大错。市民是指资产阶级。五四是资产阶级民权主义性的革命,但领导这个革命的是无产阶级(盟主),而不是资产阶级"。参见《胡风全集》第3卷,湖北人民出版社1999年版,第611页。

于新文学在社会革命和民族救亡运动中所扮演的思想启蒙者角色的捍卫,不但有利于新文学本身持续深入的发展,而且具有特别的意味——他将实现人民民主作为民族新生的重要条件,并要求在民族解放的斗争中达成社会革命的目标。所以,他主张的"民族形式",就不仅是基于现实和"从生活里面出来的",而且具有特殊的含义——这种形式应当是"反映民族现实的新民主主义内容所要求的、所包含的形式"①。从后来的形势发展中可以看出,虽然胡风阐述的主题似乎只与文学形式或文学的"民族形式"有关,而没有在现代性视野中将新文学形式与文学的"民族形式"联系起来,甚至相对忽视了新文学的形式革新同民族文学的现代化追求之间的内在联系,简言之,胡风仍然是从形式工具论观念出发或为内容服务的角度来理解文学形式与文学的"民族形式",但胡风从时代条件下文学所承担的历史使命的角度来理解"民族形式"的思想,却具有历史的前瞻性和现实的针对性,因为它将历史与现实、理论与实践有效地联系起来,形成了关于文学"民族形式"问题在时代条件下的洞见与卓识。因而仅仅从文学形式的角度着眼,胡风就以其理论家的远见写就了一篇关乎时代风云和社会形势的别具一格的大文章。这样的文章或者说从这样的角度来论述"民族形式",即便在论争不断展开的当时也很少出现,这从他对其他论争者的观点的辨析中可见一斑。

二

胡风熔现实主义理论、"主观战斗精神"及揭示"精神奴役创伤"主张于一炉的文章,是其于"一九四四年十月七日"写就的《置身在为民主的斗争里面》②。虽然胡风后来在1948年写就的《论现实主义的路》③

---

① 《胡风全集》第2卷,湖北人民出版社1999年版,第767页。
② 该文发表于1945年1月《希望》1集1期,收入《逆流的日子》(希望社1947年版),现收入《胡风全集》第3卷,湖北人民出版社1999年版。
③ 1948年青林社出版,现收入《胡风全集》第3卷,湖北人民出版社1999年版。

中对"主观战斗精神"和现实主义的独创性有所补充,但他关于这两个问题的基本看法都没有超出《置身在为民主的斗争里面》的主要观点。《置身在为民主的斗争里面》从有效实现时代条件下文学功能的角度探讨了文学创作与作家的主体性问题。胡风认为,能够发挥"战斗性"的文学是现实主义,而要发挥"文学的战斗性"就必须发扬作家的"主观战斗精神"。这样,对"批判的现实主义"的探讨与作家"主观战斗精神"的提倡等理论问题就同为民主而斗争——"为人民请命""对于先进人民的觉醒的精神斗争过程的反映"[①]——的时代形势和现实要求紧密联系起来。所以,胡风提出了一个将理论与现实结合起来的具有强烈针对性的命题。就现实主义理论而言,过多强调生活本身的制约作用而忽视作家在创作中的主体性,往往成了革命文学长期以来未曾解决的公式主义、教条主义和客观主义等创作流弊的理论借口[②];考察作为"体现者克服者"的作家与作为"被体现者被克服者"的"血肉的现实人生"的"搏斗"过程,即"体现对象的摄取过程"和"克服对象的批判过程"[③],挖掘在这个过程中从生活到艺术的心理机制,也就是所谓"批判的精神必得是从逻辑的思维前进一步,在对象的具体的活的感性表现里面把捉它的社会意义,在对象的具体的活的感性表现里面熔铸着作家的同感的肯定精神和反感的否定精神",亦即"体现对象的摄取过程就同时是克服对象的批判过程"[④],并始终坚持作家在这个循环递进的过程

[①]《胡风全集》第3卷,湖北人民出版社1999年版,第185页。

[②] 胡风在文章中将其称为"目前泛滥着的,没有从现实人生取得生命的文艺形象的虚伪性,即所谓市侩主义"和"目前泛滥着的,没有思想力的光芒,因而也没有真实性的迫力的形象的平庸性,即所谓客观主义",胡风认为"如果他只能用虚伪的形象应付读者,那就说明了他还没有走进人民的现实生活;如果他流连在形象的平庸性里面,那就说明了,即使他在'观察'人民,甚至走进了人民,但他所有的不过是和人民同床异梦的灵魂"。《胡风全集》第3卷,湖北人民出版社1999年版,第187、188、188页。

[③]《胡风全集》第3卷,湖北人民出版社1999年版,第187页。

[④]《胡风全集》第3卷,湖北人民出版社1999年版,第187页。

中以主观"拥入"客观的主动性①，就文学本身的意义而言，这种主张不啻对时代条件下认识论的现实主义的单向创作思维的有力反拨，至少也可以看作对这种理论倾向的有益补充或修正。所以它不仅体现了文学创作过程的特殊性和辩证性，而且体现了文学本身的形象性和多样性。这个主张本身所显示的理论趋向，以现实主义为切入点并特别强调了作家的主体性②，但它不仅是为了解决文学理论的深层问题，而且是符合文学的实际情况的。重要的是，胡风的这些观点并不只是一个深化理论本身的简单问题，而且是一个在公式主义和教条主义影响下的思想发展的问题。

要求在对时代趋势和民众形象的艺术反映中揭示"精神奴役创伤"的主张，首先是继承了"五四"以来的新文学"改造国民性"的主题，坚持了鲁迅所开创的民族自我批判的传统。在"民主在流血。为摧毁法

---

① 也就是"一方面要求主观力量的坚强，坚强到能够和血肉的对象搏斗，能够对血肉的对象进行批判，由这得到可能，创造出包含有比个别的对象更高的真实性的艺术世界，另一方面要求作家向感性的对象深入，深入到和对象的感性表现结为一体，不致自得其乐地离开对象飞去或不关痛痒地站在对象旁边，由这得到可能，使他所创造的艺术世界真正是历史真实在活的感性表现里的反映，不致成为抽象概念的冷冰冰的绘图演义"。在胡风看来，"对于对象的体现过程或克服过程，在作为主体的作家这一面同时也就是不断的自我扩张过程，不断的自我斗争过程"。因为，"在体现过程或克服过程里面，对象的生命被作家的精神世界所拥入，使作家扩张了自己；但在这'拥入'的当中，作家的主观一定要主动地表现出或迎合或选择或抵抗的作用，而对象也要主动地用它的真实性来促成、修改、甚至推翻作家的或迎合或选择或抵抗的作用，这就引起了深刻的自我斗争"。《胡风全集》第 3 卷，湖北人民出版社 1999 年版，第 187—188、188、188—189 页。

② 胡风的主张——"经过了这样的自我斗争，作家才能够在历史要求的真实性上得到自我扩张，这艺术创造的源泉"（《胡风全集》第 3 卷，湖北人民出版社 1999 年版，第 189 页），从字面意义上看，是把作家的"自我扩张"当成了"艺术创造的源泉"，这自然是主观唯心的甚至反现实主义的，但从其对于"自我斗争"的理解——"在这'拥入'的当中，作家的主观一定要主动地表现出或迎合或选择或抵抗的作用，而对象也要主动地用它的真实性来促成、修改、甚至推翻作家的或迎合或选择或抵抗的作用"——来看，这个主张的目的是"杜绝艺术创造上的客观主义"，强调"作家自己的分解和再建过程"，因此可以归结为主客观统一论（或"化合论"）或"体验的现实主义"范畴，即把现实主义理解为在"战斗的实践立场"和"思想的武装"的指导之下"和人民共命运"的文学创作，而不再是客观主义、自然主义的摹写。胡风认为："通过了这样的自我斗争，一方面，对象才能够在血肉的感性表现里面涌进作家的艺术世界，把市侩的'抒情主义'或公式主义驱逐出境，另一方面，作家的思想要求才能和对象的感性表现结为一体，使市侩的'现实主义'或客观主义只好在读者面前现出枯萎的原形。"（《胡风全集》第 3 卷，湖北人民出版社 1999 年版，第 190 页。）

西斯主义而流血，为争取民族的自由解放而流血，为争取人民的自由解放而流血"①的时代，"置身在为民主的斗争里面"的胡风，清醒地认识到了"没有人民大众的自由解放，没有人民大众的力量的勃起和成长，就不可能摧毁法西斯主义的暴力，不可能争取到民族的自由解放"②这样一个与民族命运攸关的实质问题。另外，他又认识到"人民，并不是抽象的概念，而是活生生的感性的存在"，"他们的生活欲求或生活斗争，虽然体现着历史的要求，但却是取着千变万化的形态和复杂曲折的路径；他们的精神要求虽然伸向着解放，但随时随地都潜伏着或扩展着几千年的精神奴役""这种感性存在的海洋"，因此作家必须具备"思想的武装"，要"有和他们的生活内容搏斗的批判的力量"③。所以，他才将"民主主义"的要求和"精神奴役创伤"的揭示视为现实主义文学的本来任务④。这表明胡风延续了"五四"启蒙主义的思想传统，并将民众的观念转变作为民族解放的先决条件，即"不是自由解放了的人民大众，那所要争得的自由解放的民族不过是拜物教的幻想里面的对象"⑤，同时也意味着他坚持了从思想启蒙的角度看待和切入民族救亡这个历史主题。在救亡压倒一切的时代文论主潮（这可从当时对梁实秋"与抗战无关"论的一边倒的批判声浪及其后所形成的精神气候中见出）里，在抽象美化农民大众的思想文化氛围中，胡风关于现实主义文学揭示民族或民众"精神奴役创伤"的主张，由此具有了独特的历史和理论价值：丰富了救亡文论所应有的民主内涵，不仅扩充了救亡文论的领域，而且弥补了救亡文论的缺陷。因而胡风的这个主张，既延续了新文学一贯承担的思想启蒙任务的特质，又维护了新文学将社会革命与民族解放结合起来的传

---

① 《胡风全集》第3卷，湖北人民出版社1999年版，第186页。
② 《胡风全集》第3卷，湖北人民出版社1999年版，第186页。
③ 《胡风全集》第3卷，湖北人民出版社1999年版，第189页。
④ 这里与毛泽东《在延安文艺座谈会上的讲话》中的"教育人民"的主张存在相通之处。毛泽东：《毛泽东选集》第三卷，人民出版社1991年版，第848页。延安文艺的一些作品，如《小二黑结婚》等，也在事实上揭露了封建思想统治在人民群众中所造成的"精神奴役创伤"的问题。
⑤ 《胡风全集》第3卷，湖北人民出版社1999年版，第186页。

统。在这个意义上，胡风成了这个时期坚持思想启蒙同民族救亡相结合的为数不多的文论家。胡风文学思想的独创性就在于他从另一条战线切入了这个时代主题，而这条战线恰好是当时的大多数文论家忽略或未顾及的领域。胡风文学思想的深刻性，也就在于他看到了民族救亡与思想启蒙之间的内在联系，而对这个联系的忽略或对启蒙任务的放弃，尤其是对"改造国民性"主题应有之义的民族"精神奴役创伤"的忘却，在其后的文学发展及社会生活中招致了代价巨大的惩罚。

三

抗战时期的文论，自然以抗战为主要内容和基本线索，虽然并非全都与抗战有关，却毋庸置疑地染上了抗战色彩。置身这一特定时空条件下的胡风文论的主要内容，或者涉及文学理论的基本问题，或者涉及新文学的评价问题，都与现实的文学运动和文艺实践联系得非常紧密。可以说，胡风以自己的特殊方式，融入了构建该时期文论总体特色的历史行程。

抗战时期的胡风文论主要以思想启蒙的方式切入抗战文论主潮。无论是从文学"民族形式"的论争中、从对文学创作问题的探讨里，还是从对新文学的评价上，胡风都坚持了他一以贯之的启蒙主张，更不用说胡风要求现实主义作家充分发挥"主观战斗精神"并力图揭示民族"精神奴役创伤"的观点了。胡风要求文学进行思想启蒙的直接目的不仅在于社会革命和人民解放本身，而且在于通过对民众的思想洗礼实现民族救亡，早在1937年的10月，胡风就通过《七月》的发刊词——《愿和读者一同成长——〈七月〉代致辞》阐明了他的这一主张："战争的最后胜利不能不从抖去阻害民族活力的死的沉渣，启发蕴藏在民众里面的伟大力量而得到。"[①] 相对于当时的抗战文论对于文论抗战本身的过多关注，胡风选择了一条与直接的抗战内容有别而又相通的道路，但即便如此，

---

① 《胡风全集》第2卷，湖北人民出版社1999年版，第499页。

胡风文论还是与当时的大多数文论一样，都从文学工具论角度理解和阐释文学并要求文学服务于当时的抗战形势①，因而无论其文论直接还是间接服务于抗战，也无论其选择的视角具有怎样的特殊性，胡风文论都不可避免地被打上了抗战文论的烙印，这一时期的胡风文论也就由此汇入了时代文论的主潮。所以，这一时期的胡风文论与其他文论的差异不在于是否与抗战有关或是否主张抗战，而在于其所选择的独特视角。这个独特视角的意义，不仅在于它以特殊的方式切入了抗战文论的主潮，参与了抗战文论的建构过程，而且在于它体现了对于民族命运的深邃思考，体现了对于新文学传统的坚守和捍卫，并以曲折的方式回应了此前"两个口号"的论争。胡风所坚持的这个独特视角，反映了他作为具有独立思想的理论家的品格，反映了他自觉地将民族解放和社会革命联系起来的理论特色。

结　语

借助对现实主义的辨析，胡风实现了对于"民族形式"的深化，从而推动了抗战文论的纵深化发展，但是，过于强调乃至过多重复地从创作论号召说明乃至思考现实主义，必然会在某种程度上忽视现实主义的复杂性，当然这种忽视又会在有意无意间"反噬"胡风理论的现实性，甚至破坏胡风的现实感。从某种角度而言，直至罗杰·加洛蒂于1963年发表《论无边的现实主义》，才对现实主义复杂性有了些许说明，因此自然无须苛责胡风在现实主义中的迷失，或者说与现实主义的遭遇。因为，即使20世纪60年代才发表的《论无边的现实主义》对于现实主义的复杂性的解读也只能说是质量上的浅尝辄止和数量上的偶有提及而已，但

---

① 也就是他所说的："伟大的民主斗争固然不仅仅是文艺上的目标，但在文艺创造的思想要求上面，对于法西斯主义和封建主义的控诉，对于几千年累积下来的各种程度各种形式的奴才道德的鞭挞，对于人民的潜在力量的发掘，对于人民的解放愿望以至解放斗争的发扬，不正是民主主义的最中心的思想纲领么？但真正有力量拥抱这样的思想要求的，只有现实主义；真正有力量把这样的思想要求体现在真实的艺术世界里面的，更只有现实主义。"《胡风全集》第3卷，湖北人民出版社1999年版，第191页。

不可否认的是，其中已然提供了重思胡风对现实主义思考的很多可能，因此有待从这一角度继续挖掘开采。

本文基于本人发表的论文《陪都时期的胡风文论与抗战文论》（《当代文坛》2007年第2期）的部分内容，结合新材料新观点进行了修改。

重庆抗战童谣的严肃性与游戏性*

杨宗红 李登峰**

摘 要：重庆抗战童谣数量众多，它产生于特殊的时代背景中，多为有识之士的创作而在各种书籍、期刊上发表，用以教育儿童、宣传抗战，抗战是其基调。儿童在歌谣的吟唱中，揭露日军之恶，展示并号召同伴们参与各种抗战活动，具有鲜明的时代性。抗战童谣融歌曲与抗战游戏为一体，充分发挥了它的教育性、号召性与游戏性作用，由此培养并强化了儿童的抗战意识与国家意识。

关键词：重庆抗战童谣；严肃性；游戏性

童谣，也可叫儿歌，"儿歌起源约有二端，或其歌词为儿童所自造，或本大人所作，而儿童歌之者"①。严格说来，"谣"与"歌"是有区别的，合乐为歌，不合乐为谣。然而，大多数时候，歌谣合称，故而，本文的"童谣"亦兼"歌""谣"二者。判断一首歌谣是否为童谣，"儿""童"所作或所歌是关键，凡符合此标准者皆可视为童谣。1937年，自卢沟桥事变爆发，中国进入全面抗战时期，全体民众无论老弱妇孺皆被卷

---

* [基金项目] 国家级大学生创新创业项目"重庆抗战童谣与现代儿童红色教育的创新"（项目编号：202210637025）。

** [作者简介] 杨宗红（1969— ），女，重庆师范大学文学院教授；李登峰（2001— ），男，重庆师范大学文学院本科生。

① 周作人：《儿歌之研究》，王泉根评选《中国现代儿童文学文论选》，广西人民出版社1989年版，第557页。

入了抗战洪流之中。惨烈的战争让大量的孩童死亡,或者痛失家人,或亲人离散、背井离乡,成为难童、流浪儿。据统计,卢沟桥事变后中国难童约 400 万人①。战争让儿童迅速成长,他们积极参与抗战,充分利用歌谣,"以谣为枪"②,抗战图存,重庆抗战童谣正是在这种背景下产生的。重庆抗战童谣主要指抗战时期在重庆地区由儿童创作或成人创作由儿童歌唱的,或其他地区创作而在重庆流传的与抗日战争相关的童谣(如孩子抗战剧团"团歌")。重庆抗战歌谣十分丰富。《抗战大后方歌谣汇编》收集的歌谣多达 563 首,除了文传声《儿歌拟作十首》发表在贵阳的《中央日报》、《牵担公》发表在成都的《时事新刊》之外,重庆抗战童谣有 230 多首。其中,有直接在题目或注中标明是"童谣""儿歌"的,这类童谣共有 135 首,占到所有童谣的一半还多;也有标题(或注释)中有儿童(或"童")之字的,还有标题未言儿歌或童谣,但以儿童口气说出的,仍应以童谣视之。为儿童自己所作者,更应视为童谣。抗战时期重庆的音乐非常繁荣,音乐家、教育工作者、文学家等创作的与抗战相关的童谣,除了周勇、任竞主编的《抗战大后方歌谣汇编》所收之外,其他经由各种刊物刊发、书籍选编而在重庆传唱的还有 100 多首。重庆抗战童谣作为一种极其特殊的文艺形态,充分展现了抗战大后方儿童由"小难民"转变为"小国民""小战士"③的过程,在抗战语境中承载着教育孩童、宣传时政、团结群众、反抗侵略以及激励人心等多方面的历史使命,成为战时文学中一道亮丽的风景,对国家意识的凝聚与发展发挥极其重要的作用。抗战时期重庆的特殊性,使其童谣也具有了代表性,对重庆童谣的研究可窥见全国抗战童谣之一斑。

---

① 侯杰、庞少哲:《从"小难民"到"小战士":中国共产党与抗战时期的儿童动员》,《河北学刊》2022 年第 4 期。
② 刘齐:《以谣为枪:童谣与抗战时期的儿童教育》,《民国研究》2019 年春季号,总第 35 辑。
③ 侯杰、庞少哲:《从"小难民"到"小战士":中国共产党与抗战时期的儿童动员》,《河北学刊》2022 年第 4 期。

一 重庆抗战童谣创作的严肃性与风格多样性

童谣是儿童的歌谣，一般而言上不了大雅之堂，何况上严肃刊物。然而，因为抗战，因为重庆特殊的地位，童谣尤其是抗战童谣却成为重要的文艺方式受到重视。抗日战争全面爆发后，重庆成为陪都，是远东地区抗击日本法西斯的政治、经济、文化中心，全国民众采取各种方式参与抗战，文学界、书画界、音乐界等皆积极行动，图书、报纸、期刊等在重庆如雨后春笋般出现。抗日战争期间，重庆出版的报纸有 133 种、杂志有 604 种，经国民政府图书审查处行文审批的出版发行机构有 404 家①，它们多数刊发过抗战歌谣。从《抗战大后方歌谣汇编》所见，刊载过抗战童谣的期刊报纸，有《大声日报》《商务日报》《国民公报》《新华日报》《新民报》《阵中日报》《济川公报》《大公报》《时事新刊》《重庆新民报晚刊》《南京晚报》《中央日报》《国讯》《华北新闻》《四川兵役》《宇宙风》《评论晚报》《西北工合通讯》《兴中日报》《美术家》《新蜀报》《扫荡报》《西南日报》《田家半月报》《抗到底半月刊》《国民教师月刊》《兵役半月刊》《军民旬刊》《抗建通俗画刊》等。从 1940 年到 1946 年，重庆的音乐刊物达到 19 种②，所有的音乐类书籍达到 151 种，有关抗战内容的书籍就达 52 种。仅《新音乐》《音乐导报》《音乐艺术》《乐风》《歌曲创作月刊》《音乐月刊》《青年音乐》7 种音乐刊物就刊发了 500 多首抗战歌曲。正式出版发行的音乐书籍大多出自音乐名家③，其中不乏儿歌。除了上述刊物，还有专门的音乐书籍刊发儿歌，如汪继编著的《抗战歌谣》，任钧编著的《为胜利而歌》，马祖武、张定和等主编的《抗战歌曲新集》等。塞克主编的《抗战歌声》第六部分即为"儿童歌声"。有些童谣，因被当作重庆的音乐教材而在重庆儿童中流传，

---

① 民革中央孙中山研究学会重庆分会编著：《重庆抗战文化史》，团结出版社 2005 年版，第 177 页。
② 李宝杰：《民国"陪都"重庆音乐期刊发展述析》，《南京艺术学院学报》（音乐与表演）2020 年第 2 期。
③ 汤斯惟：《战时首都重庆出版音乐书籍探析》，《图书馆杂志》2019 年第 1 期。

如顾绶卿的《唱游教材》即有《小小义勇军》《大哥哥去当兵》等 24 首抗战童谣①；冼星海、塞克等人的《抗战歌曲集》上说，"在国难非常严重的今日，我们尤其希望这本歌曲集，能够提供一点实际的唱歌教材"②，歌曲分四编，第三编即"儿童歌"。

  以儿童为本位是童谣的本质特征，但就中国历史上的童谣来看，其创作者却几乎全是成人，比如谶谣，即成人借助童谣达到其政治目的。儿童作为未成年人，必须通过成人哺育、引导才能很好地融入社会。在多数情况下，成人通过童谣教育儿童，让儿童以此娱乐、识数、识物、了解礼仪或日常生活知识等，儿童在成人的陪伴下成长。童谣虽以儿童为本体，但创作者是成人，不同的童谣包含着成人对于儿童的不同期待。虽然童谣的作者多为成人，但甚少有直接标明其作者的现象，而抗战时期的童谣不然。在重庆发行的各种刊物及书籍中，多数童谣都标有作者。就《抗战大后方歌谣汇编》所见，有青果的《童谣》两首、老向的《抗战童谣十九首》、秦光银的《抗战童谣三十四首》、潘蕤的《儿歌五首》、吉士的《新儿歌》、苏子涵的《儿歌十首》、自俺的《儿歌选辑一》、戴璧的《儿童的歌声》、高敏夫的《哥哥骑马打东洋》，等等。其中，老向、秦光银、汪继、蓝田等人创作的数量较多。《抗战大后方歌谣汇编》未收录的一些刊物，如《抗战儿童（重庆）》1940 年刊发的童谣即达到 17 首，其作者有林辰、袁伯康、方萌、秦侠侬、杨亚宁、黄同裕、塞克等。《少年兵》1940 年第 1、2、3 期刊发吴立平的"儿歌选辑"栏目中与抗战相关的歌谣有 8 首。汪继于 1945 年在重庆出版的《抗战歌谣》中大部分是童谣调子，如《小小鸡》《菠菜叶》《孩子兵》《喜鹊儿》《打倭寇》等。另有一些以儿童口吻写成的"时事歌谣"，如《时事歌谣——月亮光

---

① 顾绶卿：《唱游教材》，晨光书局 1944 年版。具体有《前进》《小小义勇军》《大家要用中国货》《大哥哥去当兵》《打走东洋兵》《只怕不抵抗》《怎样打到日本》《造飞机》《飞将军》《左右我们都是兵丁》《一个兵官》《穿过山洞打敌兵》《大家要用中国货》《志气大》《竹马》《木马》《蚂蚁兵》《打铁歌》《可爱的家庭》《我们都是小飞行家》《春耕歌》《我们的国旗》《儿童战歌》《洗衣曲》。

② 冼星海、塞克等编：《抗战歌曲集》，生活书店 1938 年版，"前记"第 1 页。

光》，署名"萍"的《时事歌谣》两首（《太阳光》《月姐姐》），《兴中日报》中的《时事歌谣》等。抗战时期，很多聚集在重庆的学者、文学家、音乐家，如陶行知、郭沫若、老舍、陈田鹤、贺绿汀、塞克等都创作有抗战童谣。

重庆抗战歌谣数量多，歌谣的创作者以成人为主。这些成人的身份不一，有的是共产党员，如郭沫若，作有《难儿进行曲》的安娥，作有《我们是难童》的何湘等，皆是中共党员；有些是国民党员，如老向。老向原名王焕斗，字向辰，1919年参加国民党，1938年后任《抗到底》刊物主编，《抗战大后方歌谣汇编》收录了他的有"童谣"标志的歌谣达到44首，1939年第2卷第5期《弹花》还刊载了他的抗战童谣10首，目前所见老向所作童谣即达到54首。《中国童子军军歌》作者戴季陶也是国民党员。还有些身份不详，如写有《抗战童谣三十四首》的秦光银与作有《童谣》两首的青果。他们之中有学者、教师、编辑、专职文艺工作者、政府其他公职人员。大量不同信仰、不同主张、不同地域、不同文化水平、不同职业、不同年龄的人都是童谣的作者，这是重庆抗战童谣的重要特征。当然，也有儿童自己的创作，如五上级张德明的《上兵操》、六上级李景辉的《抵抗》、12岁孩志平的《大刀队》等，但与成人创作的童谣相比，这只是少数。

由于创作者来自全国各地，重庆抗战童谣多有仿作的，曲调不一、风格多样。如汪继《一碗水》采用的是安县民歌[①]，但它与创作于40年代初的儿歌《水茶汤酒》内容几乎一样[②]，很显然受其影响；《小小鸡》与安徽芜湖的儿歌《想娘亲》、潮汕歌谣《小小鸡》、江都童谣《公婆》等大致相同，且都以"小小鸡，遍身黄"起头；《菠菜叶》与河南民歌"菠菜叶，落地黄"句式大致同，亦以此起句。《诗丛》中的《打冲锋》《日本娃》《杀汉奸》分别为"陕西儿歌""湖南儿歌""山西儿歌"。

---

① 崔强主编：《中国春社·睢水踩桥》，四川人民出版社2017年版，第135页。
② 蒋风、杨宁：《儿歌论：中国儿歌理论研究》，浙江工商大学出版社2020年版，第25—26页。

《不吃糖，救灾殃》则是"仿凤阳花鼓"，《哥哥骑马打东洋》用的是"陕北小调"，《打东洋》采用"陕北民歌摘豆角调"……故而，虽为"重庆"童谣，却也集中了全国各地的民歌民调，既具地方性，又有全国性。从童谣的标题及内容，发表的期刊来看，抗战杀敌募捐、揭露日寇恶行等方面则是不约而同。

五四运动以来学界对歌谣特别推重。刘半农、周作人等发起歌谣征集运动。1918年，北京大学设立歌谣征集处广泛征集歌谣，甚至出现新诗歌谣化情况。穆木天在《我们要唱新的诗歌》中指出，新诗可用"俗言俚语"写成"民谣、小调、鼓词、儿歌"①。唱歌是人的本能，歌谣是"听"的文学，为广大民众所喜爱。丰子恺在《谈抗战歌曲》中指出，文学没有声音，演戏限于场地，所以"抗战以来，艺术中最勇猛前进的要算音乐"，"只有音乐，普遍于全体民众，像血液周流于全身一样。……抗战歌曲不绝于耳。连荒山中的三家村里……也有'起来，起来'，'前进，前进'的声音出之于村夫牧童之口。……现在也可以说：'有人烟处，即有抗战歌曲'。"②"因为歌咏最能感动人，煽动的力量最大，所以我们便把歌咏作为我们斗争的武器。"③ 所以全面抗战爆发后，"在利用童谣对儿童进行教育，成了教育学者首选的形式"④，各界人士皆踊跃参与歌谣创作，其中就有陶行知、老舍、公木、冰心、贺绿汀、田汉、张天授、邰爽秋、黄炎培、冯玉祥等。抗战时期，重庆的音乐教材即有周淑安的《儿童歌曲集》，冼星海、塞克等主编的《抗战歌曲集》，郑一主编的《抗战歌声》，徐可经的《救亡歌曲集》，二二五童子军书报用品社重庆分社的《救亡歌曲》，张克用的《抗敌歌集》，张定和的《抗战歌曲新集（一至四辑）》，伊兰的《抗战歌曲集》，沙梅的《新少年歌曲》，阮北

---

① 蔡清富、穆立立编：《穆木天诗文集》，时代文艺出版社1985年版，第75页。
② 丰陈宝等编：《丰子恺文集 艺术卷》第4卷，浙江文艺出版社、浙江教育出版社1990年版，第4页。
③ 《战地周刊》1938年第6期，第10页。
④ 刘齐：《以谣为枪：童谣与抗战时期的儿童教育》，《民国研究》2019年春季号，总第35辑。

英的《晨光歌选》第 1—3 集等，其中不乏抗战童谣。

抗战童谣的创作，不是文人墨客闲暇时的文字消遣或才能的自我炫耀。不管各书籍、期刊、报纸办刊的最初宗旨如何，但在战时都有一个共同的指向，即为抗战服务，"一切文化活动都集中在抗战这一点上，集中在于抗战有益的这一点，集中在能够迅速地并普遍地动员大众的这一点"①，"即使是创作一篇鼓词，一部小说，一定要是能激发抗战情绪的，或者弘扬民族美德的故事"②。人们意识到，少年儿童虽然年龄小，却是抗战的后备军，需要给他们积极的引导，让儿童们意识到作为中国人的责任。"我们中国儿童要在这伟大的民族革命斗争中，为报国贡献所有的小力量。"③ "孩子们不注意民族存亡，把抗战看作完全是成人的事与自己无关，不努力求抗战知识，不努力作抗战工作，那就不配做一个现代的儿童！"④ 儿童们或许不能在战场上充分发挥作用，但他们稚嫩纯真有活力，能打动成年人，这恰恰是孩童向群众宣传抗日的优势所在。在中国共产党的组织活动下，各地纷纷成立儿童团体进行抗日，抗战时期，全国影响较大的抗日儿童团体有 158 个⑤，其中重庆的孩子剧团十分活跃，参加演出 300 余场次⑥。孩子们参与话剧表演、唱歌、跳舞、演讲，完全担负起抗战大后方的宣传者及抗战支援者的重任，抗战童谣就是在这些活动中得到吟唱、传播的。

二 重庆抗战童谣中的宣传抗战主题

中国早期的童谣具有强烈的政治性。在天人感应论下，童谣因"童"而具备的真实性，具有了预示吉凶之用，"荧惑降为童儿，歌谣嬉戏……

---

① 郭沫若：《抗战与文化问题》，《沫若文集》第 11 卷，人民文学出版社 1959 年版，第 272 页。
② 老向：《怎样写民众读物（下）》，《教育通讯（汉口）》1939 年第 2 卷第 20 期。
③ 《写作儿童节里》，《抗战儿童（重庆）》1940 年创刊号。
④ 曹孟君：《要做抗战的小英雄》，《抗战儿童（重庆）》1940 年第 1 卷第 4 期。
⑤ 罗存康：《少年儿童与抗日战争》，团结出版社 2015 年版，第 330—337 页。
⑥ 付冬生、彭斯远：《"孩子剧团"及重庆抗战儿童戏剧理论探究》，《五邑大学学报》（社会科学版）2018 年第 1 期。

吉凶之应，随其象告"①。正因如此，也就有人利用童谣达到政治目的，或以之讽刺在上者，或以之为暗示天命所归，这些童谣多收在史书的《五行志》中。到了明代，脱离政治而富有生活情趣的童谣开始出现，如明代吕坤的《演小儿语》，清代郑旭旦的《天籁集》与悟痴生的《广天籁集》所载童谣。上述两种类型童谣，都没有体现儿童的国民意识，重庆抗战童谣则与之不同，它的创作主体虽为成人，却也是成人在特殊时期教育儿童的重要文艺类型，它站在儿童的立场叙事，引导儿童意识到身处国家危亡的艰难时刻，让他们明白特殊时期自己的责任，体现了儿童鲜明的国家归属感、认同感与责任感。

国家意识内涵极丰富，它包括"国家主权意识、国家安全意识、国家发展意识、国家形象意识、国家责任意识等"②。对于古代的普通民众而言，国与家等同，国家意识与忠君观念是一致的，民众自称"子民""臣民"，作为一国之"民"的意识并不明显，国家意识非常薄弱，他们未遇外敌之前，所见皆"我"之民，即便有矛盾冲突，也属于内部矛盾，不能上升到国家的高度。"中国人不知有国民也，数千年来通行之语，只有以国家二字并称者，未闻有以国民二字并称者。"③ 梁启超甚至认为国民与国家是对立的。另有学者认为，"长期以来，中国百姓大多不关心国家政事，打仗胜败与否是朝廷的事，改朝换代和他们并无太大关系，成人如此，儿童更是。"④ 20世纪初，内忧外患之下，知识分子开始关注国民意识并努力以此唤醒民众。在外敌入侵的时局之下，在敌我对立中，土地、物产、文化、人民等不再是概念而是具体可感之物、之人，却因战火而损毁、死亡。存亡之下，民众的"我国""我族"意识涌现并凸显。

儿童对于国家的认知，是在成人的影响下逐步实现的。"在抗战时期

---

① （唐）房玄龄等撰：《晋书·天文志中》，中华书局1974年版，第320页。
② 王永友：《国家意识的科学内涵及其培育》，《马克思主义研究》2020年第1期。
③ 梁启超：《论近世国民竞争之大势及中国前途》，《梁启超全集》（第1册），北京出版社1999年版，第309页。
④ 王星慧：《华北抗日根据地的儿童抗战游戏》，《河北学刊》2017年第3期。

重庆音乐期刊发表的声乐作品中,以弘扬抗战精神为主旋律的作品占到了95%以上"①,"抗战""团结""祖国"成为高频词。重庆抗战童谣中,成人主体性与儿童主体性同时并存,成人以儿童为客体并向其靠拢,以儿童的语言与口吻吟唱,引导儿童成为成人社会所期望之人。儿童在童谣中认识自身,接受成人传达的意图并努力向成人靠拢。重庆抗战童谣中出现频率较高的词是"日本"、"鬼子"(或"日本鬼子""东洋鬼子")、"寇"(或"倭寇")等。揭露侵略者之恶是重庆童谣的重要内容。"小日本儿,不讲理儿,偷东西儿,赛耗子儿"②,日本鬼子是强盗、老虎,他们侵占我们的国土,杀害我们的同胞,"华北已沦亡,亡国之恨多么惨伤","敌人多残暴,到处枪杀我同胞","日本鬼子虎狼心,居心把我吞"③。老向所作的《小倭寇太欺咱》《小倭寇太无良》各十首,列举的鬼子之"欺"中,包含侵占国土、强占矿产、抢夺财物、侮辱民众、强奸妇女、以孩童当药、残害民众身体等。童谣真实呈现了战争的残酷,它让儿童失去父母、失去家园,成为难童四处流浪,这种生活状态,以难童的身份讲述,显得尤其真实,也特别能唤起儿童的切身感受。"我们是难童,瓢[漂]流西和东;哪儿寻父母?家乡在梦中!"④ 在《南京板鸭》《难童谣》《小小鸡》《菠菜叶》《芝麻叶》《小燕子》《月爷爷》等童谣中,儿童们或回忆故乡的美食及丰富的物产,或是思念爹娘,希望打回老家,报国仇家恨,与父母团聚。儿童国家意识的形成过程,可以简单概括为国亡——家破,要回归家园,过和平的生活,则需要赶走侵略者,"复国"等于"复家"。从这个角度上说,儿童们深深体会到家国是一体,越是品尝到国破的苦果,就越是憎恨日寇,怀念故乡、渴望国

---

① 汤斯惟:《抗战时期重庆音乐期刊的主要特点与关注重点——以最具代表性的7本音乐期刊为例》,《中央音乐学院学报》2018年第4期。
② 老向:《不讲理儿》,《抗到底半月刊》1939年第26期,周勇、任竞主编《抗战大后方歌谣汇编》,重庆出版社2011年版,第340页。
③ 吴伯捋:《少年朋友听从头歌》,《商务日报》1938年1月27日第3版,周勇、任竞主编《抗战大后方歌谣汇编》,重庆出版社2011年版,第55—56页。
④ 何湘:《我们是难童》,《扫荡报》1938年12月16日第4版,周勇、任竞主编《抗战大后方歌谣汇编》,重庆出版社2011年版,第55—56页。

家的恢复。

　　抗战童谣是成人对儿童的国难教育，是成人的，更是儿童的。自己的遭遇加上目睹的民众的遭遇，让不知世事的儿童明白了"国家"对于民众的重要性、对于自己的重要性，明白了"中国"与"日本"的对立，由此唤起他们的国家认同感及对于国家的责任感，儿童们成为抗日的宣传兵。他们揭露日寇的残暴，号召青少年参与抗争。吴伯揩创作的《少年朋友听从头歌》中，儿童们讲述华北沦亡、南京沦陷、日寇到处枪杀我同胞的惨痛，发出"国家亡了不自由""不杀退倭鬼不能生存""生死关头不比寻常"的呐喊，号召少年们"肩枪腰弹上战场"，"荷枪实弹把仇报"。① 重庆合川12岁的志平在《大刀队》中喊道："大刀队，很得行，冲锋上前不顾命，刀刀砍到日本人。大刀队，生力军，不怕飞机铁甲军，杀入敌军大本营。大刀队，雪国耻，只知雪耻不知死，愿将一刀拼一死。大刀队，打日本，不怕日人怎样狠，要收回东北失地，要打到日本东京。"② 呼吁人们上阵杀敌的童谣还有9岁谢启文的《杀敌歌》，10岁小朋友徐应潮的《抗战》，高敏夫的《哥哥骑马打东洋》，老向的抗战童谣《大快刀》《一杆枪》，秦光银的《抗战童谣》中的《打东洋》《打游击》《骑马打日本》《游击战》，蓝田的《切菜刀》，汪继的《好百姓》等，这些童谣的主题是抗战，是对日寇的"打""杀"，是对"中国"的认同，如秦光银《骑马打日本》中的"冲锋陷阵杀敌人，打退倭奴保中国，大家快乐享太平"③，《小歌谣四首》中的"小小窑洞，凉爽爽，帮助中国把空防""中国军队一齐到，吓得日本吱吱叫"④，《打猎歌——儿

---

　　① 吴伯揩：《少年朋友听从头歌》，《商务日报》1938年1月27日第3版，周勇、任竞主编《抗战大后方歌谣汇编》，重庆出版社2011年版，第55—56页。
　　② 志平：《大刀队》，《大声日报》1937年8月4日第12版，周勇、任竞主编《抗战大后方歌谣汇编》，重庆出版社2011年版，第4页。
　　③ 秦光银：《骑马打日本》，《四川兵役》1940年第7、8期，周勇、任竞主编《抗战大后方歌谣汇编》，重庆出版社2011年版，第421页。
　　④ 《小歌谣四首》，《田家半月报》1941年第8卷第15、16期，周勇、任竞主编《抗战大后方歌谣汇编》，重庆出版社2011年版，第465页。

童之声》中的"日本虽强大，斗不赢我们中国人！"① 徐应潮《抗战》中的"大中华的国民，不受任何耻辱。四万万同胞一致起来！干！"② 可以说，儿童的"中国人意识"，是在对日寇的控诉与抗争中日渐凸显的，他们的宣传者身份是在对日寇残暴行为的揭露中、对汉奸的批判（如《捉汉奸》《新儿歌》，蓝田的《糊涂虫》，秦光银的《不当汉奸》等）中、对错误言行的批评（如蓝田的《白菜叶》《懒大哥》，秦光银的《懒姑娘》，老向的《说胡话》）中得到确立。儿童是抗战宣传的生力军，一切有益于抗战的内容都是儿童宣传的对象，他们呼吁团结（如《喜鹊》）、劝降被困的敌军（《敌人被困》），号召募捐并讴歌募捐者（如老向的《募寒衣》童谣二十首），用歌声告诉如何避免日军的空袭（如《铁鸡》），歌颂各种抗战行为及抗战人物。李满红的《下乡》言有家不能归的孩子在炎热的七月到乡村去不是消夏避暑，而是"带着传单和标语，壁报和漫画"的抗日宣传。

  童谣叙述着孩子们的行为，也在引导着孩子们的行为。在童谣中，儿童小战士、募捐者、宣传者的形象跃然纸上。抗战才能图存，大量的民众踊跃参军抗敌，儿童们也不甘落后，他们将自己视为小战士参与到抗日中。他们站岗放哨，如小游击队员张保在树上放哨，"防着敌人弄计巧"③，"孩子村头去站岗，捉个汉奸你瞧瞧"④。或者凭着身材矮小去当小刺客刺杀日本兵（《小刺客》），还有的小孩儿看了话剧，非得去当兵（《当兵去》）。他们成为小侦察员，为抗战出力，趁着送鱼去日本鬼子兵营，"看看他有机关炮，数数他有几多兵，报告游击总司令"⑤。或者侦察

---

  ① 《打猎歌——儿童之声》，《国民公报》1938年1月9日第4版，周勇、任竞主编《抗战大后方歌谣汇编》，重庆出版社2011年版，第40页。
  ② 徐应潮：《抗战》，《国民公报》1938年7月9日第4版，周勇、任竞主编《抗战大后方歌谣汇编》，重庆出版社2011年版，第76页。
  ③ 蓝田：《放哨》，《华北新闻》1943年12月12日第3版，周勇、任竞主编《抗战大后方歌谣汇编》，重庆出版社2011年版，第557页。
  ④ 《捉汉奸》，《华北新闻》1943年12月6日第3版，周勇、任竞主编《抗战大后方歌谣汇编》，重庆出版社2011年版，第555页。
  ⑤ 逸园：《侦探》，《抗建通俗画刊》1940年第2期，周勇、任竞主编《抗战大后方歌谣汇编》，重庆出版社2011年版，第416页。

鬼子动向："荷花开，鬼子来，鬼子来得多，我就喊哥哥；鬼子来得少，我就喊嫂嫂；哥哥嫂嫂齐心，去跟鬼子拼一拼！"① 甚至还有直接参战者，如《马二郎》："莫要说他年纪小，年纪小能打东洋！东战场，北战场，杀得鬼子难躲藏！战南方，战北方，杀得鬼子精打光！"② 从童谣中，仿佛可以看到东北大地的中国少年铁血军，东北抗日联军中的少年兵，八路军、新四军中的儿童团，宋哲元第29军的小兵连，台儿庄战役中的少年敢死队，淞沪会战中的上海童子军，川军47军的童子兵、远征军松山战役中的娃娃兵等。由此看来，童谣中的儿童抗战，又何尝不是全中国儿童参军杀敌的真实写照！在童谣中，还可看到儿童积极投入抗敌的经济支援中，成为抗战物资的援助员。儿童为了支援抗战，或将自己的零食、零钱省下（《小板凳儿》《献金》），或自己做皮帽（《雪花飞》），或将棉袄送往前线（《张家宝》），或劝大哥、姑娘省下喝酒及涂脂抹粉的钱（《不喝酒》《不擦粉》）。这些童谣还讴歌了支援抗战的各色人物，其中有奶娃娃，如《奶娃》："奶娃上街来，半夜三更不回来。鸡一叫，狗一咬，奶娃回来了。五根线，五根针，一包大布新又新。缝军鞋，缝军帽，缝的军衣一套套。"③《娃娃乖》："娃娃乖，去打柴。风里去，雨里来，打柴打得干。市上去换钱，换钱好买米，吃得涨肚皮。换钱去买棉，买棉做衣衫。衣衫做得美，将士穿上打倭鬼。"④《捐寒衣——小儿女们的私语》中，小弟弟为了前方战士有寒衣，三天不吃糖果，将父母的钱与自己的钱捐出，小姐姐则多抽线多纺衣，然后呼喊："——爸妈快回来啦，——让我们赶快的送到募捐处去！"⑤ 小朋友募捐的巨大能量从抗战

---

① 《荷花开》，《兴中日报》1939年12月2日第3版，周勇、任竞主编《抗战大后方歌谣汇编》，重庆出版社2011年版，第302页。
② 秦光银：《马二郎》，《四川兵役》1940年第7、8期，周勇、任竞主编《抗战大后方歌谣汇编》，重庆出版社2011年版，第424页。
③ 老向：《奶娃》，《宇宙风》1942年第109期，周勇、任竞主编《抗战大后方歌谣汇编》，重庆出版社2011年版，第525页。
④ 老向：《娃娃乖》，《宇宙风》1942年第109期，周勇、任竞主编《抗战大后方歌谣汇编》，重庆出版社2011年版，第525页。
⑤ 《捐寒衣——小儿女们的私语》，《兴中日报》1939年10月16日第3版，周勇、任竞主编《抗战大后方歌谣汇编》，重庆出版社2011年版，第281页。

时期儿童献机活动可见一斑。

参战、放哨、侦察、宣传、募捐等，正是抗战时期儿童们的救亡活动，这些活动通过童谣被记录下来，又经过传唱成为宣传，号召更多儿童参与其中。儿童的抗敌思想影响同龄人，也影响成人。重庆抗战童谣充分展现了全民全面抗战浩大声势，故日本人声称："中国最可怕的是那无数充满抗日思想的儿童。"①

三 重庆抗战童谣与儿童的抗战游戏

儿童固然可以在抗战中发挥巨大作用，甚至完成成人所不能完成的事，但他们毕竟不是成人，其心理、兴趣、情感与成人有别。"游戏……可应用于儿童一切的活动，儿童的一切活动都是自主自发的，活动本身就是目的"②，游戏是儿童的天性，在儿童生活中不可或缺，并且意义重大。在游戏中，儿童探索并适应他们所处的世界，甚至"解决"一些现实世界的问题。童谣与游戏属于两个不同的范畴，却多有联系。一方面，童谣本身就是游戏的一种，它属于语言游戏，通过这种游戏锻炼儿童的语言能力；另一方面，童谣从来就不是儿童的文字赏析，而是伴随着游戏的文艺形式，伴随着游戏性与动作性，歌谣与动作有很大的统一性；再一方面，童谣是游戏的附加物，可游戏时吟唱，但歌谣内容与游戏动作未必完全一致。很多重庆抗战童谣与游戏相伴随，尤其爱在唱游中实现抗战之目的。

重庆抗战童谣产生的时间距离现在已经过去了70多年，儿童们唱这些童谣时是否伴随游戏，多数已经不可考查。《抗战大后方歌谣汇编》及袁行霈主编的《诗壮国魂：中国抗日战争诗钞·歌词歌谣》所收录的童谣，只有歌词；塞克等所编的《抗战歌曲集》也只见曲与词。然而，考

---

① 郭揽青：《五年来生活在山西敌后的儿童》，《难童教养》第11—12合卷，1942年，第23页。

② ［英］赫伯·里德：《通过艺术的教育》，吕廷和译，湖南美术出版社1993年版，第113页。

虑到很多童谣与游戏相伴的实际，以及一些童谣的歌词，同样可以窥见童谣与儿童抗敌游戏的联系。

按照歌词有的动词是否具有可操作性，重庆抗战童谣可分为口头性游戏与行为性游戏两类。

口头性游戏仅将唱歌作为一种游戏，但这类游戏同样充满抗战性质，如"弟弟妹妹年纪小，唱个歌儿骂东洋"①。秦侠侬《打东洋》主要模拟打铁的声音，由打铁的作用引出打东洋的主题，歌词中一片"叮叮叮""当当当""乒乓乓""乒乓乓乓"之声，正适合儿童的口头表演。再如儿歌《傻姑娘》《伤兵伤兵是英雄》②，"客观"描写一位放牛羊、理家常、做针线以支援前方抗战的傻姑娘和讴歌勇往直前而受伤的士兵，显然，这两首儿歌都不太具有操作性。那些具有象征性、讴歌性和一般描述性的童谣，如张曙作曲的《蚂蚁》《四川民谣》③，老向在《弹花》中的童谣十首等，也大致如此。但倘若童谣歌词并非一定与游戏完全匹配时，也是可以在游戏中唱的，《战地知识》第一卷的抗战游戏是"驱逐日本强盗出中国"，这是个群体游戏，其中有群体打"日军"，群体唱救亡进行曲，喊"打倒日本帝国主义""日本兄弟联合起来，打倒日本军阀""反对侵略中国"等口号④。这个游戏显然也适合儿童。《小国民》1938年创刊号的游戏则为"打倒日本鬼子"，其目的是"在游戏中，加强抗战精神游戏"，在游戏中，儿童还要唱抗敌歌。

行为性游戏有模仿游戏、追逐游戏、猜测游戏等，这些游戏有时是融合的。在抗战游戏中，以前者为多。如《骑马歌》："马儿跑，马儿跳，马儿马儿真真好！骑着马儿一路吹军号，骑着马儿一齐杀强盗，杀强盗……"⑤ 在歌词中，仿佛看到一群儿童骑着木马或竹马，手拿木制或竹

---

① 苹：《太阳光》，《时事新刊》1938年8月22日第2版，周勇、任竞主编《抗战大后方歌谣汇编》，重庆出版社2011年版，第85页。
② 《抗战儿童（重庆）》1940年第1卷第3期、第6期。
③ 冼星海、塞克等编：《抗战歌曲集》（第2版），生活书店1938年版，第110页。
④ 《战地知识》1939年第1卷第11—12期。
⑤ 冼星海、塞克等编：《抗战歌曲集》（第2版），生活书店1938年版，第109页。

制玩具将对方当成强盗而相互"厮杀"。马梅笑《日本鬼子赶出去》开头即唱:"小兄弟,一齐起,大家唱歌同游戏。"这是边唱边游戏的活动,在唱中揭露日寇的猖獗,号召大家抗日,同时还伴随着动作:"我有手,你有手,大家捏紧小拳头。小小手,小拳头,要把强盗来打走。"① 9岁谢启文的《杀敌歌》:"我是小军人,我有小枪和小刀。跑到战场上,日本鬼子看见了,丢下步枪急忙逃,有的磕头求我饶,急忙赶上去,斩了他一刀,一刀又一刀,鬼子头颅搬家了。"② 这应该是对杀敌游戏的描述的儿歌,在这场游戏中,有的扮演敌人,有的扮演战士,这些"小军人"有"小枪和小刀",他们在假设的"战场上"英勇杀敌,而"敌人"则丢盔弃甲、磕头求饶,而小军人们则直接杀敌。那些歌词中含"骑""小枪""小刀"的歌词的童谣,都类似于此,如《童谣》:"太阳出来一点红,哥哥骑马我骑熊,哥哥骑马上前线,弟弟骑熊叫冲锋,哥哥弟弟真英雄。"③《学打仗》中小朋友唱着八路军天天打胜仗的歌,然后是"夺来了刀,夺来了枪,夺来洋马高又大,夺来大氅金皇皇!骑洋马,穿大氅,枪刀明得赛月光。——同志们,同志带着我,夺了武器给我学打仗"④。摇毛毛将八斤半的大刀背在背上充好汉,摇摇摆摆上战场(《摇毛毛》)……这些童谣,皆是展示了儿童在游戏中对抗战杀敌的模拟,融游戏性与抗战性为一体,可谓模仿性游戏与追逐性游戏的融合。很多抗战童谣都具有行为游戏性质,吴立平在《少年兵》中所选儿歌《骑白马》《小宝宝》《打敌人》《找出路》《大丈夫》,重庆《抗战儿童》中的《月光光》,重庆《中央日报》中的《小小子》等,从歌词来看,都是游戏与唱歌的结合。

---

① 马梅笑:《日本鬼子赶出去》,《新民报》1938年3月28日第2版,周勇、任竞主编《抗战大后方歌谣汇编》,重庆出版社2011年版,第65页。
② 谢启文:《杀敌歌》,《国民公报》1938年7月25日第4版,周勇、任竞主编《抗战大后方歌谣汇编》,重庆出版社2011年版,第76—77页。
③ 《童谣》,《评论晚报》1943年6月11日第3版,周勇、任竞主编《抗战大后方歌谣汇编》,重庆出版社2011年版,第537页。
④ 《学打仗》,《新华日报》1994年4月4日第4版,周勇、任竞主编《抗战大后方歌谣汇编》,重庆出版社2011年版,第581—582页。

将大量只见歌词而未见游戏说明的童谣视为与游戏相关的歌谣,并非妄谈。从现有材料来看,抗战时期很重视游戏的抗战之用,如苏中地区民兵能唱 13 种抗战歌曲,要做 9 种抗战游戏①;冯岗撰《英雄牌》之《参加新四军》讲到当时"团直属队的许多人都在做一种'团结抗战'的游戏"②。另如上文中提及的《战地知识》中的"驱逐日本强盗出中国"的游戏,《伤兵之友(重庆)》所载的 1940 年第 12 期的抗战游戏"空战",第 16 期的"争取最后胜利"游戏。儿童抗战游戏更多。据 1939 年 6 月 19 日《浙瓯日报》,瑞民教馆举行抗战游戏比赛时即以"捉汉奸""杀日人"两种游戏轮流进行③,《教育部第一社会教育工作团团员工作须知》颁布的《战时少年团组织办法》中的"组织步骤"有"吸引团员,商取教师同意,领导全校儿童唱抗战歌曲,并举行抗战游戏使儿童喜欢亲近,并愿听指挥"④。以战争为中心,一些教科书也在积极宣传抗战,配合抗战需要,将孩童的日常游戏与抗战联系。刘御编著的陕甘宁边区教材《初小国语》第二册《学打仗》写道:"拿上木刀和木枪,大家都来学打仗;你们装作日本兵,我们装作八路军;他们有的装汉奸,有的装作老百姓;八路军帮助老百姓,打走了汉奸和日本。"⑤显然,这是歌谣与游戏的结合。黄自愚《难民问题:怎样实施难民教育》强调儿童班需要注重"抗战游戏"⑥。

一些刊物也多刊有儿童抗战游戏。《新道理》(桂林)1941 年第 22 期"猜拳游戏"就如今天的"石头剪刀布",但分别比喻老百姓、官老爷与洋鬼子,游戏让孩子明白,民众重于士兵,鬼子怕百姓,呼吁竭力发动民众的力量,参加抗战。1942 年第 39 期的儿童游戏"巷战(附图)"

---

① 中共江苏省委党史工作办公室、江苏省档案馆编《陈丕显文选》第 1 卷,中共党史出版社 2000 年版,第 132 页。
② 冯岗:《英雄牌》,华北大学,1949 年,第 7 页。
③ 孙焊生编:《温州老新闻上 1933—1939 年》,黄山书社 2012 年版,第 76 页。
④ 李景文、马小泉主编:《民国教育史料丛刊 1110 社会教育》,大象出版社 2015 年版,第 600 页。
⑤ 石鸥:《百年中国教科书论》,湖南师范大学出版社 2013 年版,第 90—91 页。
⑥ 黄自愚:《难民问题:怎样实施难民教育?》,《湖北民教》1938 年第 2 卷第 8 期。

训练儿童机警灵敏。《战时童子军》为了让儿童有娱乐，或培养儿童的敏捷习惯，设有游戏栏目，在第77—79期各有游戏两则。重庆《田家半月刊》第6卷第1期有"一致对外"的儿童抗战游戏，将游戏中的黄鼠狼想象为日本鬼子。《抗战儿童》刊载的游戏更多，甚至还有专门的"抗战游戏"，1938年在武汉的创刊号有"台儿庄的运动战（附图）"，第1卷有"打倒日本帝国主义（附图）"，刊物移至重庆后，部分刊期继续了这个栏目，创刊号"捉间谍"通过游戏训练儿童的机警和判断力，游戏活动安排得十分细致；第1卷第2期《争夺战》、第2卷第1—2期中的抗战游戏"骑兵战"则让小朋友锻炼身体，使之敏捷灵活，所谓的马则是另两个儿童配合完成；万州刊物《少年兵》1943年第3期所刊载的抗战游戏有"收复失地"，目的是"养成少年朋友动作敏捷，并知日本帝国主义侵略我国的史实，借以唤起爱国心，奋发图强，雪耻御侮，争取中华民族的独立自由"①。至于儿童们在实际的游戏中是否伴随童谣尚不敢言，但唱游教材直接指明了游戏与童谣的同时进行，抗战童谣同样有与之配合的抗战游戏，如广州南光书店1937年7月印行的《小学唱游教材》中的《小空军》《我们都是小兵丁》《造飞机》《凯旋》，1937年广东自由出版社《小学唱游教学手册》中的《造飞机》《掷炸弹》《攻打兵舰》，上海晨光书局1938年《唱游教材及教学法》中的《叮叮当》《小小兵》《保国家》《哨兵》《中国国旗》《夺关》等。唱游教材的特点是歌曲后有配合游戏说明，较为详细地交代了游戏的原则、人数、具体做法等。顾绶卿主编的小学幼稚园适用的《唱游教材》中共有121首唱游歌曲，其中24首与抗战有关，约占总数的20%，其量不可谓少。

结语：重庆抗战童谣对儿童国家意识建构的作用

儿童，因其年龄小，对于社会的接触不多，他们心目中的"国家"是抽象的，在和平的年代，倘若缺乏"国家"的教育，难以让他们具有

---

① 邢舜田：《收复失地》，《少年兵》1943年第3期。

"国家意识"。有研究者发现，抗战初期儿童游戏并无多少与抗战相关，1941《抗战生活》在对晋察冀儿童的测试中，发现儿童团喜欢在一起的好处是一块唱歌做工作，32名访谈者回答上学的目的时只有5名回答是"打日本"；31名儿童回答闲暇游戏以日常生活为主，并无军事战争游戏；27名回答长大后做什么时，只有7名说抗日或当兵打日本（其中有3个是抗属），直接具有抗日意味的有13名①。由此看来，即便是战时，倘若无引导，儿童们对于国家，对于日寇的侵略战争，仍缺乏充分的认识，他们的民族意识较以前有所增强，但仍不够。儿童国家意识的培养有一个过程。从重庆抗战童谣看，这个过程需要成年人的引导与儿童自我参与。当日寇入侵，战争来临，固然给儿童带来巨大的灾难，但尚不足以完全形成国家意识，当此之时，各方行动起来，以各种方式影响、引导着儿童。他们结合时代的需要，通过各种书籍、刊物，发表适合儿童年龄的抗战歌谣，一步一步让更多儿童了解时局，了解需要做的任务。通过抗战童谣，儿童们有了敌我意识，有了中国与日寇对立的认识，也有了对汉奸的憎恶之情，以及献身抗战的使命感与光荣感。

然而，倘若只有歌谣而无抗战游戏，儿童的国家意识还有待进一步内化。有研究者在访谈中发现，战争除了唤起儿童的同仇敌忾之情外，还伴随着兴奋与新奇的情绪，当抗战取代上课学习时，学生十分兴奋，尽管学校与老师利用募捐、宣传、慰问伤兵等这些集体教育的方式时，儿童在参与过程中，"被激发的不只是爱国情操，还有对战争的'兴奋感'与'新鲜感'"。"比起成人，儿童更容易在战争日常生活中，轻松发掘苦中作乐的趣味。"② 也就是说，在很多时候，儿童的"兴奋感"与"新鲜感"来源于他们的各种与抗战相关的活动，这些活动在儿童观念中似乎具有一定程度的"游戏"性。"在幼年时，游戏在儿童身心的发展上

---

① 宋笠：《一个"儿童测验"的总结》，《抗战生活》1941年第2卷第2期。
② 柯佳昕：《儿童的抗战经验与记忆：以知识阶层日常生活为中心的探讨》，《近代中国妇女史研究》第37期。

比学习更有重大的意义。"① 抗日战争时期的很多游戏与抗战紧密相关，即便是一般的测试游戏也是如此。② 重庆抗战童谣是成年人为教育儿童的专门之作，用儿童语气写成以展示儿童生活的各个方面，具有描述性与号召性。它们或本身作为游戏，或者作为演剧宣传活动中的吟唱，或作为唱游结合的一部分，都可算儿童们的战争游戏。"儿童们借由在游戏过程中扮演成人角色，区分敌我立场，再次强化了各自的民族认同。"③ 儿童们在歌谣游戏中，满足了玩耍的需要，也缓解了惨烈战争带来的伤痛，更是由此而形成了强烈的国家意识。

仅从歌词来看，重庆抗战童谣多为成人创作，但儿童是歌谣的主体，歌谣的内容是儿童的，游戏类歌谣中更离不开儿童的活动，就此而言，重庆抗战童谣是成年人与儿童共同完成的。重庆抗战童谣回应了抗日战争时期成人对于儿童的期待，听大人先生的话，做抗战的小英雄。歌谣呈现的宣传抗战、参与抗战、募捐支持抗战等，与抗战局势一致，这不仅仅是"客观"反映了时局，更是以歌谣为枪，配合时局需要的宣传，它激发了民众的抗战精神，在某些程度上，与儿童的抗战游戏实现了同频共振，构筑了国家意识发展的舆论场。抗战童谣不仅丰富了中国童谣的类型，更重要的是影响了儿童自己，使儿童意识到自己的中国人身份，意识到自己是抗战的小战士、宣传者、支持者，有了更为深切的国民意识。

---

① ［俄］乌申斯基：《人是教育的对象》第一卷，李子卓等译，科学出版社 1959 年版，第 308 页。

② 如重庆《抗战儿童》1940 年第 1 卷第四期有"记忆力的测验（小游戏）"，依据上面的字猜测下面的字，测试记忆力的词多与抗战相关，如卫—杀、强—弱、奸—贼、攻—退、枪—炮、我—敌、家—国、火—箭、烧—抢、弹—药、救护—慰劳、军民——家、烧杀—带路、日兵—反战、努力—奋斗，等等。

③ 柯佳昕：《儿童的抗战经验与记忆：以知识阶层日常生活为中心的探讨》；《近代中国妇女史研究》第 37 期，第 125 页。

书评·综述

从"旧材料"管窥"新问题"
——评龚明德新著《文事叙旧》[*]

李洪博　袁洪权[**]

四川文艺出版社2023年1月出版的《文事叙旧》（以下引用只标注页码）是龚明德先生继《文事谈旧》（中国电影出版社2000年版）、《旧日笺》（中华书局2013年版）、《旧日文事》（上海辞书出版社2015年版）、《旧时文事》（文汇出版社2020年版）等之后的又一部"旧"字号书籍，也是他建构中国现当代文学研读考据体系的重要支撑。在该著中，龚先生一如既往坚持运用中国现代文学文献学的相关理论，采取辑佚、校注、考证等方法，对中国现当代文学史上的作家书信与日记、作品的版本与校勘、文学期刊与选本及作品集等进行钩沉与考据。不同于旧作的是，《文事叙旧》将焦点集中于文坛中的"旧事"，考证了鲁迅、胡适、郁达夫、老舍、郭沫若、朱自清、徐志摩、丁玲、冰心、林语堂、艾青、流沙河等中国现当代文学史上著名人物的轶事。从《胡适与陶孟和一家》至《流沙河题"戴望舒诗句"》，《文事叙旧》共收录考据文七十二篇，话题纷呈、有趣而又能于"旧材料"中窥见"新问题"。

---

[*]　[基金项目] 贵州师范大学资助博士科研项目"中国现当代文学文献学专题研究"。
[**]　[作者简介] 李洪博（1999—　），女，贵州师范大学文学院2022级中国现当代文学专业研究生，主要从事中国现当代文学文献学研究；袁洪权（1978—　），男，文学博士，贵州师范大学文学院教授、博士生导师，主要从事中国现当代文学文献学研究。

一

《文事叙旧》一书中最精彩的，当然是对中国现代作家书信的考释，譬如《朱湘一封集外长信》《徐志摩致胡适的千字信》《林语堂的一封信》《艾青致S的一封信》等文。对于作家书信的搜集、考证和呈现，"直可说是当代文学新材料、作家集外文发掘的重要源头"①。它不仅可以丰富相关书籍的硬性史实，还能为后来研究者提供文献资料和研究思路。但是，由于书信、日记是作家"身边"的物件，它们中的很多谈话内容是当事人比较熟悉的，形式上都较为省略，很多地方往往语焉不详，故此，对其加以释读是基础性的文献工作。知名爱书家龚明德先生，依托他的30多万册藏书进行了福尔摩斯式考释，于是，一些语焉不详的书信和日记背后所隐含的意义被客观完整地呈现了出来。《林语堂的一封信》就是值得重视的范例。

1935年3月5日，徐懋庸同曹聚仁共同创办的小品文半月刊《芒种》隆重出版发行。在创刊号上，编者宣称设计了新语（对社会大小事件的小评论）、长篇论文、半月读报记、国外消息、飞短流长（文化界消息）、历史小品、讽刺小品、屁（幽默小品）、瓦釜（诗歌）、随笔、书评、游记、短篇小说、长篇小说、连环图画、木刻、写作、语录（补白）共18个门类，而助阵的文人，除徐懋庸、曹聚仁之外，还有韩滔、周木斋、方之中、鲁迅、林焕平、李辉英等知名人士。随后，鲁迅、聂绀弩、魏金枝、陈子展、姚雪垠等人不断地在《芒种》上发表文章，一时间该刊声名鹊起。《芒种》自第九期改由北新书局发行后，编委会成员调整为清一色的杂文家，黎烈文、周木斋、唐弢、何家槐、徐懋庸、曹聚仁、魏猛克、夏征农、曹礼吾等是其中重要代表。该刊此后全力地提倡现实性、战斗性的散文。在与《太白》互动，与《人间世》以及右翼刊物的对垒、争辩中，《芒种》展现了左翼作家自觉地融合文学志趣与政治需要的探索

---

① 易彬：《文献与问题：关于中国现代文学文献学的若干观察与思考》，《大西北文学与文化》2022年第1期。

和实践过程。但 1935 年 10 月 5 日《芒种》发行第二卷第一期后，因"销路欠佳"而不得不停刊。虽然徐懋庸在创刊号上表达了自己平和的办刊心态，说"我们虽然很爱它，却并不用以表示希望收获丰富之意"①，但如此类别丰富、稿件多样有质的刊物戛然停刊，实在令人惋惜。

在《芒种》创刊号上，徐懋庸将林语堂叮嘱"勿发表"的一通回信全文附录在其《我也得带说几句》一文中予以公布。徐懋庸执意公开该信，是因林语堂在暨南大学讲演《做文与做人》的时候骂到了他，而这种骂语，曾由"洪子先生""如实地记下来"了。同样是在创刊号上，曹聚仁发表了《我与林语堂先生往还的终始》一文，认为林语堂是特地为骂他才在暨南大学铁青着脸公开讲演，"题目是《做文与做人》，骂我以外，还骂了徐懋庸先生等等"②。也就是说，相对于徐懋庸，曹聚仁是林语堂更为重视的攻击目标。那么，曹聚仁和林语堂之间为何会存有间隙？导火索在于时代图书公司推出的《袁中郎全集》第一、二卷。该图书在封面上标明了"刘大杰校编"和"林语堂阅"，曹聚仁认为颇为可靠，但翻阅之后才发现，每册书标点符号错误的地方竟有 300 多处。针对编校工作中的这些问题，曹聚仁在《太白》第一卷第四期发表了《何必袁中郎》一文，对刘大杰、林语堂大为不敬。随后，刘大杰要请人主持"公道"，曹聚仁 1934 年 11 月 13 日在《中华日报·动向》上发表《标点三不朽》，21 日又在《晨报·晨曦》上发表《关于〈何必袁中郎〉》，把刘大杰标点中错得最离谱的地方列举了出来，还列出了《袁中郎全集》的勘误表。后来，因听闻《袁中郎全集》被一折廉价出售，曹聚仁不再校阅《袁中郎全集》第三卷的标点。此外，当时的《旧生活》和《大美晚报》等就"林幽默大师"在暨南大学演讲时针对徐懋庸、曹聚仁都略有微词，林语堂与徐懋庸、曹聚仁间的纷争就变得不可避免。龚明德先生认为，暨南大学讲演一事虽使林语堂、徐懋庸二人产生了纷争，但这只是一个小小纷争，绝不是让一个二十五岁的文学青年在创刊号上叫阵一个四十岁同

---

① 徐懋庸：《编者的话（一）》，《芒种》创刊号，1935 年 3 月 5 日。
② 曹聚仁：《我与林语堂先生往还的终始》，《芒种》创刊号，1935 年 3 月 5 日。

行前辈的根本原因。更根本的原因,来自20世纪30年代文学场域中左翼文学与不同文学力量之间角力、制衡所牵涉的问题。众所周知,林语堂与提倡幽默、主张性灵的《论语》《人间世》关系密切,而左翼文学阵营的阵地则有陈望道主持的《太白》、曹聚仁与徐懋庸主持的《芒种》等。1934年12月9日的《上海报》刊发了署名"晓"的《太白社论语派大战开始》,谈及有人说《太白》与《论语》是两个对抗的刊物:《太白》以讨论"建设大众语"为前提,《论语》以提倡精雅小品为职志。的确,《太白》与《论语》,一个"正经",一个"幽默",一个暴露血腥的现实以企图打倒"幽默",一个志在玩物丧志为抹杀现实,其冲突本就在所难免。而在《太白》主编陈望道多年后的回忆中,创办《太白》的根本目的"是想用战斗的小品文去揭露、讽刺和批判当时黑暗的现实,并反对林语堂之流配合国民党反动派文化'围剿'而主办的《论语》和《人间世》鼓吹所谓幽默的小品文的",① 可见,主张的差异背后是根本立场的迥然有别。同样,《人间世》第一期问世后,曹聚仁就曾指出:"《人间世》之类的是正生正旦,他们斯斯文文做点戏,不是很好吗?为什么要我们这丑角插进去打诨,打破那幽闲宁静的空气呢?《芒种》并不会而且不愿意挤在《人间世》之类之间吧!"② 可见,林语堂的这一通信札牵扯出的林徐之争,不仅是文人之间的简单纷争,更是当时文坛不同党派、不同流派文人之间论争的冰山一角。龚明德先生考释林语堂的这一通信,使相关的人事关系得以明朗化,免去了我们查找和筛选大量的材料的困扰,进而明白了现代文学建构过程的复杂性及其文学史张力,因而颇为重要。

二

不管是面对名家如鲁迅、郭沫若、巴金、老舍等人,还是与主流作家有过来往或在文学史一直被遗忘的"小作家",龚明德先生都以百年后

---

① 本社:《鲁迅回忆录》(一集),上海文艺出版社1978年版,第15—16页。
② 曹聚仁:《编者的话(二)》,《芒种》创刊号,1935年3月5日。

的史家身份，努力公正地还原历史的真相。他钩沉出来的相关史实，有他独有的诚恳的自白，作为读者的我们，可以看到他撰写考索专集和书话随笔等的严肃精神。

与其他"旧字号"著作一样，《文事叙旧》也呈现了大量扎实的文史资料，为后续研究工作提供了便利。而在考证的过程中，著者还抛出大量的学术问题，为后来的研究者提供学术思路，比如《高语罕的〈牺牲者〉》一文。1928 年 4 月，高语罕在上海亚东图书馆用"戈鲁阳"印行了一本小说集《牺牲者》，收录了九个短篇小说。该小说集中的同名自传体小说，与高语罕的自传体中篇小说《百花亭畔》（亚东图书馆 1933 年版）、《烽火归来》（美商华盛顿印刷出版公司 1939 年版）一样，都是动荡年代重大历史事件的现场记录。追随陈独秀从事共产主义革命事业和文化教育活动的高语罕，在文学史上几乎是被遗忘的。龚明德先生对高语罕本人及其作品的这一发现，为研究中国无产阶级文学及涉及的相关政治史事的研究提供了更多可能性。

在《文事叙旧》这部书中，龚明德先生还指出："有了书信手迹，不注意审看，也会出错。文字工作，真是冒险的事业。"（第 43 页）根据他的细心审看，徐志摩致郭嗣音一信中的关键字句"迎送远客"被错写成了"近送远客"（《徐志摩致郭嗣音一信的年份》），真诚聘请徐志摩到暨南大学任职的那个人的名字为"陈钟凡"而非历来学界认定的"陈钟元"[①]（《徐志摩致胡适的千字信》），徐志摩致张慰慈信札中所言的"老舍近况何似，曾有信去，不见复，见时为问好"（第 28 页）中的"老舍"应为"老金"（《老舍应为老金》）……

龚明德先生呈现的这些被遗忘或被误解的文学史实，其生成因由，除时间更替、政治原因或某些刻意造假外，还有编辑整理者的处理不当。创作、编辑、印刷、出版、发行等都是文学接受（消费）过程的重要环节，除创作是作家亲自着手以外，其他环节几乎都需他人之手才能得以

---

① 商务印书馆出版的十卷本《徐志摩全集》和增补本《徐志摩书信新编》都把"陈钟凡"错弄为"陈钟元"。

物化。再以《赵景深写新文学"小史"》为例。针对 1931 年 7 月上海光华书局印行赵景深《中国文学小史》的第九版，龚明德先生说："不必讳言，这本八万字的改订本也确实留下了一些'匆促作成'的遗漏和失误。""作者被书店催，书店的相关人员又不仔细审读或根本不审读，赶紧付印了上市卖钱……"（第 63 页）《郭译〈少年维特之烦恼〉一处差错》中，1930 年 8 月 20 日罗牧为其刚翻译完的《少年维特之烦恼》写了"译者琐言"，其中第三条指出郭译《少年维特之烦恼》中关于年龄的一处译误，"夏绿蒂只有六个弟妹，从二岁起到十二岁为止。郭先生替她母亲生了一个十五岁的孩子来，真是可贺之至"（第 64 页）。而郭译的为"长的一个有十五岁，与年龄相应地很文弱地亲了她，……"（第 65 页）根据罗牧译文及所附英文可知，歌德的原意应为"这个十一岁的孩子吻其姐姐夏绿蒂的动作和告别礼节像十五岁的大孩子一样"（第 66 页）。1955 年人民文学出版社印行郭译本《少年维特之烦恼》，变动的地方，就是将"文弱"这一词修订为"文雅"。而在 1942 年 11 月重庆群益出版社印本中，就已经有罗牧引文的"文雅"，也就是说 1930 年 4 月到 8 月，郭译本有过一次文字修订，但是没有将《少年维特之烦恼》中年龄译误勘正。

三

龚先生的研究路径，属于典型的"小题大做"，即在寻找被遮蔽的文史问题和去伪存真的考证等琐屑的工作中"大做"文章。然而，我们所接触过的绝大部分中文专业的研究生认为，这些史料考证是一些可有可无的"边角料"，于文学史的大局无补，因此没必要投入大量的时间和精力。

20 世纪末及 21 世纪以来，文学研究主流处于西方批评方法的笼罩之下，对新方法应接不暇的研究者，未过多注意到中国现当代文学在发展过程中积累了较为丰富的文献史料。文献史料是文学研究的基础，对于研究个体来说，"在你朦胧地意识到某个问题时，假如不事先对一些材料摸一摸，在摸材料的过程中，通过鉴别、比较和感触，对一件事情的发生始末和前因后果，作一个大致的了解，就会给继续的研究造成障碍。因为，在摸材料的过程中，自己心中原来并不清晰的问题，有可能逐渐清晰起来了，这个问题不再像原来那么宏观、粗大，而是被细分为若干层次，但它们都在向一个有价值的大问题聚拢和集中"[1]。殊不知，中国当代文学正处在历史大变局的"拐点"上，"当代文学文献的搜集和整理有不可轻忽的难度，更有其不可轻忽的必要性，或许应当提到建立学科的高度，予以重视"[2]。龚明德先生所做的考订、勘误和辑录工作，持有的是一种于速成浮躁之外的超然的学术态度和刨根问底的严谨态度，对于充实、改变中国现当代文学的整体格局有重要意义。

作为文献学研究的晚辈，我们对龚明德先生举例考证的绝大多数事件，都是从这部书中第一次得知，更不要说其中的"细节"了。龚明德先生的"朴学"功夫，要花费大量的时间和金钱去沉淀，与当下追求速成的、讲求变现的氛围不相符合。在这样一个对史料存有"偏见"的学术环境里，龚明德先生依旧坚守自己的立场和原则，默默地笔耕不辍，扎扎实实地做自己的学问，抵挡住了不良学术风气的入侵，显出可贵的学术精神。

总体来说，《文事叙旧》这部书对各类文学史实进行考证并客观地呈现，真正拓展了学术研究的视野，也为后来的研究者提供了文献便利，增强了读者对中国现当代文学史中文事沉浮和文人往来等的理解。在面对"材料能否改变结论"的问题上，龚明德先生讲究事实的寻根求源、讲究考据事理和物证人证的治学原则能够给文学史疑案提供答案，正如为该书作序的谢泳老师所说："他的文章，无论长短，都经得起时间考验。"（第2页）可见，龚明德先生对于中国现当代文学的研究有着独特视角和重要贡献。审视当下环境，不难发现很多已经出版的书被误收，

---

[1] 程光炜：《当代文学研究：问题和史料》，《现代中文学刊》2023年第2期。
[2] 刘福春：《中国当代文学文献的特殊困境及解决方向》，《四川大学学报》（哲学社会科学版）2019年第6期。

虽然一部分已经被考据重新登录，但也有另一部分文学真相仍处于隐藏状态，学界对相关文事的研究工作任重道远，迫切需要建立起中国现代文学文献学的自觉意识。

中国古典文论海外传播的社会翻译学实证研究
——以《中国古典文论在西方的英译与传播研究》为例*

戴文静**

中国古典文论的海外传播不仅关涉纵向古今文论话语的现代转化，也关联横向中西文论话语的比较与会通，因此一直是中国文化"走出去"系统工程中的重要一环。然而与之重要性形成鲜明反差的是，当下大量中国古典文论作品的全译本尚缺，且英译本在西方的传播仍十分有限。2023年5月北京大学出版社出版的王洪涛教授的专著《中国古典文论在西方的英译与传播研究》可谓应时而作，书中他集中探讨了如何实现中国古典文论在西方有效英译与深入传播这一亟待解决的重要问题，为中国文论的海外传播提供了有价值的理论参考。

全书共由四部分组成，分别是概念拟定与历史考察；译本对比与译本分析；基于问卷调查的实证考察；社会翻译学的方略与中国文论国际话语体系的建构。该书第一部分对中国古典文论在西方的传译史进行了纵向梳理，将三百多年来中国古典文论在西方的英译与传播历程划分为

---

* ［基金项目］2023年江苏省高校"青蓝工程"优秀青年骨干教师培养项目，国家社会科学基金项目"英语世界《文心雕龙》百年传播研究"（项目编号：20BZW011）。

** ［作者简介］戴文静（1983— ），女，江苏大学文学院教授，主要从事文艺理论批评与海外汉学研究。

五个不同的历史阶段，即酝酿期、萌发期、过渡期、发展期和成熟期。并通过宏观史学与微观史学相结合的考察方式，将这五个阶段的不同特征加以呈现。第二部分主要选取汉代文论《诗大序》、晋代文论《文赋》、南朝文论《文心雕龙》、唐代文论《二十四诗品》、宋代文论《沧浪诗话》、晚清文论《人间词话》这六部具有代表性的中国古典文论作品及其英译本，对其进行文本细读与对比分析，探讨各英译本在词汇、句法、篇章等层面的特点，并由此剖析西方汉学家、华裔学者及中国翻译家对中国古典文论进行翻译和阐发的共性与差异。这部分融合了社会学理论、翻译规范理论、勒弗维尔翻译诗学等理论，并采用了语料库研究方法。第三部分对中国古典文论在西方传播的接受情况进行研究。该书从古典文论的认知度、认可度和英译策略这三个方面，对中国古典文论在西方的英译与传播情况进行整体实证考察和国别调查。第四部分重点探讨社会翻译学方略与中国文论国际话语体系建构问题。这部分是对中国古典文论英译实践整体方略与未来指归的理论思考。这部分就中国古典文论在西方英译与传播实践中的译者构成、原作遴选、英译策略，译作在西方的传播与接受等系列问题，提出切实的对策性主张与解决方案。

总体而观，与同类其他著述相比，该书有三个显著特点。第一，宏微并举、博观取约。该书既有宏观的历时考察，又有微观的文本细读。该书将中国古典文论在西方的英译与传播历史追溯至 1685 年儒家经典《大学》英译本诞生之时，并对其三百多年的英译与传播进行了历时考察。前期学者所做的研究大多是对中国古典文论历代作品或单部作品在西方的传译做概述性陈述，或在有限篇幅内对主要英译文献做分门别类的梳理，难以完整揭示中国古典文论在英语世界传递的历史进程和原因，也难以真实再现传译活动的基本轨迹与特征。事实上，中国古典文论在西方的英语传播活动始终与西方汉学研究发展密切相关，将中国古典文论置于西方汉学发展的历史背景之下进行考察，才能真实、完整地再现其传译进程。因此，该书结合宏观史学与微观史学方法，在再现三百年中西文化交流整体史的基础上，对不同时期中国古典文论在西方英语世界的传递活动做细致文献考察和实证研究。并在宏观史学的意义上依据中国古典文论在英语世界的传递特点,将其划分为不同历史阶段。在复原各历史阶段中西文化交流整体历史时代背景中,找寻其特定的时代因素,进而在微观史学层面对中国古典文论在英语世界的主要传译做具体实证性的历史文献考察。

第二,理论与实践相结合。这一点在书中第三、四、七章及第九、十、十一、十二章都得以充分体现。书中第三章主要根据社会学路径翻译理论的基本原理,借鉴布尔迪厄反思性社会学理论和分析模式,对理雅各与宇文所安《诗大序》两种英译进行了综合考察,从汉学场域、译者惯习、译策分析到译本分析层层推进,揭示两种英译背后各种关系彼此关联或因果的规律和逻辑。该书指出理雅各和宇文所安《诗大序》译本在可接受性、可读性方面明显逊色于另外三个更加流畅的译本,但是在西方学界的影响更为深远,导致这一现象的原因是收益和权力的调控使场域的运行法则对资本及其再生产更为有利。正因如此,汉学家在中国古典文论的英译与国际传播中往往具有得天独厚的优势。第四章借助图里的翻译规范理论,对方志彤译本和黄兆杰译本进行描写性解释。对比分析研究揭示两种不同风格译本的产生过程与形成原理。研究发现预备规范、初始规范与操作规范深刻影响了方志彤和黄兆杰两位译者的翻译行为,在翻译过程中制约着两位译者采取不同的翻译策略。方译遵循源语规则,更重视译文的充分性,在形式和内容上更靠近原文。而黄译则遵循易语规范,更注重译文的可接受性,因而更符合西方诗学的审美特征。第七章对前后相距70年的张彭春和宇文所安《沧浪诗话》英译本在美国翻译与传播取得成功的原因进行了研究,指出两个译本在美国的传播与翻译之所以取得成功的共同原因,就是两者都在各自不同的历史背景下满足了当时目的语文化的诗学需求。张彭春译本满足了20世纪二三十年代美国"新批评"派兴起,希望借助拥有类似思想的中国诗论来挑战旧有文学理论的诗学需求。而宇文所安译本满足了20世纪末美国文论界、汉学界对中国诗学思想深入、系统了解的诗学需求。第九章和第十章主要从社会接受的实践层面进行论述。第九章以英、美、澳三国的 11 所高校相关专业的师生为主要调查对象，通过实地调研、异地代理和网络在线等多种形式，历时五年对其进行广泛深入的问卷调查，收集有效问卷 251 份，进而运用定量研究与定性研究相结合的方法对这些问卷的结果进行数理统计和分析解读。就译者主体而言，研究调研发现母语为英语的译者与母语为汉语的译者之间相互合作为最理想的翻译模式。就译作风格而言，西方读者更喜欢语言表达"流畅"而文化传达"异化"的中国古典文论英译作品。就术语使用而言，多数西方高校读者认为应混合使用西方术语与中国术语。第十章通过对英、美、澳三国的问卷调查结果进行比对，发现英国高校读者侧重关注译文的文学性，美国高校读者侧重关注译文的异化特征，而澳大利亚高校读者则侧重关注译文的表达质量。第十章和第十一章主要从社会翻译学的理论层面进行研究。该书作者具有高度的理论自觉，最后提出中国应依托自己的民族诗学智慧，积极参与"世界诗学"的理论建构。中国文论国际话语体系的理论建构应实现从"本土诗学"到"翻译诗学"，再到"比较诗学"与"世界诗学"的跨越。因此，该书兼具中国古典文论海外传播的理论与实践双重指导价值。

第三，"英译"与"传播"相融贯。全书四个部分紧密围绕"英译"与"传播"这两个关键词展开。第一部分将"英译"与"传播"融为一体，对中国古典文论在西方英译与传播的历史进行考察，为读者勾勒出 17 世纪至今中国古典文论较为清晰的、整体的英译与传播谱系。第二部分侧重"英译"研究，对代表性文论英译本进行文本内考察，从字、词、句、意层面剖析翻译风格和翻译策略。第三部分侧重"传播"的实践研究，这是英译后传播的结果调研，实际上与英译活动也是密不可分的。第四部分侧重"传播"的理论研究，这两方面都是英译和传播后的理论反思。该书将译内翻译行为与译外传播接受相结合，较为立体、客观地呈现了中国古典文论在西方英译与传播全貌。

总体而观，国内现有相关研究多集中于翻译层面的文内研究，未能实际深入海外传播的第一现场进行勘察、取样。自说自话、闭门造车现象严重，中国古典文论究竟如何翻译才能被西方读者接受。该书最大的创新点正是从社会翻译学的视角切入，通过客观严谨的数据收集及分析，对不同国家的不同层次读者进行问卷调查，进一步证实了学界一直以来所倡导的"借帆出海"的翻译模式，即以中西译者相互合作的模式翻译中国古典文论。事实证明这种符合实际的翻译模式，将有助于推动中国古典文论的海外传播和接受。有鉴于此，该书在社会翻译学方向的探索，不仅为中国古典文论海外传播的实证研究打开了全新的研究思路，也为日后中华典籍外译及中华优秀传统文化的海外传播提供了可资借鉴的研究范式。

中国现代经典作家研究：
学科反思、方法革新与多维重释

陆凤仙　杨华丽*

2024年9月20日至22日，由中国现代文学研究会、重庆师范大学联合主办，南方文坛杂志社协办，重庆师范大学文学院、重庆市抗战文史研究基地、重庆师范大学区域文化与文学研究中心联合承办的"文学史视野中的中国现代经典作家研究学术研讨会暨中国现代文学研究会第十四届理事会会议"顺利举行。本次会议旨在回顾中国现代文学学科四十五年的发展历程，总结经典作家研究的核心经验，探索新时代学科建设的新方法与新方向。中国现代文学研究会会长、北京师范大学刘勇教授，副会长辽宁师范大学王卫平教授、陕西师范大学李继凯教授、河北大学田建民教授、上海交通大学高旭东教授、四川大学李怡教授、暨南大学贺仲明教授，副会长兼秘书长、中国社会科学院萨支山副研究员，常务理事、副秘书长、华北、华南、华中、华东、华西各大区理事，以及《南方文坛》《中国现代文学研究丛刊》《文艺争鸣》《新文学史料》等名刊的资深审稿专家等90余人莅临会议，围绕"四十五年来中国现代文学学科的发展历程与主要经验""四十五年来中国现代文学经典作家研究的回顾与反思""鲁迅、郭沫若、茅盾、巴金、老舍与曹禺等经典作家

---

* [作者简介] 陆凤仙（1997— ），女，重庆师范大学文学院硕士，主要从事中国现当代文学研究；杨华丽（1976— ），女，文学博士，重庆师范大学文学院教授，博士生导师，主要从事中国现当代文学研究。

研究""抗战时期经典作家的文学活动与文学实践""中国现代文学研究与学科建设的新方法与新方向""中国现代文学经典作家研究的时代意义"六个议题进行了积极的学术对话。会议共收到论文及发言稿84篇，与会学者通过两场主题发言、八场分组讨论，回溯中国现代文学学科的历史脉络，聚焦中国现代文学研究的前沿问题，为新时代新语境下中国现代文学研究的深入展开提供了多维度的学术镜鉴，充分展现了中国现代文学研究界的学术活力与时代担当。

一 中国现代文学学科传统建构的历史脉络

中国现代文学学科自诞生以来，始终与时代同频共振，历经初创、重建、恢复与发展，直至如今的多元化深入，展现出独特的学术轨迹与时代风貌。从1922年胡适首次将新文学纳入"史"的视野，到新中国成立后学科与国家意识形态的紧密结合，再到改革开放后"重写文学史"的思潮推动学科走向多元，直至21世纪跨学科研究的蓬勃发展，中国现代文学学科始终在理论创新与实践探索中前行。它不仅见证了中国文学的现代化进程，更为当代学术研究积累了宝贵经验。在中国现代文学学科这个学术共同体的凝聚与壮大过程中，1979年成立的中国现代文学研究会是其重要支撑。四十五年来，研究会组织和参与了现代文学学科从重建到重构的整个过程，见证和推动了现代文学研究的多元共生与长足发展。伴随着这一学科不断走向成熟，现代文学研究也在持续经典化。站在中国现代文学研究会四十五周年纪念的当口，梳理中国现代文学学科传统建构的历史脉络、回望四十五年来该学科的发展历程与主要经验是题中应有之义。

中国现代文学研究会会长、北京师范大学刘勇教授的主题发言《经典阐释与现代文学学术传统》高屋建瓴，意义深远。首先，他深情回顾了中国现代文学学科与中国现代文学研究会的发展史，指出本学科学术共同体的建构离不开王瑶、李何林、唐弢等自成参天大树的学术前辈，严家炎、钱理群、黄修己、刘中树、凌宇等为现代文学学科做出杰出贡献的学者，上千位青年学者，所有承办和举办过与学会相关的各类会议的学校与单位，以及积极协助学会活动的媒体、出版社等平台，而这些前辈学人、青年学者、各学校各单位、各媒体平台的齐心协力又共同促进了这个学术共同体的深入发展。其次，他从学会四十五年的历史这一角度来强调中国现代文学学科的学术传统，通过梳理王瑶、李何林、杨占升、严家炎、王富仁、钱理群等学者为学会与学科发展做出的重要贡献，强调"我们的学会不仅是一个学术机构、学术团体，更是一股暖流，是一股思想暖流，精神暖流，情感暖流，学术暖流"，而且"这种暖流代代相继，温暖着我们每个同仁的心"。最后，他指出，经典作家作品阐释是现代文学学术建构中至关重要的基础，经典阐释不仅要以文解文，还要以心契心，从而提倡"用心去读""用生命体悟去读"的"以'心'解文"法。陕西师范大学李继凯教授同样论及学科建设问题。在《略谈学科建设与文学经典研究》的发言中，他认为中文学科建设是高校学科建设的"龙头"工程，二级学科中国现当代文学是构筑一级学科中国语言文学的重要支撑，而文学经典研究又是该学科学术研究的主要内容。他强调三点：一是中国现当代文学学科骨干的担当和奉献是学科建设和学科学术发展的重要助推力量；二是在持续深究细研经典作家作品的同时应加强"经典"文学流派、社团、期刊、思潮及学科特色方向的研究；三是在跨学科的追求中寻求学术的创新，尤其要积极建构文学的"学科群"，注重中国现当代文学学科与其他文学方面的二级学科之间的互鉴、互谅和互动，竭力避免不当竞争。云南师范大学付祥喜教授在《新中国成立以来的中国现代文学研究：回顾与反思》中系统梳理了学科七十多年来的阶段性特征，将其分为四个阶段：1949—1977 年的"再出发"阶段，1978—1984 年的迅速恢复阶段，1985—2004 年的"重写文学史"风潮阶段，以及 2005—2022 年的多元拓展阶段。文章指出，中国现代文学研究在取得显著成就的同时，也面临着从中心到边缘的总体趋向变化，研究主题以现代文学史和作家作品研究为主体，研究范式呈现"新文学""现代文学""二十世纪中国文学"三足鼎立的局面，研究队伍形成了老中青结合的科学合理梯队。文章认为，尽管现代文学研究面临诸多挑战，但其在边缘化过程中回归文学本身，展现了自身的学术价值和发展潜力。北京师范大学李浴洋博士在《学科传统与学人研究》中探讨了学科传统与学人研究的关系，强调"学科"与"学人"在中国现代文学研究中的核心地位。文章指出，现代文学研究史不仅是对学术成果的整理，更是对学术实践的反思与总结；研究史与学术史虽有联系，但研究史更贴近学术实践，学术史更强调学术成果的质量与学术发展；学科史更为独特，不仅关注学术成果，还涉及学科的组织形态、制度建设、社会影响等。学人对学科的责任感与使命感成为学科发展的核心动力。学人通过研究与教学，推动学科的传承与发展，因此，学人研究不仅要关注其学术成果，更要关注学人的学术生涯与生命历程，要综合学术史、思想史、社会史等视角，关注学人与时代、学科的关系。上海交通大学吴俊教授《从翻译文学经典谈翻译文学的特殊意义及翻译学科的建设问题》则强调翻译文学对中国现代文学的重要影响，重申翻译文学经典作品对中国文学和世界文学的独特贡献，认为翻译文学的实践尤其是经典作品的生产与传播，已成为文学跨语际传播的重要机制。翻译学科作为中国语言文学学科的"血亲"，其建设对中国文学学科发展具有重要意义。河北大学阎浩岗教授在《从"文学名著"到"文学经典"：指称改变引发的问题》一文中，对"文学经典"这一概念的演变及其对中国现代文学研究的影响进行了深入探讨。阎教授指出，以"文学经典"概念代替原先通行的"文学名著（或名作）"概念，是20世纪90年代才流行的事。用"经典"指称名作，给文学史上各个历史时期最有代表性的那些优秀作品带来不必要的"负担"，即被要求具有内涵的丰富复杂性和可阐释的无限空间，以及思想指导或精神引领作用。这也派生出某些作品评价的不必要争议。实际上，中外文学史上真正达到这一要求的作品凤毛麟角。所以，应该慎用"经典"概念。大部分传世之作或文学史上要提到的作品，称为"名作"或"名著"更为相宜。暨南大学赵普光教授在《中国现当代文学史读者维度的建构》中关注到中国新文学通过"普通读者"的力量撬动旧文学并最终确立了自身的合法性,但曾作为批判的武器被"请进"文学史的读者,又被后来的文学史书写遗忘。读者维度的缺失,一定程度上造成了文学史研究视野的局限和文学史判断的失准。即使在接受美学启发下产生的接受史研究,因其囿于固有经典本位的文学史叙述结构,以及无法突破的接受终端的技术性难题,仍难以将读者维度有效地引入文学史,未能对传统的文学史书写方式构成挑战。文章认为,以读者为方法和视野,建构中国现当代文学史书写的读者维度,真正激发出读者因素的学术能量,或能实现对既有文学史观念与叙述体系的整体反思和有效拓进。

除却对中国现代文学学科传统建构的历史脉络进行宏观考察之外,与会学者多抓取其中的代表性人物、事件、思想观念、刊物等,重返历史现场,细致入微地重审学科传统。其中,吴敏、王勇、张涛、黄开发、陈希、王雪松等学者的最新成果值得重点关注。

华南师范大学吴敏教授在《周扬与唐弢的〈中国现代文学史〉》中梳理了周扬与唐弢的往来书信,考察了 20 世纪 50—80 年代中国学术史、学科史的发展、研究队伍和学术传统形成的阶段性特点等问题,揭示了《中国现代文学史》编纂的复杂历程。河北师范大学王勇教授在《中国现代文学研究会的开创者之一:公兰谷》中介绍了学会第一届理事公兰谷(1919.5—1980.1)的生平经历及其在文学创作、古代文学研究、现当代文学研究方面取得的成就。深圳大学汤奇云教授的《瞿秋白与现实主义文论的建构》一文,关注瞿秋白《"现实"》一书的出版、《鲁迅杂感选集·序言》的发表之于中国现实主义文论建构的特殊意义。福建师范大学黄科安教授《图谱绘制:小品散文批评的集成与创新》从李素伯编著的《小品文研究》1932 年面世以后引发的褒贬评价出发,重返历史语境,考镜源流,比较异同。文章认为,李素伯透过与他人论战,彰显自己秉持的小品散文审美理念与批评标准。在批评路径上,他善于"比较",透过不同小品作家的对照与互比,抽丝剥茧,揭示同中有异、异中有同之精微。同时,他注重在编撰基础上推进学理创新,为中国新文坛的小品散文作家进行了线条勾勒与图谱绘制。江苏师范大学黄德志教授《"重写文学史"浪潮的先声》回溯20世纪80年代"重写文学史"思潮的萌芽，探讨了"'二十世纪中国文学'论"的价值与局限。文章认为，该理论旨在打破以政治事件划分文学史的格局，强调文学现代化的内在逻辑与整体性，强调启蒙主义精神和文学现代化进程，具有积极意义。虽然该理论存在对文学总主题概括不全面、对现代化认知不准确、受西方中心论影响较大等局限，但仍为文学史研究提供了新思路，推动了文学研究的深化与拓展。吉林大学张涛教授《缘起与探索——夏氏兄弟通信中的〈中国现代文学史〉写作》通过分析夏志清与夏济安的通信，探讨了海外汉学对中国现代文学学科的影响。夏氏兄弟对"文学性"与"历史性"的辩证思考，为国内学者提供了"去意识形态化"的研究路径，一定程度上推动了比较文学与跨文化研究方法在现代文学研究领域的使用。同样关注海外汉学，福建师范大学吕若涵教授在《1980年代欧洲学界的现代中国文学研究》中深入分析了80年代欧洲学界的现代中国文学研究情况，而以马悦然主编的四卷本《中国文学指南1900—1949》为例。文章认为，该书代表了80年代欧洲大陆中国现代文学研究的整体水平，一定程度上弥补了中国大陆文学史的诸多不足。北京师范大学黄开发教授的《现当代四次纯文学散文潮流的概念与观念》从文体史角度切入，梳理了现代散文从"五四"美文、"京派散文"、"政治抒情散文"到"新散文"的嬗变，提出"纯文学散文"概念的生成与文学史书写的互动关系。文章指出，纯文学散文与杂文学散文各有所长，前者擅长表现内心世界，后者贴近现实，二者互补性强。这一视角突破了传统作家中心论，为学科研究提供了文体形式分析的范式。中山大学陈希教授的《新诗选本与经典化建构》以新诗选本为研究对象，揭示经典化过程中"选家眼光"与"时代需求"的张力。他指出新诗选本的开山之作——《分类白话诗选》更侧重于展示新诗的广泛性和多元性，展现了新诗发生期的多元共生和元气淋漓，而朱自清编选的《中国新文学大系·诗集》更注重经典化和学理阐发。尽管前者在经典化建构上不如后者突出，但也具有独特价值，应重评其地位和意义。华中师范大学王雪松教授在《早期新诗"自由"诗学观与文体实践》中探讨了早期新诗的"自由"诗学观及其实践意义与局限性。自由诗学观以反抗古典诗歌格律束缚、强调个体主体意识和倡导创新精神为核心内涵，推动了新诗在诗形、语体和文体上的自由探索，拓展了诗歌表达空间，呼应了"五四"时代的思想解放思潮。然而，自由诗学观也存在局限，如形式散漫、标点虚词滥用等问题，值得反思。湖南大学罗宗宇教授《如何寻找新文学的旧传统》以王瑶的鲁迅研究为例，探讨新文学与旧传统的关系，并就如何寻找和研究这种关系进行了学理化思考。中央民族大学冷霜教授在《废名〈谈新诗〉观念结构与"传统"诠释的二重性》中聚焦废名诗论中的传统观，认为废名一方面以"古典意境"对抗白话诗的散文化倾向，另一方面又以"现代感性"解构传统的封闭性。这种二重性体现了新诗在"破格"与"立形"之间的张力，为理解现代诗歌的本土化路径提供了重要视角。首都师范大学孟庆澍教授《论〈醒狮〉的文学主张和实践》以国家主义刊物《醒狮》为研究对象，揭示了非主流文学团体《醒狮》派在学科史中的边缘性与独特性，呼吁关注并重估该派的文学成就。南京师范大学王文胜教授在《二十世纪上半叶青年会对中国现代文学的影响》一文中指出，青年会通过出资创办期刊、推动社会实践活动而积极参与中国社会的变革与新文化运动，《青年进步》和《新社会》就是其传播新思想、推动文学变革的重要平台。王教授认为，青年会的活动不仅推动了妇女解放、平民教育、平民文艺的探讨与实验，还对推广白话文、译介西方文学做出了重要贡献。这些活动和刊物的创办，为中国现代文学的发展提供了重要的思想资源和实践基础。

二 中国现代文学研究与学科建设的新方法与新方向

21世纪以来，中国现代文学研究在方法论与学科范式上保持着持续更新的良好态势。一方面，学者们立足本土经验，深入挖掘中国现代文学的独特价值与内涵，努力构建具有自主性的学术话语体系，另一方面，研究者积极回应全球化语境的挑战，借鉴跨文化、跨学科的研究视角，推动中国现代文学研究走向多元化与国际化。

深入挖掘文学文本本体意义，仔细审视文本细节，不断推进理论创新，催生了具有深刻洞见的精彩论述。暨南大学贺仲明教授的观点如《现代文学文体形式研究——一个亟待深入的重要问题》一文标题所示。他指出，现代文学以西方文学为蓝本，文体形式需"中国化"并与中国传统文学结合，但因战乱等原因，文体形式始终处于探索中；文体形式问题影响了新文学的整体成就和当前文学的发展前景。成熟的现代文学研究应在思想和形式两方面都很深入，因而应重视相对薄弱的文体形式研究。北京大学王风教授《文体的建构和语体的养成》分析了1923年周氏兄弟的写作策略、文体风格在失和后的分化：鲁迅形成"杂感"文体，强调议论性和历史纪录；周作人转向"小品文"，为避免批评，专注于不谈时事的写作，并最终放弃编辑"长篇"论文。这种分化导致了"杂感"与"小品"成为两种截然不同的文体，分别代表了两人的文体形象和语体风格，形成了具有不同特征的对峙文类。华中科技大学王书婷教授《博物诗学视野下的新诗文体研究》认为，博物学在时间意义上的"自然史"、空间意义上的"博物志"和价值意义上的"有机整体性"，分别与新诗文体的诞生、生长和审美意义的共振性相关。文章以跨学科视角分析新诗与博物学的互动，探讨了"博物诗学"对现代诗歌文体的影响，强调其以有机整体性为核心价值观，涵盖本土性、自然主义、亲生命性等审美特质，为新诗研究开辟了"物—诗—思"的阐释空间。上海交通大学文学武教授《论象征主义契合论在中国的跨文化旅行》聚焦象征主义诗学在中国的接受与变异，探讨了西方象征主义"契合论"在中国的跨文化传播与本土化过程。文章认为，李金发、穆木天、王独清等早期象征派诗人对契合论的接受停留在技术层面，缺乏哲学深度；20世纪30年代，梁宗岱将契合论与中国传统文化结合，构建了富有东方特色的契合论体系；朱光潜从美学角度分析契合论，戴望舒则从中国古典美学的"和谐"出发，重新诠释契合论。这些学者的努力实现了契合论的中国化，打破了东西方、古典与现代的二元对立，标志着中国文学批评家文化接受心态的成熟。陕西师范大学程国君教授《"词"是音乐魂，更是诗花朵》强调延安"鲁艺"时期创作者将民谣转化为革命音乐文学，结合民间音乐形式和古典诗歌营养，创作了大量经典诗歌和歌曲，深刻影响了抗日战争和中国革命进程。文章呼吁重新审视这些作品在现代诗歌史和艺术史上的重要地位，以构建更全面的现代诗歌历史观和歌诗史叙史格局。四川大学陈思广教授的《"现代人"思想·长篇小说诗学·美学和历史视野》与上海交通大学张先飞教授的《完整世界观念、世界图景与中国现代长篇小说的成熟》都探讨了长篇小说与现代性体验的关系。前者以自己的"编史"经验来介绍中国现代长篇小说如何写史，将中国现代长篇小说史划分为四个时期，对重要作家和作品进行美学和历史审视，以全面理解其发展脉络和艺术成就；后者从后发展国家精神发展史的视角，分析了中国现代长篇小说成熟的内在逻辑，强调了"世界观念"、"世界图景"和"整体统一性"这三个关键要素的作用，指出20世纪30年代长篇小说的成熟源于对"破碎时代"的整合冲动，老舍、巴金、茅盾就成功地把握和表现了外部生活世界及主观精神世界，不仅反映了时代的总体脉动和精神本质，还为后世提供了丰富的艺术形式和表现手法。

借助其他学科的理论与方法来探索本学科，是"大文学观""杂文学观"之下现代文学研究新的学术生长点。与会学者在这方面做出了多向度探索，成绩斐然。

哈尔滨师范大学徐志伟教授在《社会史、文明史、中国式现代化：新世纪中国新文学研究的三重视野》中提出，新世纪文学研究正从"革命/现代""文学/政治"等二元对立思路转向社会史、文明史、中国式现代化视野。社会史视野试图突破文学/政治的阐释框架，将文学置于丰富社会结构中还原其复杂性，但其碎片化倾向、大历史叙事能力相对欠缺与文学特性被遮蔽等欠缺，值得学界警惕；文明史视野重估中国文明的连续性价值，以甘阳"通三统"论为代表，但"文明—国家"如何区别于"民族—国家"等问题依然存在，应用于文学研究更是困难重重；中国式现代化视野被视作继革命范式、"20世纪中国文学"范式后的新主导范式，但很多问题尚需妥善解决。云南大学段从学教授《从晚清到五四：社会重心转移、语言变革与"新文学"的发生》从语言变革的诸多细节进行深入考辨，将"新文学的发生"与普通民众在历史中的兴起、现代性民族国家的建立联系起来考察，从而认为，以"言文合一"的国家现代性诉求为切入点的"新文学"，既是"一个国家/一种语言/一种文学"的现代性政治实践的推动者，又是这个政治实践的结果。它不是从"旧文学"发展而来，而是广大的普通民众取代少数的士大夫精英成为中国社会历史主体、民主社会取代等级制度、民族国家取代朝代国家这个三位一体的现代性结构的历史产物。华东师范大学文贵良教授在《中国现代女性作为女性的第一声"绝叫"》中重点分析了丁玲《莎菲女士的日记》的汉语诗学。文章认为，《莎菲女士的日记》以"叛逆的绝叫"而独立文坛，其"野生"的白话提供了现代女性絮叨的语言形式，"我知道"式体认与后撤性叙事规范了叙事的向度，剖白的辩证法拉紧了叙事的强度，从而把女性的声音一步步推向绝叫。莎菲的声音与孙舞阳的声音、与许广平及庐隐等人的表达一起构成了女性的尖音。武汉大学李遇春教授在《新旧融合与中国现代经典作家研究》中强调"大文学观"和"杂文学观"的方法论，主张打破新/旧文学的二元对立，重审现代作家的旧体文学实践。他以鲁迅、郭沫若、郁达夫为例，指出其旧体诗词创作并非"边角余料"，而是新旧文化对话的载体，新旧融合不仅是文体实验，更是文化转型的表征，为重构现代作家的"多元一体"形象提供了路径。暨南大学白杨教授《文化传播中的"鲁迅"》从传播学视角剖析了"鲁迅符号"在香港文化传播中的形态和影响。自20世纪20年代起，鲁迅在香港的演讲和作品受到关注，其思想的社会意义被广泛认可。50—70年代，香港成为新文学作品的翻版重镇，鲁迅作品集和研究论著受到推介。80年代以来，香港文艺期刊持续关注鲁迅研究，形成了多元对话的文化传播场域。文章强调，香港文化界对鲁迅的关注和传播，体现了中国现代思想文化的传承，凸显了香港在中国文化版图中的重要地位。

厦门大学王宇教授《"卫生现代性"与鲁迅的弃医从文》从医学社会史角度重审鲁迅的文学转向。文章认为，鲁迅对明治日本"卫生现代性"（即群体健康管理）的疏离，源于其"掊物质而张灵明"的个性主义立场。作者通过分析晚清"医学救国"论述的个体性局限，揭示鲁迅弃医从文的深层动因——拒绝将身体国有化，转而以文学守护生命的自足性。这一视角为鲁迅研究注入了生命政治学的理论维度。浙江财经大学周保欣教授《晚清东南"贱民社会"与"国民性"思想起源》独辟蹊径，将"国民性"思想形成的源头追溯至晚清东南地区的阶层分化。这些"贱民社会"群体，如广东、浙江、安徽南部的疍户、堕民、丐户等，其精神、性格、职业和身份特征成为早期现代作家"国民性"认知的历史无意识。文章认为，所谓的"国民性"并非完全源于西方现代化理论的强制阐释，而是有其中国内部的历史根源。吉林大学王桂妹教授在《职业之殇：现代女性"花瓶"之喻》一文中，采用文史互证、文艺结合的方式来探讨现代女性与"花瓶"之间的复杂关联。文章指出，中国女性在20世纪30年代获得了成为职业女性的历史契机，但也被赐予了"花瓶"的称号，由此引发了社会性的论争，"女性与花瓶"也成为文学书写的对象。文学场域中"职业女性与花瓶"书写的参与者既有新文学作家，也有旧文人，既有女性立场的切身书写，也有男性视角的旁观，角度不同、态度各异。在这些文学描摹中，以蛹公（陈大悲）的长篇小说《红花瓶》以及改编的同名电影所引发的社会反响最大，并把"红花瓶"这一热词推拥到了新的时代高度，成为20世纪三四十年代一个独有的社会及文化景观。复旦大学金理教授《〈黄河大合唱〉与古今之变》从音乐与文学的互动切入，探讨了《黄河大合唱》在中国文学古今演变及现代文学自身更新中的意义。文章指出，《黄河大合唱》通过重构黄河意象，构建了民族国家、阶级革命与国际主义的复合现代认同体系。同时，该曲突破传统书写范式，在表演实践中形成剧场效应，消弭观演界限以强化政治共同体意识。这一跨艺术研究为文学史提供了声音政治的阐释维度。中南财经政法大学罗晓静教授《晚清至五四文学的世界意识研究》梳理了晚清至五四时期中国文学中"世界意识"的生成、发展及其对文学转型的影响。中国传媒大学张鸿声教授《中国文学中的法国叙述与法国形象》从比较形象学切入，分析中国文学中的法国叙述与形象塑造，指出中国文学对法国的描写具有独特性，反映了中国知识界"睁眼看世界"的心理机制和通过法国形象建构现代性理念的本土视角。西南大学博士后汤晶《创伤、"不安"与"纪念"：鲁迅杂文的情感史视角》从情感史视角探讨鲁迅杂文创作背后的创伤体验与情感结构，指出鲁迅杂文不仅是其文学创作的重要部分，更是其独特的创伤体验的直接反映。

三 中国现代经典作家研究的理性反思与多维重释

在中国现代文学研究的漫长历程中，学者们对鲁迅、郭沫若、茅盾、巴金、老舍、曹禺等经典作家的深入研究，不仅积累了丰富的学术成果，也推动了学科的发展与深化。随着时代的变迁和学术视野的拓展，学者们注重对经典作家研究的回顾与反思，努力对经典作家的文学活动与实践做出多维透视，并延及现代中国经典作家研究的时代意义等向度。本次会议在这方面的成果甚多，成绩可喜。

（一）中国现代经典作家研究的理性反思与多维阐发

中国现代文学经典作家研究始终是学科建设的重要内容，研究成果客观上反映了学术范式的演进历程。近年来，学界在重返经典、重构阐释框架的呼声中，从重释必要性、路径创新、经典作家再解读等方面展开了理论反思与实证探索。

首先，与会专家认为经典作家重释仍有必要，且存在多重意义。辽宁师范大学王卫平教授《现代经典作家重释的必要、可能、路径及方法》系统论证了经典重释的学术、学科、时代、文化及阐释学意义。作者指出，经典文本的丰富性与开放性决定了其阐释的永恒性，而学科建设需通过经典重释重构评价体系。例如，张天翼的文学史地位长期受夏志清、杨义等人虚高评价的影响，但通过文本细读与纵横比较，可发现其实际成就与鲁迅、沈从文等一流作家存在差距。这一反思不仅修正了历史评价，也为学科提供了动态发展的可能。此外，作者提出"现实激活"路径，强调经典需与当代精神对话，如周展安《重建中国现当代文学研究的政治维度》呼吁从政治维度重审鲁迅等人的创作，揭示文学与时代的深层互动。王卫平教授以茅盾长篇小说"未完成"现象为例，通过对比老舍、巴金等作家的创作轨迹，指出茅盾脱离个人体验的宏大叙事是其创作困境的主因。这一比较不仅揭示了经典生成的个性化路径，也为文学史书写提供了批判性视角。

其次，基于对经典作家研究的回顾与总结，发现既有研究的局限并对评价体系进行反思也是讨论的重要内容。河北师范大学胡景敏教授在《"巴金的意义"：一个说不尽的话题》中指出，"巴金的意义"作为一个学术话题，表现了从整体、宏观的视角论定巴金及其创作历史意义的研究取向。这种研究取向始于90年代初，一直存在赞誉和贬抑两种声音。对巴金意义的论定不应拘泥于赞誉与贬抑两种情感态度，而应该切实发掘巴金的历史意义和他与现时代的深度关联。南昌大学常彬教授《胡风译文集〈山灵〉命名的"误用之用"》聚焦胡风的译介作品《山灵》，指出"山灵"这一译名虽偏离原意，却通过意象再造赋予文本本土化阐释空间。他的"误用之用"实则显露出积极凝聚东亚左翼力量、反抗日本殖民侵略以寻求民族解放的超前意识。四川大学妥佳宁研究员的《〈子夜〉的内外双重反抗意味》则研究《子夜》在不同历史时期的删节与翻印问题，揭示了从第二次国内革命战争到全面抗战期间中共意识形态的复杂变化。文章强调，只有回到30年代初到全面抗战爆发后的文化史具体语境，才能避免将茅盾作品中的批判误读为民族主义倾向，真正理解茅盾小说创作中的思想理念。北京师范大学陶梦真博士《"因果报应"叙事的现代转型》探讨了"因果报应"叙事在中国文学现代转型中的变化，尤其是其在曹禺剧作中的潜在影响。尽管曹禺公开否认《雷雨》与因果报应有关，但文章认为，传统的"因果报应"观念并未完全消失，而是转化为一种潜结构，影响着曹禺剧作的情节逻辑、人性心理和性格命运。

这种潜结构的存在赋予了曹禺剧作独特的诗意，表明传统叙事观念在现代文学中依然具有深远意义。湖南师范大学肖百容教授在《林语堂的亚文体创作及其意义》中强调林语堂的亚文体创作颇为重要，其创作动力在于对西方文学理论话语框架的反叛和对中国传统文体体系的弥补。从林语堂的亚文体创作出发，来探究林语堂为何选择并重新编码的这些文体遗珠，以唤醒人们的思维力量和情感共鸣，对扩展中国传统文体体裁的堂庑、保存民族民俗文化的力量、转化中国传统文体审美价值与提升中国文化话语权等都具有独特的意义。

此外，经典作家研究重释路径的创新与实证探索取得了丰硕成果。四川大学李怡教授在《郭沫若与四川：悄然遗存的学术疏漏》指出尽管郭沫若研究总体热烈，但"郭沫若与四川"这一重大主题却存在明显的学术疏漏。文章强调，郭沫若在四川的成长经历、文化教育以及对四川文化的理解，对其思想和创作产生了深远影响，这些内容不应被忽视。作者呼吁学界重视这一领域，系统整理相关史料文献，并从四川文化角度重审郭沫若的思想结构和文学创作。江西师范大学江腊生教授《城乡伦理与沈从文小说张力美学的生成》分析沈从文小说中城乡伦理冲突生成的张力美学。沈从文借助侨寓经验，通过返乡者和寓居者视角，展现城市伦理对乡村的影响，建构乡愁美学，将乡土文化与现代审美需求对接。其小说结构中隐性与显性文本的背反，形成了乡村挽歌与现代性审视的交织，生成独特的张力美学。沈阳师范大学胡玉伟教授《去熟悉化：重读李劼人的路径和意义》一文提出"去熟悉化"方法论，主张以陌生化视角重审李劼人的"大河小说"，为李劼人构建一种新的关系网。西南民族大学李光荣教授在《汪曾祺在昆明文林街东段的文学活动考述》中，通过史料钩沉还原汪曾祺在昆明文林街东段的生活与文学活动，指出文林街东段20号院、先生坡和民强巷分别成为汪曾祺精神境界提升、人情世态体察和创作灵感孕育的关键场所，汪曾祺独特的文学风格和审美情趣的形成与西南联大的文化氛围密切相关。重庆师范大学高博涵副教授《"尺八"体验与卞之琳诗歌的"时空漫步"》从大文学史观出发，认为卞之琳旅居日本时听闻尺八吹奏而瞬间连通了个人以及祖国的当下与"古昔",诗人意识中的时空得到前所未有的铺展,并经由感受国族命运这一宏大主题,获取了"历史的意义"。

集中探讨剧作家曹禺的几篇论文都颇有新见。南开大学李锡龙教授的《江安时期曹禺的文化立场、政治取向与审美趣味》指出,抗日战争全面爆发后,曹禺在四川江安生活了三年多,这一时期,曹禺的文化立场从早期激进的反传统转向相对温和,政治取向从疏离官方意识形态转向主动接近政治。这些变化影响了他的悲剧观和女性审美,使其作品更加关注时代政治,女性形象也从现代风格转向古典风格,而这些变化为曹禺1949年后的创作转型埋下了伏笔。北京师范大学刘一昕博士《中西舞台之间》以曹禺的戏剧翻译为切入点,揭示其如何通过跨文化实践重构中国现代戏剧美学,并立足本民族文化传统、倡导人类尊重与平等的"有根的世界主义思想"。曹禺对易卜生、莎士比亚等作品的译介并非简单模仿,而是以本土化策略融合西方现实主义与东方诗意传统,其世界主义思想并非完全"错置",而是一种带有遗憾的"诗意",体现了20世纪中国知识分子对世界主义理想的追求。南方文坛杂志社编辑部主任李北京《中国旅行剧团公演〈雷雨〉考论》通过史料钩沉,还原了1935年中国旅行剧团公演《雷雨》的历史细节。他指出,《雷雨》的演出史,既是中国旅行剧团的精神史,又折射出现代戏剧运动的发展史,同时也是考察现代剧人生活史与演艺史的窗口。

茅盾研究也是经典作家研究的重中之重。南开大学耿传明教授《茅盾小说的他者意识与现代性反思视野》探讨了茅盾小说中的"他者意识"与"现代性反思视野"。文章以《野蔷薇》为例,分析茅盾的小说创作如何超越五四新文学的自我中心主义,转向客观化的社会整体性叙事。通过《创造》《诗与散文》《一个女性》等,茅盾呈现了启蒙者与被启蒙者、个体与社会之间的复杂关系,反思了现代性带来的危机与困境。新疆大学安凌教授在《茅盾与民国新疆民众汉语写作运动》中揭示了茅盾如何在战时新疆通过推广汉语写作重构边疆文化认同,认为茅盾的"语言启蒙"是以"现代性"话语整合多民族叙事,为边疆文学的本土化提供了实践范本。安徽师范大学方维保教授《过程与意味:茅盾的文学史地位崛起与当代时期的"中国现代文学史"》梳理了茅盾文学史地位的建构过程。文章指出,茅盾在现代文学生活中的地位显赫,但在民国时期的新文学史文本中,其地位较为一般,鲁迅和郭沫若才是当时文学史的核心人物。茅盾的创作起步较晚,其《子夜》虽在左翼文学内部获得高度评价,但在早期新文学史中鲜少提及。这种状况直到1949年后才急剧提升,成为"鲁郭茅"三大家之一。其地位的提升主要得益于以下因素:一是茅盾在新中国政治生活中的重要地位,二是《子夜》在政治和文学上的双重价值,三是苏联文学史模式对中国现代文学史编纂的影响。文章认为,茅盾的文学史地位的确立,既与他的创作成就有关,也与历史机遇密切相关。

鲁迅研究一直是现代文学研究的重镇,与会学者继续在该领域精耕细作,推陈出新。河北大学田建民教授《论鲁迅对传统文化的"破"与"立"》全面解析了鲁迅对传统文化的复杂态度,指出其"破"与"立"的双重性。鲁迅以《狂人日记》《灯下漫笔》等作品猛烈抨击封建礼教的"吃人"本质,将"三纲五常"视为禁锢人性的枷锁。他揭露"君为臣纲"的专制本质,批判"父为子纲"的愚孝伦理,痛斥"夫为妻纲"对女性的压迫,直指封建等级制度是"想做奴隶而不得"的历史循环。然而,鲁迅的"破"并非全盘否定传统。作为古典文献学者,他辑校《古小说钩沉》、编纂《北平笺谱》,在私人领域对传统文化表现出深切眷恋。其《中国小说史略》以严谨的学术方法重估古典文学价值,体现了"立"的维度。这种"破中有立"的姿态,为传统文化的现代转型提供了方法论启示。福建师范大学王炳中教授《"精神胜利法"的退场与阿Q的"成长"》通过文本细读,分析阿Q形象"静态标本论"。文章认为,阿Q在"离去—归来"叙事中经历了从麻木到觉醒的隐性成长,其"精神胜利法"的消解与死亡前的两次"思想回旋",标志着人性主体的初步复苏。这一解读突破了国民性批判的固化框架,为《阿Q正传》注入了动态阐释的可能。上海交通大学高旭东教授《杰出的非典诗人：对鲁迅文学身份的再审视》一文指出，尽管鲁迅以小说家著称，但他在诗歌创作上的成就同样卓越，尤其是他的旧体诗和散文诗《野草》。他认为鲁迅的诗歌创作不仅在艺术表现力上达到了高峰，而且对鲁迅小说的叙事风格产生了深远影响，因此学界应重新审视"非典诗人"鲁迅的诗歌创作，以更全面地理解鲁迅的文学成就。中国人民大学张洁宇教授《当他沉默着的时候——从1924年前后鲁迅的阅读与写作说起》一文关注鲁迅"第二个沉默期"，认为鲁迅在1922年底至1924年秋通过读史治史和翻译完成了再次"开口"的准备，《秋夜》的发表则标志着他打破沉默，找到了新的表达方式。这一研究不仅丰富了对鲁迅创作历程的理解，也为研究其他经典作家的创作转型提供了新的思路。北京鲁迅博物馆馆员葛涛先生以《关于1936年的那次访苏邀请》一文为中心，指出朱正虽然在《鲁迅回忆录》的几个版本中对这篇文章做了修改和增补，但2023年出版的《鲁迅回忆录》（增订版）一书中该文仍然存在明显的错误（《朱正〈鲁迅回忆录正误〉指谬》）。重庆师范大学杨姿教授在《重造战场：上海鲁迅与反战杂文》中分析了左翼鲁迅经历了"九一八"和"一二八"之后，面对国民政府的政治妥协、战场的悬置消失和民众的消极麻木，创造了"反战杂文"这一新样式的过程，指出鲁迅通过制造全民痛感、材料反加工和记忆再生产等手段，不但将战时日常生活改造为"后方战场"，也通过话语生产开辟出一个"文学战场"，由此就把文学从战争的被动反映者转换为能动生产者。"反战杂文"和"文学战争"的出现，不但拓展了"战争文学"的既有边界，也为现实抗战开出了文学新路径。重庆师范大学杨华丽教授的《〈拿破仑与隋那〉：鲁迅与〈文艺日记〉的唯一交集》以鲁迅杂文《拿破仑与隋那》为研究对象，考辨了该文的写作时间、发表地点，指出该文是鲁迅与生活书店出版的日记本《文艺日记》的唯一交集，而该文也是观察30年代国民党文化政策、鲁迅与生活书店、鲁迅与黄源等关系的重要入口。

（二）抗战时期经典作家的文学活动与文学实践

在抗日战争的艰难岁月中，众多经典作家以笔为枪，投身于伟大的民族救亡运动。他们深入前线或敌后战场，汲取现实材料，创作出大量鼓舞士气的文学作品。抗战时期的文学创作既是民族救亡的精神火炬，亦是文学形态变革的重要场域。本次会议共收到密切相关的论文20篇，聚焦于国统区、解放区经典作家茅盾、巴金、老舍、曹禺、叶圣陶、严文井、汪曾祺、赵树理等的多元实践，既考察了文学与政治的复杂互动，亦关注了地域特质与文化传播的深层关联。

战时经典作家的流徙体验与文学经验、文学书写的关联受到与会学者的密切关注。北京大学姜涛教授《从"团体生活"的角度比较40年代文学经验的两个片段》聚焦于40年代战时文学经验，探讨了战时迁徙和流动对作家自我意识、现实感觉乃至文体形式的深远影响。一方面，大规模的人口转移和社会结构的解体使个体感知处于极不稳定的状态，形成了"流亡"与"漂泊"的时代精神结构；另一方面，战时的"流动"为社会"再组织"和个体"再嵌入"提供了可能，也暴露了团体生活中的诸多问题，如人际关系的隔膜、内部情感的纠葛、意见分歧以及对政治氛围的不适应等。通过对路翎《财主底儿女们》中"演剧队"场景的分析，姜涛揭示了团体生活中的"人—己关系"的复杂性和内在冲突，指出这种矛盾不仅体现在个体对团体的适应上，也体现在团体内部的组织和管理上。姜涛认为，路翎的描写不仅反映了战时团体生活的现实，也揭示了现代"团体生活"中的一些普遍性问题。西南大学李永东教授的《风景与茅盾的战时中国形象建构》通过《雾重庆》《风景谈》等作品分析茅盾在抗战时期如何以风景符号构筑中国政治地图的策略。他将战时重庆与延安作为对照，指出重庆的风景被用于批判社会现实和政治腐败，而延安的风景则被赋予乡土、牧歌、崇高和诗意的特质，成为民族精神和抗战希望的象征。通过风景的政治化，茅盾消解了重庆的中心价值，强化了延安的象征意义，构建了以延安为核心的战时中国形象。

四川大学周维东教授《延安文艺的"世界面相"》提出延安文艺并非封闭的地方性产物，其借鉴苏联文艺理论、吸纳国际左翼思潮的实践，亟须从"域外延安学"视角重新审视，以打破"本土—域外"的二元对立。重庆师范大学李文平教授《离开"公馆"跑"码头"》探讨了巴金抗战时期在重庆的生活经历如何影响其文学创作，探讨巴金如何通过文本扩张与文本淳化的方式，实现了现实性与史诗性的融合。文章指出，巴金在重庆期间创作的《火》《憩园》《第四病室》《寒夜》等，不仅反映了抗战时期的社会现实，还展现了巴金对人性、社会制度的深刻洞察。巴金的创作在文本扩张中融入了重庆的地方文化，同时在文本淳化中达到了现实性与史诗性的高度统一，成为抗战时期的文学经典。重庆师范大学凌孟华教授《非文学期刊〈国讯〉与叶圣陶全面抗战时期佚文两篇》探讨了非文学期刊《国讯》与叶圣陶的关系，介绍了在《国讯》上发现的叶圣陶两篇佚文《我们需要实践躬行的精神》和《生产劳动训练》。文章认为，两篇佚文为研究叶圣陶思想和教育观念提供了新资料，体现了《国讯》在抗战文学"杂文学"形态中的重要性。重庆师范大学付冬生博士《抗战大后方旧体诗词创作论》认为，旧体诗词在国统区知识分子中复兴，既是对古典传统的赓续，亦是对民族危难的回应，极具现实战斗价值。卢前、于右任等人以"诗史"精神记录战乱，将个人感怀升华为集体记忆，形成了"以旧驭新"的审美范式。重庆师范大学王欢副教授《延安时期严文井创作的两次转向与"人民性"追寻》梳理了严文井从早期小说到童话创作，再到抒情哲理童话的转型轨迹，揭示其如何通过"去个人化"叙事策略，将"人民性"从理论口号具象化为可感知的文学形象。

战时文学的传播、改编、重审是抗战文学研究的重要内容。中山大学刘卫国教授《〈赤叶河〉为何红不过〈白毛女〉？》对解放区两大歌剧《赤叶河》和《白毛女》进行了多维度比较。《白毛女》作为领导主导的"三结合"创作成果，主题鲜明、情节传奇、人物英雄化，演出阵容强大且宣传效果显著，最终成为红色经典。而《赤叶河》作为阮章竞基于自身经历创作的作品,主题复杂、情节真实、人物形象可信,但宣传效果不佳,逐渐被尘封。不过,随着时代变迁,《赤叶河》的文学品质逐渐获得认可,声誉有所提升。重庆师范大学吕仕伟博士《〈小二黑结婚〉的戏曲化流变与大众化意义转型》以赵树理小说为例,追踪其从文本到地方戏的嬗变过程,指出戏曲改编通过强化冲突、简化语言,使"反封建"主题更贴近底层审美,实现了"政治正确性"与"艺术感染力"的平衡。西北师范大学文学院李生滨教授在《经典作家郭沫若的历史评价和学术研究》关注40年代民族救亡语境里的郭沫若,主要以郭沫若抗战时期的杂文为研究对象,从"为民族救亡鼓与呼的人民文艺观"出发,讨论其"基于传统文化立场的爱国思想与时代担当"和"基于唯物史观的文化批判和现实反思",旨在揭示其抗战时期杂文创作的时代语境、政治意义和文献价值。海南师范大学王学振教授《抗战小说对新四军的书写》补充了敌后抗战这一视角,通过对《无名英雄》与《茅山下》两部作品的分析,指出小说中对新四军"游击英雄"形象的塑造,不仅服务于军事宣传,更通过民间传奇叙事消解了政党话语的僵硬性,成为统战策略的文学化表达。重庆师范大学廖海杰副教授的《去中心化的民族主义书写》重审茅盾的《走上岗位》,认为该作品应被视为一部完整的长篇小说,而非半成品。小说采用去中心化的写作方式,不依赖大纲,随写随发,展现了抗战时期民族资本家的工业内迁、救亡青年的抗争以及工人的生活,完整呈现了"走上岗位"的过程。重庆师范大学抗战文史研究基地副研究员王劲松在《抗战时期老舍的民谣创作》中关注老舍在大后方创作的鼓词、儿歌、军歌等民谣,认为其内容是揭露日军暴行,呼唤民众抗战,形式上融合北方民间艺术,通俗有趣,有效鼓舞了民间士气,具有重要史料价值和艺术价值。广西师范大学蓝善康副教授《论统战视域下的文工会座谈会及其话语策略》聚焦文化界统一战线的运作机制,分析郭沫若领导的文工会如何通过座谈会协商、文艺动员等方式,调和不同阵营的意识形态分歧。该研究指出,此类会议既为左翼作家争取话语空间,亦为国民党"抗战建国"提供助力,呈现出战时文学政治化的复杂面相。

抗战文学绝非单一的政治传声筒，而是媒介实验、地域书写、形式创新与历史反思的交响。与会者提交的最新成果不仅还原了战时文学的丰富性，更为理解 20 世纪中国文学的政治性与审美性张力提供了新的路径。

（三）现代中国经典作家研究的时代意义

在中国现代文学研究的广阔领域中，经典作家的作品不仅是中国现代文学的瑰宝，更是时代精神的集中体现。现代经典作家研究，不仅能够展现经典作家的文学创作与思想内涵，而且可以传承和弘扬中国现代文学的优秀传统，为当代文学创作和社会文化建设提供重要的启示和借鉴。因此，中国现代经典作家研究不仅具有学术价值，更具有鲜明的时代意义，而其研究的深入拓展，也需要跨出时间上的"现代"去加以阐发。

陕西师范大学文学院李继凯教授的《略谈学科建设与文学经典研究》中关涉的是整个中国现当代文学学科，所强调的三个重点方面也无一不是从学科全局着眼。河北大学阎浩岗教授的《从"文学名著"到"文学经典"：指称改变引发的问题》一文，立足于现代中国语境中"文学经典"的概念演变来反思"文学经典"、"文学名作"或"文学名著"的合理性及其限度问题。暨南大学赵普光教授在《中国现当代文学史读者维度的建构》中关注的是中国现当代文学史书写中读者维度的缺失所带来的局限，认为若以读者为方法和视野，建构中国现当代文学史书写的读者维度，真正激发出读者因素的学术能量，可能实现对既有文学史观念与叙述体系的反思和拓进。暨南大学张丽军教授在《"万古犹新"：在百年中国新文学史延长线上重读欧阳山》中指出，欧阳山是贯穿整个 20 世纪、经历各个重要文学时期、有着三个创作高峰的重要作家，接受过毛泽东、周恩来、鲁迅、郭沫若、茅盾等人的精神指导，具有独立美学理念、独特艺术风格与审美探索意识的文学大家。事实上，欧阳山的创作不仅打通中国现当代文学，而且在不同时期都创作出了具有时代共振审美效应的作品，被誉为"欧阳山现象"。因此，从百年中国新文学发展史的大历史视域来认识和思考欧阳山的创作道路，重新审视和探究欧阳山的审美理念、创作路径、精神转向与艺术风格，进而在整体上呈现欧阳山的创作风貌、独特审美个性以及对当下中国文学的启示，认识和思考百年中国社会革命与建设历史进程中岭南文学独特价值，思考"文学广东"在中国新文学中的独特性存在，推行新时代中国文学发展，都具有极为重要而深远的现实性意义。山东师范大学李宗刚教授的《孙犁与莫言：从认同走向疏离》认为，在诸多的作家中，老作家孙犁对青年作家莫言的认同与疏离具有代表性。一方面，孙犁对莫言的认同，促成了莫言的文学创作得到了新的发展空间，对其走上文学创作道路具有别样的价值和意义。另一方面，莫言后来的文学创作逐渐地走出了孙犁文学创作的疆域，开拓了属于自我的文学创作疆域。由此，孙犁很少论及莫言的文学创作，而莫言对孙犁也鲜有评说。在孙犁认同与疏离莫言的背后，隐含着更为深刻的文学发展内在规律。河北师范大学胡景敏教授的《"巴金的意义"：一个说不尽的话题》所谈论的学术话题"巴金的意义"出现于90年代初，而又关涉着巴金民国时期的文学文本与思想状态。华东师范大学凤媛教授的《"不传"的自传——重读〈正红旗下〉》一文通过重读老舍在当代时期未完成的自传体小说，指出其"不传"之秘实为对家族记忆的隐喻性书写。作者认为，老舍以碎片化叙事消解传统自传的完整性，既映射了个人身份焦虑，也折射出清末民初社会的文化断裂。这一研究突破了"未完成即缺陷"的固化视角，为经典重构提供了文本发现的新方法。上海财经大学徐仲佳教授《还是鲁迅的时代——〈鲁迅与现代中国〉课程讲授感想》以通识教育为切入点，探讨鲁迅作为"现代中国塑造者"的文化意义。文章指出，鲁迅对科学理性、民主政治、个体自由的倡导，使其成为五四新文化的精神桥梁，鲁迅研究需突破"圣人化"或"污名化"的二元对立，回归其作为"凡人"的复杂性。重庆师范大学王昌忠教授《〈活着〉中的消费文化书写》从价值学视角剖析余华小说的苦难叙事。作者指出，《活着》通过"基本生存消费""情感载体消费""享乐夸示消费"三重书写，揭示了消费如何成为生存苦难的隐喻。福贵一家的饥馑史与死亡链，既暴露了物资匮乏的残酷，也彰显了情感消费的精神救赎功能。文章为当代文学中的消费叙事提供了文化批判的新范式。

余 论

1994年5月举行中国现代文学研究会年会以"现代文学研究15年的回顾与瞻望"为主题，会议得出的重要结论即是樊骏先生文章的标题《我们的学科：已经不再年轻，正在走向成熟》。樊骏先生关于学科正在走向成熟的认知，建基于学科成果"不仅数量上有大的增加，更重要的是质量与水平有明显的提高"① 这一考察之上，而与后者密切相关的，是六大方面：研究领域的扩大，简单地为政治服务的研究取向的纠偏，纵横比较与跨学科研究倾向的出现，学术个性鲜明、学术风格明显的学者的涌现，部分研究者知识结构的明显变化，关于学科自身建设的理论探讨的出现与深入。三十年后的2024年9月，"文学史视野中的中国现代经典作家研究学术研讨会暨中国现代文学研究会第十四届理事会会议"的召开，当然一方面要回顾、梳考学科传统与中国现代文学研究会会史，另一方面要瞻望、擘画学科未来与学会发展的蓝图。樊骏先生曾鞭策我们说："中国现代文学研究的历史只能由我们继续创造"，又告诫我们，"无论个人还是整个学科，要真正登上学术的高峰，都还是任重而道远的"，因此需要"确立自觉的文学史观""普遍加强研究者的理论素养"②。站在三十年行程的终点回望时可以发现，我们的学科与学会一直在艰难跋涉，也一直在为学科的成熟而殚精竭虑。本次会议收到的84篇学术成果总字数接近90万，而且每一篇都有新见，体现出量与质的比翼

---

① 樊骏：《我们的学科：已经不再年轻，正在走向成熟》，《中国现代文学研究丛刊》1995年第2期。

② 樊骏：《我们的学科：已经不再年轻，正在走向成熟》，《中国现代文学研究丛刊》1995年第2期。

齐飞。这些研究成果中鲜明而极具反思性的文学史观，理论素养大大增强后体现出来的多维度、跨学科探索，彰显出新语境下中国现代文学学科已经走向成熟的诸多特征。如若将此次会议成果纳入《南方文坛》特别策划的"中国现代文学研究会成立45周年纪念专题"、首都师范大学主办的"中国现代文学研究的挑战与未来——第五届青年学者创新研讨会"青年学者创新研讨会以及暨南大学承担的学会四十五周年丛书这一个系列之中去考察，我们就会认可刘勇会长在主题发言中对本次会议的判断，肯定其深化经典作家研究、推动学科学会发展的积极意义。

稿　约

《区域文化与文学研究集刊》诚约稿件

《区域文化与文学研究集刊》是一本专门研究区域文化与文学的纯学术刊物（书代刊）。本刊以"区域"为理论视角来审视文学及文化的构成和发展，以展示和推介相关研究成果；以促进文化学术的繁荣为宗旨，为当下的文学与文化研究提供新思维和新方向；坚持"双百方针"，强调社会责任，为学术服务，并为区域经济文化建设和当代人文学术服务。本刊暂定一年两期，由中国社会科学出版社出版，全国发行。

为此，本刊向学界同人诚约稿件，欢迎选题独特精当、内容充实、思想深刻、观点新颖、具有前沿性和前瞻性的学术论文。敬请学界同人关注，不吝赐稿，并予以批评指正。

为联系方便和技术处理，来稿要求如下：

（一）论文篇幅最好不超过 15000 字。书评最好不超过 3500 字。

（二）论文若系课题的阶段性成果，请在论文标题后添加脚注，说明课题来源、名称及编号。

（三）作者名后请以脚注方式添加作者简介，说明作者姓名、出生年月、职称（或学位）、研究方向及工作单位等信息。

（四）论文请附 300 字以内的中文提要，并附 3—5 个中文关键词。

（五）注释格式及规范

1. 一律采用脚注，注释序号用 123 格式标示，每页重新编号。

2. 中文注释具体格式如下列例子：

例1：

余东华：《论智慧》，中国社会科学出版社2005年版，第35页。

《马克思恩格斯选集》第2卷上册，人民出版社1972年版，第25页。

刘少奇：《论共产党员的修养》，人民出版社1962年第2版，第76页。

例2：

[美]弗朗西斯·福山：《历史的终结及最后之人》，黄胜强等译，中国社会科学出版社2003年版，第7页。

例3：

刘民权等：《地区间发展不平衡与农村地区资金外流的关系分析》，姚洋主编《转轨中国：审视社会公正和平等》，中国人民大学出版社2004年版，第138—139页。

例4：

茅盾：《记"孩子剧团"》，《少年先锋》第1卷第2期。

袁连生：《我国义务教育财政不公平探讨》，《教育与经济》2001年第4期。

杨侠：《品牌房企两级分化中小企业"危""机"并存》，《参考消息》2009年4月3日第8版。

例5：

费孝通：《城乡和边区发展的思考》，转引自魏宏聚《偏失与匡正——义务教育经费投入政策失真现象研究》，中国社会科学出版社2008年版，第44页。

参见江帆《生态民俗学》，黑龙江人民出版社2003年版，第60页。

例6：

赵可：《市政改革与城市发展》，博士学位论文，四川大学，2000年，第21页。

任东来：《对国际体制和国际制度的理解和翻译》，全球化与亚太区域化国际研讨会论文，天津，2006年6月，第9页。

《汉口各街市行道树报告》，1929年，武汉市档案馆藏，资料号：Bb1122/3。

例7：

陈旭阳：《关于区域旅游产业发展环境及其战略的研究》，2003年11月，中国知网（http：//www.cnki.net/index.htm）。

李向平：《大寨造大庙，信仰大转型》（http//xschina.org/show.php?id＝10672）。

例8：

《太平寰宇记》卷36《关西道·夏州》，清金陵书局线装本。

姚际恒：《古今伪书考》卷3，光绪三年苏州文学山房活字本，第9页a（指a面）。

（汉）班固：《汉书》，中华书局1983年标点本，第xx页。

《太平御览》卷690《服章部七》引《魏台访议》，中华书局1985年影印本，第3册，第3080页下栏。

乾隆《嘉定县志》卷12《风俗》，第7页b。

《旧唐书》卷9《玄宗纪下》，中华书局1975年标点本，第233页。

3. 外文注释如下列例子：

例1：

Seymou Matin Lipset and Cay Maks, *It Didn't Happen Hee：Why Socialism Failed in the United States*, New York：W. W. Norton & Company, 2000, p. 266.

例2：

Christophe Roux-Dufort, "Is Crisis Management（Only）a Management of Exceptions?", *Journal of Contingencies and Crisis Management*, Vol. 15, No. 2, June 2007.

（六）来稿一律采用电子版，请在文末注明作者联系电话、电子邮件、详细通讯地址及邮编，以便联系有关事宜。

本刊同意被中国知网（CNKI）收录，并许可其以数字化方式复制、汇编、发行、信息网络传播本刊全文，文章作者版权使用费和稿酬本刊将一次性给付。如作者不同意文章被收录，请在来稿时向本刊声明，本刊将作适当处理。

本刊地址：重庆市沙坪坝区大学城重庆师范大学文学院《区域文化与文学研究集刊》编辑部

邮政编码：401331

电子邮箱：qywxjk@163.com

重庆师范大学区域文化与文学研究中心

《区域文化与文学研究集刊》编辑部

后　记

在对话之间，寻求继续对话的可能。

第15辑《区域文化与文学研究集刊》，希望能够在对话之中，针对一些问题进行切实的突破。尤其是区域文化与文学研究的身份问题，在表面上看似明晰确定，却又在实际语境之中悬而未决，这种吊诡的局面，当然偶尔会让人略感沮丧，但是也会规整出一块生长希望的思想飞地，进而诱惑有关研究继续深入其中的罅隙，探究区域与地域、地方及国家、社会乃至共同体等的复杂互动。

由此而言，第15辑《区域文化与文学研究集刊》其实预设了自身的阅读逻辑。从空间理论出发重新思考区域的发展可能与未来图景，就是在空间的无家可归之中，寻找回归附近的期待，由此引发的文学究竟如何处理时间与空间的冲突争执等理论问题，就在钱穆对于地方的重构，趋向地域空间的雅化处理。"我说"与集体叙述方式的相互证明与排斥，则为雅化的进一步发展预设了方向：人类中心主义式的自恋，终究将会反噬地方的魅力。

地方就在这种颤动的背景之中浮现。江苏、王安忆笔下上海风情的小镇、川东组成的串联，由于国家之部分的共同身份，因此相比于从百草园到三味书屋的记忆颓败线，更加具有整体感，从而也就为共同体勾勒了一个模糊的轮廓。

人民文艺，虽然是在20世纪40年代实现了自身生成与确立的共同体想象，但是依然能够在21世纪通过社会美育获得某种落实乃至发展。实践存在论美学，作为中国化的马克思主义美学，既在某种程度上回应了共同体与人民文艺的互动，又为社会美育发展洞开了更多可能。

胡风在抗日战争时期对于文学形式的民族化反思，事实上已经是某种现实主义实践，却由于存在论缺失而怪异地与现实主义的内核擦肩而过。从某种角度而言，同一时期的重庆抗战童谣，其实为理解乃至反思胡风的现实主义结节提供了一个略显魔幻的角度，只是不易察觉。

最终说来，对话使上述种种可能得以涌现，所以，在对话之间寻求继续对话，可能真的就是这一时期区域文学与文化研究的宿命。

贾 玮
2024.11.18